KB233524

솔빛엄마의
부모 내공 키우기

부모 내공 키우기

초판 1쇄 발행 2008년 7월 28일 3쇄 발행 2011년 2월 10일 글쓴이 이남수 펴낸이 현병호
편집 권정민 김경옥 조현상 디자인 한지아 펴낸곳 도서출판 민들레 주소 서울시 마포구 동교
동 203-48번지 전화 02)322-1603 전송 02)6008-4399 홈페이지 www.mindle.org 이메일
mindle98@empal.com

값 12,000원 (잘못된 책은 바꾸어 드립니다.)
ISBN 978-89-88613-28-3(03370)

솔빛엄마의 부모 내공 키우기

:: 이남수 씀 ::

민들레

좋은 엄마 강박증을 벗어던져라

얼떨결에
　엄마가 되어　　신혼의 달콤함은 잠시, 결혼하고 일 년도 되기 전에 나는 엄마가 되었다. 물론 원해서 낳은 아이였지만 아이를 키운다는 것에 대해 별로 생각해보지 않은 상태였다. 그냥 한 남자를 사랑했을 뿐 그 사랑이 엄마라는 중책으로 연결된다는 생각을 미처 못했다. 부모가 되고 아이를 키우는 일에 대한 진지한 고민 없이 그냥 사랑의 확인 내지는 결실 정도로 생각하고 우리 부부는 임신을 결정했다. 뭐 그러면서 부모도 되고 철도 들어가는 것이라 할 수도 있지만, 지금 생각해보면 참 철없고 무모하기 짝이 없는 일이었다.

솔빛이에게는 미안한 노릇이지만 아무튼 우리 부부는 그렇게 얼떨결에 부모가 되었다. 아무런 준비도 없이…. 마음의 준비는 고사하고 경제적으로도 준비된 것이 없었다. 집이라고 하기도 애매한 미술학원에 딸린 방 한 칸에서 솔빛이를 키우기 시작했다. 그렇게 준비 없이 엄마가 되고 보니 모든 것이 힘들고 어려웠다. 밥 한 번 제대로 해보지 않고 결혼한 상태였으니 육아에 대해서는 더더욱 아는 것이 없었다. 솔직히 할 줄 아는 거라고는 책 읽고 그림 그리는 것 말고는 없다고 해야 할까. 결국엔 책을 펴놓고 아기를 목욕시키고 우유도 먹여 보았지만 영 서툴기만 했다. 이론과 현실은 정말 다르다는 것을 절실하게 느끼는 순간이었다.

공부 적당히 하고 그림 잘 그리고 그렇게 해서 대학 졸업하고 여태껏 불편함을 모르고 살아왔지만, 아이를 낳고 보니 사실 그 동안 온전하게 독립된 인격체로 살아본 적이 없었음을 절실히 느꼈다. 그런 내가 다른 독립된 인격체를 낳아서 키워야 하는 것이 도무지 현실 같지가 않았다. 아이가 아기를 키우는 격이나 다름 없었다. 그래도 모성이란 것이 이런 것일까. 경험도 없고 할 줄 아는 것은 없었지만 아이 키우는 일이 무엇보다 중요한 일이란 것을 본능적으로 느껴서 나름대로 애를 썼다. 아기가 웃고 하루하루 자라는 모습을 보면서 신기하기도 하고 행복하기도 했다. 그래도 엄마가 되었다는 사실은 실감나지 않았고, 이 아이가 내 아이인가 놀랍기도 했다.

아이 키우기는 '생방송'이다

준비 없이 아이를 낳다 보니 내 건강 상태를 제대로 체크하지 못했고, 그렇다 보니 솔빛이는 초유도 먹어보지 못했다. 솔빛이가 사춘기를 맞이했을 때 격월간 『민들레』에서 자연분만에 대한 글을 읽고, 또 최민희 씨의 『황금똥을 누는 아이들』이란 책을 읽고 다시 아이를 낳아보고 싶다는 생각이 들 정도로 충격을 받았다. 솔빛이는 그때 아토피에도 시달리고 있었다.

다시 시간을 되돌려서 아이를 낳을 수 있다면, 다시 키울 수 있다면 정말 이젠 잘할 것 같은데…. 아이 키우기는 '생방송' 같아서 되돌리기가 불가능하니 참으로 안타까웠다. 결혼하기 전에 부모 되기 교육을 받았어야 한다는 생각이 많이 들었다. 핵가족화 되어 주변에서 아이 키우는 것을 볼 기회가 없는 현실에서 학교에서 이론적인 지식교육만 받아서는 부모 역할을 제대로 하기가 힘들다. 거기다 여자들의 사회참여가 늘면서 아이가 자기계발이나 직업적인 성공에 걸림돌이 된다고 여기는 경향도 없지 않다.

나도 친구들이나 주변의 잘 나가는 여성들을 보면서 아이를 낳은 것이 후회스럽고 아이가 귀찮게 여겨질 때도 있었다. 게다가 아이 키우는 일은 끝없이 계속되는 일이고, 순간순간 계속 긴장해야 하는 일이다. 끝도 없고 시작도 없이 밤도 낮도 출근도 퇴근도 정해져 있지 않은 일이다 보니 몹시 지치고 피곤했다. 시어머님과 아이를 돌봐주시는 아주머니의 도움이 없었다면 어떻게 했을지 지금 생각해도 참 대책이 없다.

그렇게 힘겹게 한 달이 지난 어느 날 솔빛이가 기침을 멈추지 못하고 고통스러워했다. 태어난 지 한 달 남짓된 아이가 아파하는 것이다. 동네 소아과 병원에 가니 큰 병원으로 가보라고 했다. 큰 병원에서는 우유를 잘못 먹여 아이가 폐렴에 걸렸다고 했다. 몸이 너무 피곤하다 보니 우유 먹이는 것조차 힘들어 아기를 뉘어 놓고 우유를 먹인 것이 잘못되어 폐렴에 걸린 것이다. 이마 위에 링겔 바늘을 꽂는데 아이가 얼마나 고통스러워하는지 차마 눈을 뜨고 볼 수가 없었다.

"미안해, 엄마가 너무 미안해…."

퉁퉁 부어오른 아이의 이마와 얼굴을 보면서 얼마나 울었는지 모른다. 그런데 아이와 내가 그렇게 고생을 하는데 아이 아빠는 제 하고 싶은 거 다 하며 돌아다니는 것 같아 그런 남편이 또 얼마나 미웠는지 모른다. 양육 책임이 내게 다 주어진 것이 억울하고 속상해서 견딜 수가 없었다. 그렇다고 이 불쌍한 아이 탓을 할 수도 없고, 이 땅에서 여자로 산다는 것이 어떤 것인지 별 생각 없이 결혼한 것이 마냥 후회되었다. 물론 남편에게 짜증 부리고 화를 내고 부부싸움을 말도 못하게 많이 했다. 하기야 남편인들 아빠가 된다는 것에 대해 생각이나 했겠나. 가끔 시간 날 때 아내 일을 도와준다는 정도였지 양육의 책임을 나눈다는 생각을 하지는 못했다.

"나 혼자 낳은 아이야? 왜 이렇게 나만 힘들게 만들어?"

"내가 안 한 게 뭐가 있어? 저녁에 와서 기저귀도 갈아주고 우유도 먹였잖아!"

내가 열 번 하면 한 번 하는 정도이면서 자기는 할 일 다 했다는 식으로 말을 하니 몹시 화가 났다. 그 당시 남편은 전교조 일로 해직되어 바깥 활동으로 분주하다 보니 함께할 시간이 더 없었다. 남편의 해직과 타향살이, 서투른 엄마 노릇으로 지쳐 있던 나는 삶이 버거워 아이를 제대로 돌볼 기력도 의욕도 없었다.

아이가 어느 정도 자라서 자기가 힘들고 불편하다는 것을 행동으로 보여주기 시작하고서야 나는 정신을 차렸다. 왜 내가 좀더 빨리 그런 것을 깨닫지 못했는지 스스로가 원망스러웠고 아이에게 너무 미안했다. 이제라도 엄마 역할을 잘하고 싶은 마음에 이런저런 부모교육서를 보기 시작했다. 그러나 그런 사례에 나오는 대단한 엄마들을 보면서 상대적으로 나 자신이 너무 무능한 것 같아 스스로가 밉고 속상할 때가 더 많았다. 아이의 마음을 읽어주고, 질문에 충실하게 답변도 해주고 싶었지만 먹고살기도 바쁜 엄마는 늘 고단했다. 여유 있고 고상한 엄마들처럼 아이 마음을 잘 헤아려주지도 못했고, 말도 곱게 못했다. 피곤하고 힘들다는 소리를 입에 달고 살았다. 그래도 굳게 마음먹고 애를 쓰면 하루 이틀 잘 되는 것 같다가 며칠 뒤면 다시 말짱 도루묵이 되곤 했다. 자신이 너무도 무능하고 밉고 한심하다는 생각에 빠져 허우적거렸고, 엄마 노릇하기가 힘들어 포기하고 도망가고 싶은 마음이 들기조차 했다.

특히 우리나라 풍토와는 근본적으로 다른 외국 사례들을 보면서 좌절하기도 했고, 사는 형편이 크게 다른 계층(?) 부모들이 하는 교육 방식을 따라 하려다가 실패하고 상처를 받기도 했다. 남편을 잘 만났다면 좀더 고상하고 여유 있게 아이를 잘 키울 것만 같았다. 여기가 울산이 아니고, 미술학원에 딸린 쪽방이 아니라면 얼마나 좋을까 신세를 한탄하기도 했다. 아이를 잘 키우고 싶다는 마음이 욕심으로 변질되어 나 자신과 아이를 괴롭히고 있다는 걸 깨닫는 데 많은 세월이 걸렸다.

있는 그대로의
　　나를 인정하기　　타향살이에 생활고, 양육까지 겹친 상황에서 심신은 극도로 지쳐갔다. 이러다가 내가 망가지겠다는 위기감이 들어 건강을 회복하기 위해 명상을 시작했다. 이를 통해 나는 있는 그대로의 나를 인정하는 법을 조금씩 배우게 되었다. 내가 나를 사랑할 줄 모르는 상태에서 아이를 인정하고 사랑하거나 남을 사랑할 수 없다는 것을 깨닫기 시작했다. 그리고 지난 세월 동안 부모로서 부족했던 모습을 인정하고 그럴 수밖에 없었던 스스로를 용서하고 위로해주었다.

"그래, 너는 최선을 다 했어. 어쩔 수 없었던 거야. 니 잘못이 아니야. 앞으로 넌 더 잘해갈 수 있을 거야. 그럼! 너는 충분히 그럴 힘이 있어."

그렇게 있는 그대로의 나를 인정하고 자신을 북돋우면서 그 동안 힘들고 혼란스러웠던 마음이 가라앉고, 할 수 있다는 자신감도 조금씩 생겨났다.

먼저 남녀평등이나 이상만 높았던 부부역할에 대해서도 다시 생각해보았다. 육아 책임을 엄마에게만 떠넘기는 관습이 잘못되었다는 생각에는 변함 없었지만 '먼저 느끼고 먼저 깨달은 사람이 그 일을 하는 것이 우선이야. 그리고 더 잘할 수 있는 사람이 하는 것이 좋잖아." 하고 생각을 바꾸려고 노력했다. 주변에서는 현실을 합리화하려는 것 아니냐, 싸워서 여성의 권리를 찾아야 한다고 충고하기도 했다. 하지만 실제로 나는 아이를 키우고 교육하는 일이 좋았고, 적성에도 맞았다.

또 남편에 대해서도 지금까지와는 달리 생각해보았다. 그 동안 돈도 잘 벌어오고 사회적 지위도 높은 남편, 거기다가 아이들과 잘 놀아주고 아내를 도와 가사노동도 하는 완벽한 남편을 꿈꿨던 것이 사실이다. 내 남편이 이상형과 닮았다면 더할 나위 없이 좋겠지만, 사람은 저마다 자기 색깔이 있다는 것을 이해하고 남편의 지금 모습을 인정하고 나니 마음의 평화가 찾아왔다. 내가 무식하거나 무능해서, 또는 남편이 나쁜 놈이라서 나 혼자 아이 양육을 떠맡는 것이 아니라 내가 양육에 더 관심이 있고 잘할 수 있기에 기회가 주어진 것이라고 마음을 바꾸니 아이를 키우고 함께 지내는 일이 차츰 행복한 일로 변해갔다. 완벽한 엄마는 세상에 없다고 스스로 다짐하면서 남을 따라하다가 가랑이 찢어지지 말고, 내가 잘할 수 있는 방식대로 아이를 키워보자고 마음먹었더니 자신감도 생겼다.

무엇보다 나는 일찍 일어나는 일이 참 힘들었다. 어려서부터 잠 때문에 친정어머님께 많이 혼났고, 학교 다닐 때도 지각을 해서 선생님들께도 꾸중을 많이 들었다. 그래서 나는 날마다 아침에 출근하는 직업은 절대 갖지 않을 거라고 다짐했다. 그리고 결혼 후 울산에서 미술학원을 열 때도 아침 수업이 부담스러워 유치부 아이들을 모집하지 않았다. 이 정도로 나는 아침잠이 많고 게으른 사람이다. 그래서 솔빛이에게 아침밥을 못 차려주는 날이 많았다. 아이에게 미안함과 죄책감을 느끼면서 스스로 자격 없는 엄마처럼 여겨졌다.

그러는 사이 솔빛이는 생존본능으로 엄마가 늦잠을 자는 시간에 스스로 일어나서 먹을 것을 챙겨 먹게 되었다. 이런 일이 익숙해져서 초등 1학년 때는 혼자 밥을 챙겨 먹고 학교에 다닐 정도가 되었다. 이런 식으로 독립심이 길러진 덕분인지 홈스쿨링을 하고 지금 서울에서 대학을 다니면서 혼자 살아가는 데 별 어려움을 느끼지 않는 듯하다. 일부러 독립심을 키워주려고 노력한 것이 아니라, 엄마가 아침잠이 많은 덕분에 자연스럽게 그리 된 것이다.

아침밥을 힘들게 챙겨주거나 아이에게 이것저것 해줄수록 "나는 네게 이렇게 해주는데 너는 뭐니?"라며 자꾸 많은 것을 기대하게 되었을 텐데, 다른 엄마보다 잘 챙겨주지 못하니 아이에게 바라는 것이 줄어 오히려 더 좋았다. 그 대신 자기 전에 아이가 좋아하고 자기 손으로 쉽게 챙겨 먹을 수 있는 먹을거리를 준비해놓았다. 가난해서 해먹일 것이 없어 못해주는 것도 아니고, 굶지 않으면 되었지 꼭 엄마가 차려줘야 하는 건 아니라며 나를 합리화하곤 했다. 그래도 양심은 있는지라 그리 떳떳하지는 않았다. 긴 세월 자식을 위해 아침밥을 차리셨던 친정엄마를 생각하면 나 자신이 참 부끄러웠다. 또 가끔 신문이나 책에서 아침밥을 잘 챙겨주는 엄마를 일등 엄마로 추켜세우고, 아침밥이 아이들 건강에 중요하다는 이야기를 접할 때마다 마음이 오그라들었다. 때론 아이가 혼자 밥 챙겨 먹는 걸 자랑삼아 이야기할 때면 주변 사람들이 나를 모자란 엄마로 보지 않을까 뜨끔하기도 했다.

그래도 나는 머리감는 일도 일찌감치 아이 혼자 하도록 했고, 목욕탕에 가서도 등만 밀어주고 웬만하면 스스로 씻게 했다. 처음엔 물만 묻히거나, 비눗물을 덜 빼고 나오기도 했는데 내가 힘들어 그냥 넘어갔더니 시간이 지나면서 아이 스스로 깨끗하게 잘 씻었다. 씻기 싫어하는 아이를 억지로 씻기면서 아이와 실랑이하는 엄마들을 가끔 보는데, 하루 이틀 깨끗하게 씻지 않는다고 큰일 나는 것도 아니라는 생각에 나는 좀 더럽게 사는 대신 평화를 선택했다. 그러고 보면 솔빛이의 독립심은 엄마의 '귀차니즘' 덕분에 자라났다고 해도 틀린 말이 아니다.

사람들은 내가 펴낸 영어학습 관련 책을 읽고는 나를 헌신적이고 희생적인 엄마 또는 완벽한 엄마라고 생각하는 것 같다. 아이를 쉴 새 없이 챙기고 지극정성으로 보살펴준 엄마인 줄 안다. 사실 나는 참 이기적인 엄마였다. 그러나 부끄럽다고 생각하지는 않는다. 그땐 그것이 내가 할 수 있는 최선의 방법이었다. 다행히 엄마의 방식에 대해 아이가 불평하기는커녕 스스로 할 수 있는 힘을 키워줬다고 고마워하니 나도 고마울 따름이다.

혹시라도 나처럼 생활고에 찌들어서, 혹은 엄마의 자아실현에 더 관심이 있어서 아이를 일일이 보살펴주지 못할지라도 죄의식을 갖지 않았으면 좋겠다. 물론 날마다 정성껏 아침상을 차려주고 이것저것 엄마 손길이 닿는다면 더 좋은 일이다. 하지만 그렇게 하지 못한다고 죄책감을 갖기보다는 즐겁게 생활하는 엄마의 웃는 얼굴이 아이들에게는 더 필요한 거라고 생각한다.

　나는 에너지가 많고 부지런한 사람이 아니다. 그 당시엔 지금보다 건강도 좋지 않았다. 그래서 미술학원을 운영하면서 살림하고 아이와 놀아주고 책을 읽어주는 일이 몹시 피곤하고 힘들었다. 내 몸이 피곤하니 아이에게 짜증을 부리는 경우가 많았다. 놀아달라는 아이를 귀찮게 여기다가도, 엄마 때문에 울다가 잠든 아이 모습을 보면 가슴이 많이 아팠다. 뭔가 더 중요한 것을 잃고 있는 것은 아닌지, 무엇을 위해 이 순간을 이렇게 살아가고 있는지 혼란스러웠다. 아이 키우기는 생방송이고, 아이의 어린 시절은 다시 되돌릴 수가 없는 것인데….

아이랑 앞으로 함께할 수 있는 세월이 길어야 20년 남짓인데 아이와 행복한 시간을 보내려면 이 순간 무엇을 선택해야 할지 많이 고민스러웠다. 아이와 함께하는 생방송 인생을 해피엔딩으로 만들어가기 위해 나는 무엇을 우선순위에 두어야 할지 고민했고 하나하나 정리하고 선택해나갔다. 그리고 가능한 주변의 도움을 받을 수 있다면 적극 받아야겠다고 생각했다.

먼저 가사도우미의 도움을 받기로 했다. 미술학원에 딸린 쪽방에 살고 있지만, 돈을 더 절약해서 크고 좋은 집으로 이사 가기보다 평화를 선택하기로 했다. 설거지와 빨래, 청소를 도와주지 않는 남편을 들볶으며 신경전을 펴느라 아이를 불안하게 하고 서로를 불행하게 만들고 싶지 않았다.

그리고 나 혼자 해결하겠다는 생각을 버리고 이웃들과 함께하려고 노력했다. 함께하고 나누면서 아이를 키우니 서로 부족한 부분을 도와줄 수 있어 참 좋았다. 늘 바쁘고 주말이면 잠만 자는 아빠를 비난하고 못살게 굴기보다는 이웃에 처지(?)가 비슷한 엄마들과 같이 공원에도 가고 주변의 흥미로운 행사에 참여하기도 했다. 이 경험을 살려 참교육학부모회에서 여는 역사기행이나 체험학습으로 발전시켜 나가기도 했다(그 경험을 살려 자기 일로 만든 전문가 엄마들도 있다).

간혹 내가 교육을 받으러 가거나 집안 사정이 생겨서 집을 비워야 할 때는 아이를 친구집에서 재우기도 하고, 그 친구를 우리집에서 재워주기도 했다. 더 이상 남편에게 "일찍 와라, 왜 너만 하고 싶은 거 하고 돌아다니냐, 나도 하게 니가 아이랑 집을 돌봐라." 하면서 싸울 필요가 없어졌다. 그리고 아이 혼자 심심하게 지내는 것보다 친구들과 여행도 하고, 같이 잠도 자면서 어울리다 보니 사회성도 좋아졌다. 나 또한 울산이라는 낯선 환경 속에서 외롭게 지내느라 많이 위축되었던 마음이 풀리면서 자신감도 생기고 예전의 적극적인 성격으로 되돌아왔다.

그 후 나는 미술학원도 혼자 운영하지 않고 강사를 채용해서 지치지 않게 나를 관리했다. 그렇게 에너지와 시간을 절약해서 아이에게 책을 한 권이라도 더 읽어주려 했고, 나를 위해 책을 읽고 공부를 하고 그림을 그릴 시간을 확보하면서 공허감을 떨쳤다. 경제적인 풍요로움을 어느 정도 포기하고 나니 쪽방에서도 나름 행복했다. 그렇게 해서 생긴 에너지를 모아 미술학원을 운영하고 아이들을 가르치니 학원도 더 잘 되었고, 경제적인 면에서도 여유가 더 생겨났다. 불행의 악순환이 아니고 행복의 순순환이 일어나는 듯했다.

다른 이에게 도움을 청하는 것뿐만 아니라 나는 아이에게도 도움을 요청했다. 여러 가지 면에서 아이의 도움을 참 많이 받았다. 아무것도 모르는 어린 아이라고 생각하지 않고 내가 어려움이 있을 땐 알아듣기 쉬운 말로 설명을 했더니 그때마다 솔빛이는 엄마를 잘 도와주었다. 가령 솔빛이는 엄마를 돕기 위해 일곱 살 때부터 혼자 병원에 다니기 시작했다. 물론 혼자

갈 수 없을 정도로 심하게 아플 때는 내가 데리고 다녔지만. 모든 아이들이 그렇듯이 병원을 무척 싫어했던 솔빛이는 유별나게 많이 울고 주사를 맞지 않으려고 버티고, 심지어는 도망까지 치면서 엄마를 힘들게 했다. 아이를 데리고 병원에 갔다 오면 내가 병이 날 지경이었다. 그리고 아이와 병원에 가야 하는 시간에 나는 일을 해야 하기에 짬을 내기도 빠듯했다. 그러던 어느 날, 그날 따라 미술학원이 너무 바빠서 도저히 아이를 병원에 데리고 갈 수가 없었다. 그나마 감기가 심하지 않아서 혼자 보내도 될 것 같다는 생각에 일곱 살이던 솔빛이에게 병원에 혼자 가보라고 했다. 처음엔 망설이더니 엄마가 너무 바빠서 그렇다고 사정을 이야기하자 아이가 혼자 가보겠다고 했다.(솔빛이는 엄마의 사정을 잘 봐주는 편이었다. 늘 아프고 힘들어하는 엄마를 안쓰러워하곤 했다.)

의료보험 카드와 돈을 챙겨 아이의 작은 손가방에 넣어주니 솔빛이는 제법 비장한 표정으로 집을 나섰다. 그래도 혹시나 싶어 몰래 뒤를 따라가니 병원 앞에서 조금 망설이다가 계단을 올라가 병원 안으로 씩씩하게 들어갔다. 아이의 모습을 뒤에서 보자니 미안한 마음도 들고 대견하기도 하여 눈물이 나왔다. 안심을 하고 미술학원으로 돌아와 아이들을 가르치고 있으니, 솔빛이는 의기양양하게 돌아왔다. 나는 진심으로 아이를 안아주며 칭찬했고, 엄마를 도와줘서 고맙다고 말했다. 아이는 자기 행동에 스스로도 감동했는지 너무 행복해했다. 그 후 혼자 병원에 가는 것은 물론이요, 심부름하고 엄마를 도와주는 일도 무척 즐거워했다. 엄마 부탁이라면 뭐든 하려는 아이의 따뜻한 마음이 고마웠다. 나이만 어렸지 엄마를 배려하는 마음은 나보다 오히려 더 큰 것 같았다. 이런 경험을 통해 아이는 엄마를 돕는 기쁨을 맛보았고 나는 아이를 통해 더 많은 것을 배울 수 있었다.

　　내 이야기를 이렇게 풀어놓는 까닭은
나처럼 뒤늦게 부모임을 깨닫고, 어떤 것이 제대로 된 부모 노릇인지 알지
못해 좌충우돌하는 이들에게 도움을 주고 싶어서이다. 또 완벽하고 멋진
부모가 되려고 지나치게 애를 쓰면서 고통스러워하는 이 땅의 엄마들을 위
로하고 싶어서다. 더구나 아이를 경쟁으로 내몰 수밖에 없는 이 땅의 교육
현실 속에서 중심을 잃고 휘둘리지 않으려 애쓰는 여러 학부모들에게 내
경험이 조금이나마 도움이 되기를 간절히 바란다.

선착순 달리기 경쟁 속에서 흔들리지 않으려 안간힘을 쓰지만 학교교육
과 사교육의 소용돌이에 자신도 모르게 휩쓸려 들어가는 모습을 보면서 어
떻게 해야 할지 망연자실하고 있는 후배 학부모들. 이들을 떠올릴 때마다
마치 쌩쌩 달리는 자동차들 사이에서 아이와 함께 자전거를 타고 위태롭게
길을 가는 모습을 보는 것만 같아 안타깝다. 그 길목에서 계속 이 길을 갈
까 말까 고민하는 부모들에게 이 책이 작은 위로와 용기를 줄 수 있다면 더
바랄 것이 없겠다.

지금 비록 많이 부족할지라도 자신을 인정하고 작은 실천부터 해나가다
보면 언젠가는 나름의 길을 찾을 수 있다는 이야기를 하고 싶다. 내가 걸어
간 길이 꼭 정답은 아니지만, 앞서 걸어간 선배 부모의 이야기를 통해 휘둘
리지 않고 각자의 길을 꿋꿋하게 찾아갈 수 있다는 희망을 품을 수 있기를
바란다. 부디 아이와 함께할 수 있는 세월이 그리 길지 않다는 걸 깨닫고,
아이와 함께하는 그 시간 동안 서로 행복하기를!

스무 해 동안 부모 노릇 하면서 겪은 시행착오를 이렇게 풀어놓고 나니
부끄럽기도 하고 아쉽고 후회스러운 일이 많다. 그렇지만 아이를 낳아서

키우지 않았다면, 내가 한 아이의 엄마가 아니었다면, 학부모가 아니었다면 어떻게 이만큼 성장할 수 있었을까. 그 모든 것들에 감사하며, 더불어 엄마 노릇 제대로 해보려고 나름대로 애쓴 나 스스로에게 후한 점수를 주고 싶다. 또 부족하지만 내 경험을 이 땅의 엄마와 학부모들에게 나눌 수 있게 기회를 주고 지지해준 많은 이들께 감사의 인사를 전하고 싶다. 특히 솔빛아 고맙다.

2008년 7월

이남수

| 차례 |

여는 글   좋은 엄마 강박증을 벗어던져라 · 5

1부   **사교육에 휘둘리지 않기**
학습지, 사교육을 기웃거리기 전에 · 23
요즘 아이들은 어떤 인간관계 속에서 자라고 있나 · 34
체험학습 유감 · 44
영어에서 자유로워지기 · 53
사교육 바이러스를 치료하는 백신 · 62

2부   **학교교육에서 중심잡기**
담임과 관계 맺기, 그 안에서 성장하기 · 77
준비물 노이로제에서 벗어나는 길 · 88
밥이 입으로 들어가는지 코로 들어가는지 · 95
학교에서는 무엇을 배우는가 · 106
솔빛아, 반장 하지 마라 · 119
치맛바람은 학부모 스스로 멈춰야 한다 · 129
어린이날과 스승의 날을 아이들에게 돌려주자 · 145
먼저 깨달은 사람이 고쳐나가야 달라지죠 · 158

3부 · **일상에서 단단하게 키우기**

아이와 함께한 책 읽기의 즐거움 · 175

용돈 얼마나 줘야 하나요? · 186

바람직하게 벌고 행복하게 쓰는 아이로 키우자 · 195

미디어와 좋은 관계 맺기 · 208

일찌감치 잡는 게 낫다? · 221

어른들은 학벌주의, 아이들은 레벨주의 · 236

4부 · **아이와 부모 함께 성장하기**

엄마표, 아빠표, 부부합작표 교육 · 249

빨리 가려면 혼자 가고 멀리 가려면 함께 가라 · 260

사춘기, 아이와 함께 겪는 성장통 · 267

아이와 함께 배우며 성장하다 · 278

새로운 세상을 만나게 해준 홈스쿨링 · 290

닫는 글 · 내 그릇을 키워야 아이 그릇도 커진다 · 301

1

사교육에 휘둘리지 않기

학습지, 사교육을 기웃거리기 전에 | 요즘 아이들은 어떤 인간관계 속에서 자라고 있나 | 체험학습 유감 | 영어에서 자유로워지기 | 사교육 바이러스를 치료하는 백신

학습지, 사교육을 기웃거리기 전에

**솔빛이 드디어
　　일학년이 되다**　　솔빛이가 학교에 입학을 한다니 드디어 나도
학부모가 된다는 감동과 함께 왠지 모를 두려움이 밀려들었다. 솔빛이는
더 큰 언니가 되어야만 갈 수 있다던 큰 학교에 다니게 되었다고 이젠 다
큰 언니가 된 듯 뿌듯해하면서, 지금부터는 혼자서 자야겠다면서 의기양양
해했다.(하지만 그 마음이 며칠 가지는 못했다. 솔빛이가 고학년이 되어 정
말 혼자 자겠다고 할 때까지 우리 세 식구는 한 방에서 잤다.)

　아이는 아무것도 모르고 좋아했지만 난 솔직히 불안하고 두려웠다. 나
는 학교에 대해 좋은 기억보다는 나쁜 기억이 더 많았고, 주변에서 들은 이
런저런 이야기들로 학부모가 되는 것이 그리 기쁘지 않았다.

　"한글은 완전히 떼고 가야 해요. 가자마자 알림장 쓰고 받아쓰기 시험도
보기든요."

　"무슨 학습지를 시키고 계세요? 학습지 한 가지는 해야 하잖아요."

"학원은 어디 보내세요? 피아노 하고 미술도 필수잖아요."

엄마들은 학교에 들어가면 이것저것 많이 시켜야 한다고 입을 모아 이야기했다. 솔빛이는 아직 한글을 읽고 쓰는 것도 자유롭지 못해 많이 걱정스러웠다. 그 동안 그냥 책을 많이 읽어주고, 되도록 공부를 덜 시키는 유치원에 다니게 했던 게 잠시 후회스럽기도 했다. 그러나 이제 와서 갑자기 아이를 잡으면서 "학교 가서 이런 것 못하면 큰일난다더라. 그러니 우리 공부하자." 그러기가 싫었고, 엄마들은 원래 과장해서 이야기하는 경향이 있으니 일단 부딪쳐보기로 했다. 다분히 내가 좀 게으르고 에너지가 부족한 탓이기도 했다.

아니야,
학교선생님도 착할 거야

드디어 예비소집일이다. 쌀쌀한 날씨였지만 솔빛이랑 나는 설레는 마음으로 학교에 갔다. 교문에 들어섰는데 아이들과 엄마들이 별로 보이지 않는다. 이상하다 생각하면서 두리번거리니까 저쪽에서 선생님 몇 분이 간단한 확인만 하더니 가라고 했다. 아, 썰렁해라. 예비소집일은 이런 거구나. 뭔가 기대를 하고 왔던 솔빛이는 실망한 듯했다.

"엄마, 우리 선생님은 누구야? 왜 아무것도 안 하고 그냥 가?"

그냥 나오기가 섭섭해서 운동장을 둘러보고 건물도 둘러보았다. 학교는 내가 다닐 때와 그리 다르지 않은 모습으로 떡하니 서 있었다. 구령대도 그대로고, 한쪽엔 철봉도 그대로 있었다. 계단을 올라 학교 건물로 들어서니 방학 중이라서 복도는 조용했고 어두침침했다. 아무도 없는 조용한 복도를 걸어 들어가니 골마루가 삐그덕 삐그덕 소리를 내면서 뭔가 튀어나올 것 같고 무서워져 서둘러 아이 손을 잡고 돌아나왔다. 타임머신을 타고 과거로 온 듯 내가 다녔던 학교 모습 그대로였다. 그래도 좀 달라졌을까 기대했었는데 실망이었다.(최근에 학교를 가보니 학교 시설이 많이 깨끗해지고 편리해진 것 같아 다행이다 싶다. 신설학교들은 특히 더 좋아 보였다.)

교문을 빠져나와 솔빛이랑 나는 가방과 학용품, 입학식에 입을 옷과 신발을 사러 마트로 갔다. 새내기 학부모 교실에서 선생님의 강의를 들었는데 상술에 빠지지 말고 실용적인 것으로 장만하라고 했다. 들떠서 이것저것 장만하면 사용하지도 않고 버리게 된다면서 주의를 주었다. 특히 학용품은 미리 준비하지 말고 담임선생님 지시에 따라 구입하는 것이 좋다고 해서 가방과 신발주머니만 사기로 마음먹었다. 그러나 솔빛이는 분홍색의 예쁘고 화려한 가방과 요란한 학용품을 사고 싶어 했다. 솔빛이를 잘 설득하여 되도록 오래 쓸 수 있는 것으로 장만하고 보니, 새내기 학부모 교실에 참여하기를 잘했다는 생각이 들었다.

입학식 날이다. 날씨가 쌀쌀하여 단단히 옷을 챙겨 입고 가슴에 손수건을 달아야 하나 말아야 하나 고민하면서 학교로 향했다. 솔빛이는 어디서 들었는지 갑자기 이런 말을 한다.

"엄마, 학교선생님은 무서워? 아이들이 그러는데, 유치원선생님은 착하지만 학교선생님은 무섭대."

"아니야, 학교선생님도 착할 거야!"

그렇게 말하긴 했지만 내심 걱정스러웠다. 나는 학창시절에 좋았거나 존경스러운 선생님에 대한 추억은 없고, 잘사는 집 아이들을 편애했던 선생님은 아직도 기억하고 있다. 불행한 학창시절 추억만 있는 엄마로서 솔빛이의 학교생활이 나처럼 불행하지 않기를 마음속으로 빌고 또 빌었다.

'그래 요즘은 세상이 많이 달라졌으니, 선생님들도 많이 변했을 거야!'

애써 마음을 다독이며 학교로 향했다. 학교에 가까워지자 예쁜 옷을 차려입고 가슴에 손수건을 단 아이들과 엄마들이 보였다. 코흘리개들 입학식엔 역시 가슴에 단 손수건이 분위기를 만들어준다는 생각이 들어 나도 아이 가슴에 손수건을 달아주는데, 왠지 감회가 밀려들었다.

운동장엔 6학년들이 나와서 입학식 안내를 해주고 있었다. 5년 후엔 솔빛이도 저만큼 자라 있을까 싶은 마음이 들 만큼 1학년 꼬맹이와는 달리 6학년은 부쩍 커 보였다.

"둥근 해가 떴습니다.

자리에서 일어나서 제일 먼저 이를 닦자 윗니 아랫니 닦자.

세수 할 때는 깨끗이 이쪽저쪽 목 닦고 머리 빗고 옷을 입고 거울을 봅니다.

꼭꼭 씹어 밥을 먹고 가방 매고 인사하고 학교에 갑니다. 씩씩하게 갑니다."

"학교 종이 땡땡땡 어서 모이자 선생님이 우리를 기다리신다.

사이좋게 모여서 공부 잘하자."

쌀쌀하고 황량한 운동장에 노래 소리가 울려 퍼지니 그래도 조금은 덜 추운 듯했다. 각 반을 표시하는 푯말 앞에 꼬맹이들을 세워두고 엄마들은 뒤에 나가 서 있으라고 계속 안내방송을 했다. 그러나 엄마 손을 잡은 아이들과 아이 손을 놓지 않는 엄마들 때문에 좀처럼 정리가 되지 않았다. 더욱이 자기 아이를 앞줄에 세우려는 엄마들은 신경전을 벌이며 경쟁하고 있었다. 엄마들은 내 아이와 일 년을 지낼 선생님이 어떤 분인지 혹시라도 무슨 정보를 들을 수가 있는지 귀를 세우고 눈치를 살폈다. 엄마들의 마음은 비슷한 모양이다. 교장선생님이 뭐라고 이야기하시지만 입학생들도 엄마들도 듣고 있는 것 같지 않았다.

교장선생님 훈화는 내가 학교 다닐 때와 마찬가지로 지루했다. 이제 나는 학생이 아니라 학부모가 되어 운동장에 서 있다는 것이 다를 뿐. 듣는 사람이 거의 없는데도 이야기하시는 걸 보니 내가 민망스러웠다. 왠지 혼날 것 같아서 불안해지고, 그래서 사람들이 조용히 집중해주길 바라는 마음이 생기면서 나는 또 모범생 콤플렉스가 발동하는 것 같았다.

"○○초등학교 1학년!"

"예!!"

"어! 1학년이 별로 오지 않았나 봐요. ○○초등학교 1학년!!"

"예!!!!!!!!!"

목이 터져라 큰 소리로 대답해야 하는 것도 변함 없었다.

그래도 내가 국민학교 다니던 때 있던 2부제는 사라졌고, 냄새 나고 빠질 것 같아서 무서웠던 화장실이 이젠 수세식이라서 다행이다 싶었다.

드디어 학습지와 전쟁을 시작하다

입학식을 끝내고 교문을 나오니 학원과 학습지 관계자들이 홍보용 책자, 전단지, 공책, 책받침 따위를 공짜로 나눠주면서 홍보를 하고 있었다. 얼마나 많이 주는지 어느새 무거워졌다. 누군가가 아이와 나를 붙잡았다.

"학습지 뭐 시키고 계세요?"

"아무것도 하지 않는데요."

내가 대답도 하기 전에 아이가 대답을 하자 그 사람은 미소를 지었다.

"그래? 이리 와봐. 선생님이 선물 줄게!"

선물이라면 사족을 못 쓰는 아이는 어느새 학습지 선생님 손에 이끌려 파라솔이 있는 곳으로 가고 있었다.

"이름이 뭐니?"로 시작해 학습지 선생님과 솔빛이의 대화는 시작되었고 솔빛이는 호기심에 눈이 반짝거렸다. 친구들이 하는 학습지를 은근히 하고 싶어 했던 터라 학습지 선생님의 칭찬과 유혹에 아이는 완전히 흥분되어 있었다.

"엄마 학습지 시켜주세요. 이거 해야지 학교에서 공부 잘하게 된대요."

"어머니, 아이가 이렇게 하고 싶어 하는데 한번 시켜주세요."

"아, 예. 생각해보구요."

"엄마, 시켜주세요. 열심히 할게요."

"아휴, 어머님은 좋으시겠어요. 아이가 이렇게 의욕적이고 똑똑해서 말입니다."

학습지 선생님이 솔빛이 칭찬에 학습지의 효과까지 열을 올려 설명하지만 내 귀에 하나도 들어오지 않았고, 이 자리를 어떻게 피해야 할지 고민스러웠다. 아이에게 상처를 주지 않고 거절하고 싶었고, 아이 앞에서 학습지 선생님을 무시하는 태도를 보이는 것도 별로 좋지 않다는 생각이 들었다.

"예, 잘 알겠습니다. 아빠랑 의논한 뒤에 연락드리겠습니다."

"그러면 여기에 연락처를 남겨주시면 저희가 연락을 드리겠습니다. 전화번호를 알려주세요."

"아니요, 제가 연락드릴게요." 내가 말하는 순간 솔빛이가 벌써 집 전화

번호를 불러주고 있었다.

"엄마, 오늘 해야 선물 준다는데… 선물 받고 싶어요."

"아빠께 허락을 받아야 해. 이런 건 우리끼리 결정하는 게 아니거든."

솔빛이는 계속 선물 때문에 투덜거렸지만 그래도 아빠를 핑계 삼아 겨우 빠져나왔다.

집으로 돌아오면서 공부하고 싶어 하는 아이의 기를 꺾은 것은 아닌지 고민스러웠다. 입학 기념으로 할인도 되고 선물도 준다는데 이왕이면 지금 하는 것이 이익이 아닌가 갈등도 생겼다. 주변의 엄마들은 이미 이런저런 학습지를 시키거나 학원에 보내는 것 같은데 이러다가 진짜 솔빛이만 뒤처지는 것이 아닌가 걱정스러워 견딜 수가 없었다. 그러는 동안 학습지에선 계속 연락을 하며 날 유혹했다. 결국엔 얼마 지나지 않아 신청을 했고 학습지는 배달되었다. 이렇게 내가 학부모가 되어 가는구나 싶었다.

솔빛이는 학습지가 배달되어 오자 신기한 듯이 나름 재미있어 하더니, 결국 얼마 지나지 않아 학습지는 자꾸 쌓여갔다. 본전 생각에 아이를 닦달하다 보니 아이와 나 사이만 벌어졌다. 에고 돈 아까워라. 그러고도 몇 번에 걸쳐 학습지와 전쟁을 더 치른 후, 우리 모녀는 학습지를 선택할 때 매우 신중하게 되었다.

입학식 날만 그런 것이 아니라 학교 앞에서 펼쳐지는 학습지와 학원의 홍보전은 해가 갈수록 더 심해지고 있다. 그래도 내가 아이를 키우던 시절엔 학교에 가면서부터 그런 사교육을 했는데 이젠 학교에 들어가기 전부터 시작되는 것 같다. 사교육 시장은 남의 아이보다 뒤질세라 하루라도 더 먼저 가르치려는 부모들의 욕심을 끊임없이 부추기고 있다. 아이들이 좋아하는 연예인을 내세운 학습지 광고가 등장하는 것만 보더라도 이제 사교육

시장은 그 규모가 엄청나게 커졌다는 것을 쉽게 짐작할 수 있다. 학습지 회사에서는 다양한 사은품이나 경품을 걸어 아이들을 유혹하기도 한다. 아이들에게 본인뿐 아니라 친구들의 전화번호를 알아내어 홍보하기도 하고, 친구를 소개해서 등록시키면 돈을 주기도 한다니 기가 막힐 일이다.

참으로 심각한 일은 한 가지를 하든 열 가지를 하든 부모들은 도무지 만족하지 않는다는 것이다. 뭔가 더 해줘야 할 것 같고, 우리 아이가 뒤처지는 것은 아닌지 늘 불안해하는 것이 요즘 부모, 특히 엄마들의 모습이다. 그런 불안함은 아이들에게 전염되어 아이들조차 사교육 없이는 공부를 할 수 없다고 생각하거나 비싼 사교육을 할수록 공부를 잘하게 된다고 굳게 믿고 있기도 하다.

엄마들 중에는 자기 아이의 사교육비를 벌기 위해 사교육 시장에서 일을 시작한 이도 많이 있다. 일하는 동안 아이를 방치할 수 없으니 아이는 또 사교육을 받으면서 엄마 없는 시간을 보내고 그러면 또 그 옆집 아이도 따라서 사교육을 하게 된다. 얽히고 얽혀서 어디서부터 풀어야 할지 막막할 만큼 꼬여가고 있는 느낌이다.

학습지 기웃거리기 전에 교과서부터 살펴보자

"아이가 내년에 학교에 입학하는데 지금 뭐부터 준비를 해야 할지 정말 걱정이에요."

초등학교에 입학시키는 학부모는 물론이고, 중학교 더 나아가서 고등학교에 아이를 입학시키는 학부모들도 같은 질문을 한다. 심지어는 대학교에 입학하는 자녀를 둔 부모들도 그렇게 묻곤 한다.

"건강한 몸과 의욕적인 마음이 준비된다면 좋겠지요."

이렇게 대답을 하지만 엄마들이 듣고자 하는 것은 이런 말이 아니라는 것을 나도 너무 잘 안다. 어떤 학원, 하다못해 학습지라도 미리미리 시켜야 할지 묻고 있는 것이다. 다른 아이들 모두 미리 배우고 오는데 본인의 아이만 학교 가서 잘 못해서 기죽고 스트레스 받을 것 같아서 걱정이 된다는 말이다.

"그렇게 걱정되시면 남들처럼 학습지를 하거나 학원을 보내서 준비를 미리 하면 되겠네요. 이미 답을 알고 계신데 뭐가 문제죠?" 이렇게 반문을 해본다.

"그렇게 많은 학습지며 사교육을 일찍부터 시키는 것이 그리 잘하는 일은 아니라고 생각해요. 주변에서 이것저것 많이 시키면서 아이를 잡는 엄마들이 그리 좋아보이지도 않거든요. 때론 그런 아줌마들 흉을 보기도 하는데, 막상 돌아서면 나도 그리 해야 하나 불안하고, 자기도 모르게 따라가고 있어요. 우리 아이는 아무것도 가르치지 않았는데 이렇게 잘해요, 그렇게 말할 수 있다면 정말 좋겠어요."

그렇게 솔직하게 이야기하다 보면 엄마들 마음이 대체로 이건 아닌 것 같은데 대안은 모르겠고, 너무 불안하다는 것이다. 나 역시 같은 과정을 겪었고, 그 마음이 어떤 것인지 알기에 대안을 함께 찾아갔으면 하는 마음으로 후배 엄마들을 만난다. 조금 더 먼저 고민하고 실천한 입장에서 우리 모녀가 학습지는 물론 사교육으로부터 나름 자유로울 수 있었던 평범한 비결을 나누는 일은 요즘 내가 하는 일 가운데 가장 중요한 일이 되어버렸다. 적을 알고 나를 알면 백전백승이라고 하지 않던가?

아이가 입학을 하거나 새학기를 시작하기 전에 학습지와 사교육기관을 기웃거릴 것이 아니라 먼저 교과서를 살펴보면 좋겠다. 학교에서 공부를 잘하기 원한다면 학교에서 공부할 교과서를 살펴보는 것이 가장 기본적인 활동이다. 아이가 교과서를 받아보기도 전에 요즘은 일 년 전, 심한 경우엔 이 년 전부터 미리 준비한다는데, 선행학습을 하더라도 교과서부터 먼저 살펴보고 진행하기를 권하고 싶다. 교과서를 꼼꼼하게 살피지 않더라도 각 학년에서 교육목표에 따른 교육과정의 체계만 이해하고 있어도 학부모들은 막연한 불안에서 많이 자유로울 수 있다.

부모가 그런 것까지 신경을 써야 하느냐고 반문하는 분이 계실지 몰라 다시 한번 강조하고 싶다. 학습지, 사교육을 기웃거리는 시간에 교과서를 살피자는 이야기다. 미지의 세계 앞에서 아이가 불안해하거나 고민할 때 옆에서 안심시켜주고 격려해주는 것이 부모의 역할이리라. 그러나 그 역할만 하기에는 부족하다고 느끼거나, 만만치 않은 현실을 헤쳐 나가게 부모로서 뭔가 더 해주고 싶다면 학교 교육과정의 체계와 교과의 짜임새를 먼저 살펴보기 바란다. 그렇게 전체의 틀을 알고 나면 학습지나 학원을 선택할 때 불필요한 에너지 낭비를 하지 않게 되고, 무엇보다 아이들을 힘들게 만들지 않을 것이다. 더 나아가서 아이 스스로 공부를 해나가면서 무턱대고 학습지나 사교육을 의지하지 않게 된다면 더 좋은 일이다.

첫아이보다 둘째들이 가르치지 않아도 이상하게 아는 것이 많은 것 같은데 그것은 바로 어깨 너머로 배운 것 때문이다. 첫째들의 경우 그런 어깨 너머 교육을 별로 받지 못하고, 동네 선후배 문화도 사라지다 보니 부족한 모든 부분을 사교육으로 대신 채우고 있는 것 같다. 이웃의 언니, 오빠들이 물려준 교과서를 모아서 책꽂이에 꽂아 둬보자. 아파트 재활용 날이나 헌 책방을 잘 활용해 장만해도 되고, 가격이 싸니 새 교과서를 구입하는 것도 괜찮다. 학습지 한 달 하는 비용이면 충분히 장만할 수 있다.

그리고 나서 아이들에게 책을 읽어줄 때 동화책뿐 아니라 교과서도 읽어 줘보자. 교과서 내용을 중심으로 관련 도서를 찾아 독서도 하고, 서점에서 마음에 드는 책이나 참고서를 직접 고르게 하고, 스스로 시간 관리를 하면서 학습하도록 도와주자. 타인조절학습 1시간보다 자기조절학습 10분이 더 바람직하다. 2학년이 되면 20분, 3학년이 되면 30분으로 늘어날 것이다. 자기 힘으로 얻은 성취감은 나중에 다른 뭔가를 할 때 바탕이 되는 에너지로 작용한다.

교과서가 썩 좋은 책은 아니지만 교과서 학습을 통해 학습지나 사교육에 의지하지 않고 스스로 학습하는 힘이 길러질 수 있다. 공부를 하거나 살아가는 데 가장 필요한 것은 바로 그런 힘이 아닐까. 스스로 성취해가면서 인간은 자기 삶의 주인의식을 갖게 된다. 자기 삶의 주인의식이 없으면 인간은 행복을 느끼지 못한다. 아이들이 행복하게 살아가기를 진정으로 바란다면 아이들이 스스로 자기 삶의 주인으로 서게끔 믿음과 사랑으로 지켜봐주는 부모가 되어야 하지 않을까.

요즘 아이들은 어떤
인간관계 속에서 자라고 있나

엄마가
학원 끊으랬어요

미술대학을 졸업하고 교육에 관심이 많은 나는 미술교습소를 열었다. 아이들과 그림 그리고 만들기를 하는 것이 무척 즐거웠다. 내가 그림을 그릴 수 있는 장소도 생기고, 또 굳이 어딘가에 취직을 하지 않아도 수입이 나쁘지 않았기에 부모님의 도움을 받아 그렇게 일을 시작했다. 그리고 결혼 후 남편의 해직으로 이 일은 우리 가족의 생계를 책임지는 중요한 일터가 되기도 했다. 그렇게 나는 10평 남짓한 미술교습소에서 30평 미술학원으로 나름 규모(?)를 키워가면서 15년 가까이 사교육이라면 사교육 시장에서 일을 했다.

아이들이 오기 전에 오늘은 무엇을 하며 즐거운 시간을 보낼까 계획을 세우고 준비물을 준비하는 시간이 행복했고, 아이들과 재잘거리면서 뭔가를 만드는 재미에 푹 빠져 살았다. 교습소가 동네 어귀에 있다 보니 아이들은 수업시간이 아닐 때도 자주 찾아와서 놀고 가기도 했다. 멀리 울산에 와서 살다보니 아는 사람도 별로 없어 아이들과 지내면서 정이 듬뿍 들었다. 길에서 만나면 얼마나 나를 반기는지 멀리서 "선생님!" 하고 부르면서 달려오는 아이들을 안아주면서 교사로서 보람을 느끼기도 했다.

어느 날 길에서 희수라는 아이와 마주쳤다. 초등학교 6학년으로 우리 학원을 일 년 정도 다니면서 나와 꽤 친해진 사이였다. 또래보다 조숙한 편이어서 제법 나와 말도 잘 통하고 동생들도 잘 돌봐주는 희수는 미술학원에서 살다시피 하는 아이였다.

"안녕 희수야, 이따가 미술학원에서 보자."

여느 때 같으면 먼저 "선생님!" 하면서 달려왔을 희수가 그날 따라 인사도 없이 모른 척 지나가는 것이었다. 나는 아이에게 혹시 무슨 일이 있는 것이 아닌지 걱정이 되어 물었다.

"희수야 무슨 일 있니? 왜 그래? 걱정거리라도 생겼니?"

"엄마가 이젠 거기 끊으랬어요."

희수는 그러고는 휙 가버렸다. 나는 처음에 그 말이 무슨 말인지도 몰라 멍하니 서 있다가 학원으로 돌아왔다.

오후가 되니 희수가 시무룩하고 어색한 표정으로 들어왔다.

"엄마가 여기 끊으랬어요. 그만 다니래요. 그래서 가방 가지러 왔어요."

희수는 나를 쳐다보지도 않고 그 말만 하고는 자기 물건을 서둘러 챙겨서 나가려고 했다.

"왜 엄마가 그만 다니라고 하셨니? 선생님은 엄마에게 아무런 연락을 받지 못했거든."

"몰라요. 그냥 끊으라고만 했지 이유는 말해주시지 않았어요."

"그래? 그럼 선생님이 엄마에게 연락해볼 테니 오늘 온 김에 하고 싶은 것 하고 가라. 그냥 가면 섭섭하잖아.”

“아뇨, 그냥 갈게요. 안녕히 계세요.”

그러고는 서둘러 나가버렸다. 그 뒷모습을 보면서 나는 한참 멍하니 있다가 다른 아이들이 부르는 소리에 정신을 차렸다. 아이들이 모두 돌아간 뒤 희수네 집에 전화를 했다. 학원을 그만 다니라고 한 이유가 궁금해서였다. 선생인 내게 아무런 말도 없이 갑자기 학원을 가지 말라고 아이에게 말했다는 것이 이해가 안 되었기 때문이다. 희수엄마는 희수가 계속 미술을 더 하고 싶어 하지만 이젠 6학년이고 미술을 전공할 것도 아니니 계속할 필요가 없고, 대신 뒤처지는 수학을 공부시킬 예정이라고 했다. 희수엄마와의 통화로 아이가 학원을 그만둔 이유를 알게 되긴 했지만 나는 전화를 끊고 나서 전화한 것을 많이 후회했다. 희수엄마가 내 전화를 몹시 불편해하는 것이 역력했기 때문이다. 내가 학원을 계속 더 보내라는 말을 하려고 전화하는 것으로 오해하고서(전화로 물건 판매하는 사람을 대하듯이) 불편함을 드러내니 몹시 당황스러웠다.

그 뒤로도 이런 일은 종종 일어났고 나는 그럴 때마다 마음의 상처를 입고 가슴앓이를 하곤 했다. 아이들이 등록을 하고 한 달이 지나면 회비 봉투를 보내는데 그럴 때마다 이번엔 누가 “엄마가 이번 달만 다니고 끊으랬어요. 그래서 봉투 받아오지 말래요.” 할까봐 두려웠다. 아이가 갑자기 연락 없이 학원을 결석해 걱정되어 집에 전화하면 “학원 끊었는데요.”라는 대답을 들을까봐 전화를 걸까말까 망설이는 날도 많았다. 그런 일이 있을 때마다 나는 아이들과의 관계를 정리하는 것이 힘들어서 가슴을 졸여야 했다. 그런 나의 마음을 잘못 표현했다가는 아이 하나하나를 수입원으로 계산하는 사람으로 오해를 받기 일쑤여서 그 마음을 감추어야 했기에 더욱 가슴

이 아팠다. 그리고 앞으로 아이들과 관계를 어떻게 맺어야 할지 고민하다
심하게 몸살을 앓기도 했다.

학원선생님과는 돈으로 맺어진 관계?

어느 날 낯선 아이가 학원에 들어와서
는 "우리 엄마가 오늘부터 여기 다니라고 했어요." 하고는 돈을 내민다.
"그래? 엄마한테서 선생님은 아무 연락을 못 받았는데…. 그래도 일단 여
기 앉아봐라. 이름이 뭐니? 몇 학년이야?" 아이를 그냥 돌려보낼 수는 없
어 그림을 한 장 그리게 하고는 아이에게 받은 연락처로 수업이 끝난 후 엄
마와 통화해서 다음에 학원을 방문해 정식으로 등록해주기를 부탁하곤 했
다. 물론 학원을 미리 방문해서 꼼꼼하게 살피고 내 교육관이 마음에 들어
학원을 보내기로 마음먹는 학부모도 있었지만, 주변 엄마들 이야기를 듣고
그냥 무조건 아이를 보내는 경우도 적지 않았다. "우리 엄마가 가라고 했어
요." 하면 시작이고 "끊으라고 했어요." 하면 끊어지는 관계로 나는 아이들
을 만나고 헤어져야만 했다.

나는 아이들과 그림으로, 좋은 선생님으로 만나고 싶었지만 학원이라는
구조를 유지하고 운영하기 위해서는 어쩔 수 없이 회비를 받아야만 했고,
학원비를 내주는 부모들의 선택에 따라 아이들과 나는 원하지 않는 관계를
맺기도 하고 원하지 않는 이별을 해야만 했다. 나는 이렇게 한 달이면 서너
명의 아이들과 그런 관계를 시작하거나 끊으면서 마음의 상처를 받고 상실
감에 빠져 살았다. 세월이 갈수록 나는 상처를 받기 싫어서 점점 더 아이들
과 일정한 거리를 두고 관계를 맺을 수밖에 없었다.

그런데 세월이 지나면서 나를 더욱 그렇게 변하게 한 것은 내가 만나는

아이들의 전반적인 모습이 그렇게 변해가고 있기 때문이기도 했다. 돈으로 관계 맺음에 익숙해진 아이들은 그걸 그대로 표현하기도 하는데, 선생님을 자기 부모의 돈으로 고용했다고 생각하는지 아이들이 혹 내게서 꾸중을 들을 참이면 "아이씨, 나 이 학원 팍 끊어야지." "우리 엄마한테 이 학원 끊고 다른 학원 보내 달래야지." 이런 말을 내 앞에서 서슴없이 하는 아이들이 갈수록 더 많아졌다. 아이들도 나도 그런 만남에 지쳐가는 것이 느껴졌지만, 우리 마음대로 관계를 맺을 수도 끊을 수도 없었다. 그렇게 15년을 지내고 나니 나는 더 이상 그런 관계 맺음을 견딜 수가 없어 조용히 학원을 정리하기로 마음먹었다. 더 이상 돈으로 맺어진 관계를 계속하다가는 제 명대로 살지 못할 것 같아서 서둘러 정리했다.

아이들과 그렇게 만나는 것이 나는 정말 싫었다. 내 생각엔 아이들도 나와 다르지 않았을 것이라 생각하는데, 아이들은 나처럼 그렇게 학원을 정리할 수 없으니 아마 지금도 계속 학원을 다니고 과외를 받으면서 돈으로 만나는 그런 관계를 지속하고 있을 것이다. 빠르게는 서너 살부터 아무 조건 없이 사랑으로 맺어진 엄마의 품을 떠나, 돈으로 엄마가 구해준 조건부 관계를 시작한다. 그렇게 자기 의지와 관계 없이 또 자기 노력 없이 쉽게 관계를 시작하고 끊는다. 그런 인간관계가 우리 아이들이 어린 시절에 경험하는 대부분의 인간관계가 되고 있는 것은 아닌지 걱정된다.

인간은 관계 속에서
성장한다는데   인간(人間). 사람人 사이間. 인간이란 말 자체가 관계를 이야기한다. 그리고 인간은 관계를 맺으면서 성장한다. 그래서 어떤 이들과 어떻게 관계를 맺느냐가 한 개인의 성장에 큰 영향을 준다. 나는 내가 만나는 사람들에게 좋은 영향을 주고, 또 그들에게 좋은 영향을 받으면서 같이 성숙해지고 싶다. 그리고 이렇게 우리 개개인이 성숙해간다면 아마 우리 사회도 성숙해질 거라 믿기도 한다. 그런데 나는 요즘 어떤 것보다도 우리 아이들의 관계 맺음이 왜곡되고 있다는 생각이 들어 참으로 걱정스럽다. 분명 지금 아이들은 과거 우리가 자라던 시절보다 일찍 뭔가를 배우고, 사회성조차도 미리미리 챙겨주려는 부모들의 배려 아닌 배려로 더 일찍 많은 사람들과 만나게 되는 듯하다. 하지만 우리 아이들의 인간관계는 그만큼 더 문제가 많아 보인다.

대안학교로 알려진 발도르프학교에서는 초등학교 6년을 한 명의 담임선생님이 담당한다고 한다. 그 시기 아이들의 발달과정에 맞추어볼 때 그렇게 지속적인 관계를 맺는 것이 무엇보다 중요하기 때문에 그렇게 하고 있다고 한다. 발도르프 교육이론에 대해 잘 알지 못하더라도 그냥 상식적으로 생각해봐도 참 좋은 방식인 것 같다. 물론 교사의 자질이 전제되어야 하겠지만, 그 정도의 시간을 함께해야 교사와 아이들도 깊은 관계를 맺을 수 있게 될 테고, 교사는 아이들의 성장과정을 쭉 지켜보면서 아이 한 명 한 명을 성향에 맞게 지도하는 것이 가능하지 않을까 싶다. 뭐 그런 교육성과를 따지지 않더라도 그저 단순히 우리가 일상에서 사람을 만나는 것만 봐도 친해지고 뭔가를 같이 하려면 시간이 제법 걸린다. 관계를 제대로 맺으려면 시간이 필요한 법이다.

이를테면 직장의 상사와 구성원들이 일 년에 한 번씩 다른 사람으로 바뀐다면 서로 적응하는 데 드는 에너지 손실이 적지 않을 것이다. 가족 구성원에 비교해 생각해보면 어떨까. 시어머니가 일 년에 한 번씩 다른 사람으로 바뀐다면 어떨까? (물론 너무 싫었던 시어머님이 좋은 시어머니로 바뀐다면 환영할 일이겠지만) 겨우 파악해서 지낼 만하면 다른 성향의 시어머니가 나타나고 그래서 처음부터 다시 눈치 살피면서 분위기 파악하고 행동해야 한다면, 매년 담임선생님이 바뀌는 우리 아이들의 심정을 이해하는 데 도움이 될 듯하다. 매년 새 학기마다 아이들은 새로운 선생님에 맞춰 생각하고 행동하느라 많은 에너지를 소진하고 있다는 것을 인정해야 하지 않을까 싶다. 나는 지금 학교의 담임제도를 탓하려는 것이 아니다. 우리 아이들을 둘러싼 관계 맺음을 이야기하려는 것이다.

몇 십 년 전만 하더라도 일가친척들이 한 동네에 모여 사는 경우가 많았다. 할아버지 할머니, 고모 삼촌 사촌들까지 한 동네에서 나고 자라면서 긴 시간 동안 관계를 맺으면서 살았다. 꼭 일가친척이 아니라도 한 동네에서 오래오래 같이 살면서 이런저런 일을 함께 겪으며 갈등이 생기면 같이 풀기도 하고, 어려운 일이 생기면 서로 돕기도 하면서 나름의 깊이 있는 인간관계를 만들어갔다. 그리고 좀더 자라 학업을 위해 혹은 직장을 찾아 마을을 떠나게 되면서 새롭게 만난 소속 집단 속에서 스승과 선배라는 사람을 만나 세상을 배우고 삶을 배우곤 했었다. 공부하는 법도 선배가 가르쳐주고 술 마시는 법, 때론 연애하는 법을 스승뿐 아니라 선배에게 배우곤 했다. 물론 나쁜 것도 배웠을 것이다.

그런데 이젠 핵가족화로 일가친척은 명절에 얼굴 한 번 보기도 쉽지 않게 되었고, 도시화로 동네 개념은 사라져 옆집 사람이 누구인지도 모르고, 잦은 이사로 긴 세월 속에 만들어지는 나름의 깊고 인간적인 관계는 사실상 불가능해졌다. 설상가상으로 유치원, 학교, 학원을 다니는 것이 일상생활이 되어 다른 활동이 거의 없다 보니 결국엔 그런 공간에서 만나는 사람들과의 관계가 대부분을 차지하게 되었다. 담임선생님은 일 년에 한 번씩 바뀌고, 사교육 선생님은 운이 나쁘면 한 달만에도 바뀔 수 있다. 그리고 친구들도 일 년이 지나면 반이 바뀌면서 만나기 어려워지곤 한다.(한 학년이 열 반이 넘는 큰 학교의 경우 다시 같은 반이 되는 것은 매우 어렵다.) 차라리 같은 학원에 오래 다닌다면 관계가 유지될 판이니, 학원을 다니지 않으면 친구 못 사귄다는 말이 나오는 것이 당연해 보인다. 요즘에는 학원도 거대해져서 소수의 그룹 과외를 하는 몇몇 아이들과 부모들이 똘똘 뭉쳐 그들만의 집단을 형성하기도 한다. 선후배 문화도 사라진 지 오래인 것 같다. 혹시 남았다 해도 군기 잡는 것과 술 퍼먹이는 게 아닌가 싶고, 선배도 후배도 다들 사교육 받기 바빠서 서로 가르쳐주고 배울 시간은커녕 얼굴 마주칠 시간도 없다. 더구나 실력 좋은 사교육 선생님 대신 선배랑 공부하겠다는 아이를 그냥 둘 학부모는 거의 없을 것이다. 이것이 요즘 아이들의 상황이다. 이 속에서 이루어지는 인간관계는 과연 어떤 것일까?

　과거의 인간관계가 무조건 좋았다고 말하려는 것은 결코 아니다. 그러나 과거에는 최소한 다양한 사람들을 만날 수 있었고, 그런 사람들과 오랜 세월을 두고 관계를 맺으면서 여러 형태의 삶을 볼 수 있었다. 다양한 사람들을 통해 다양한 인생 모델링이 가능했다고 할 수 있다. 하지만 지금 아이들은 사교육기관의 종사자들 말고는 그렇게 자주 만나는 사람이 별로 없다. 학교에서는 1:40의 비율로 담임선생님과 관계를 맺는다면, 사교육기관은 1:20 이하의 비율로(때론 1:1로 만나는 경우도 있다) 관계를 맺고 있으니 학교선생님보다 사교육기관의 선생님과 더 인간적인 관계를 맺을 가능성이 높다. 학원을 순례하다 늦게 귀가한다면 솔직히 엄마, 아빠랑 지내는 시간이 그보다 더 짧을지도 모를 일이다. 결국엔 아이들은 학교선생님, 학원선생님을 통해 인생의 많은 것들을 배우게 된다고 할 수 있지 않을까?

무엇을 배우는가보다 누구와 만나는가가 더 중요하다

"아이가 영어를 하고 싶어 하거든요. 원어민 교사가 하는 수업이 더 좋을까요? 아니면 한국인 선생님이 좋을까요?"

이런 질문을 하는 엄마들은 대체로 영어를 배우는데 어느 쪽이 더 효과적인가를 묻고 있다. 한마디로 영어를 더 잘하게 만드는 방법이 뭐냐, 이것을 알고 싶어 하는 것이다. 조금 더 생각이 있는 엄마라면 아이가 어떤 수업에 더 흥미 있어 할지를 알고 싶어 하는 것일 수도 있다. 그렇지만 아이의 스승으로 어떤 이가 더 좋을지에 대해 묻고 있는 경우는 거의 없다.

"주변에서 영어 과외팀을 하나 만드는데 지금 끼지 않으면 나중엔 넣어줄 수가 없다고 하니 일단 시켜보려고 해요. 아이가 싫어하면 그때 당장 그만두게 하면 되니까 그렇게 해보는 건 괜찮지 않을까요?"

요즘 믿을 만한 전문가들이 아이들의 의견을 존중하지 않고 싫어하는 것을 억지로 시키는 것은 역효과를 준다고 하니, 나름 생각 있다는 엄마들은 일단 시키고 아이가 혹시 싫어하면 언제든 끊게 해준다면서 아이를 배려하고 있는 듯 말하곤 한다. 그렇지만 아이가 인간관계에서 겪는 어려움을 배려하는 경우는 거의 없어 보인다.

우리나라 현실에서 사교육을 전혀 안 할 수는 없을 것이다. 이런저런 이유로 다양한 사교육을 하게 된다. 그럴 때 단순히 아이에게 미술 또는 영어를 가르친다는 생각만으로, 또 더 잘 가르친다는 것만으로 선택하지는 않았으면 좋겠다. 물론 사교육을 선택하기 전에 여러 가지 따져보고 견주면서 하겠지만, 무엇보다 아이들이 새로운 인간관계를 시작하게 된다는 차원에서 또 인생의 스승을 만나게 해준다는 생각으로 신중하게 접근했으면 한다. 그리고 지금 당장 내 아이가 어떤 이들과 어떤 관계를 맺으며 성장하고 있는지 살펴보자. 또 부모인 우리는 지금 어떤 이들과 어떤 관계를 맺으면서 살아가고 있는지를 살펴보는 것도 잊지 않았으면 한다. 내 아이와의 관계는 더욱 그렇고…. 만남이 가볍고 편리함만으로 일회용 종이컵처럼 구겨져 버려지지 않았으면 좋겠다. 우리 만남이 사랑으로 따뜻하게 데워진 은은한 국화차 같은 향기나는 만남으로 오래오래 기억되기를 바란다.

체험학습 유감

 "엄마, 우리 다음 주에 고구마 심으러 간대요."

학교에서 돌아온 아이가 무척 들떠 있다. 고구마 심을 때 쓸 모종삽을 찾아 준비를 해놓고 신이 났다. 학교에서는 날마다 교실에서 지겹게 공부만 한다고 짜증부리고 그랬는데 체험학습을 한다니 무척 좋은 모양이었다. 그런데 고구마 심기 체험학습을 갔다 온 아이는 다시는 그런 체험학습은 안 간다며 난리를 쳤다.

"그게 무슨 체험학습이야. 머리에 손 올리고 줄서서 기다리기만 하고, 아저씨 아줌마들이 고구마 심는 거 구경만 했다니까요. 우리는 아저씨가 심은 고구마 줄기에 흙만 조금 덮어주고 끝이래요."

외국에서 좋다는 교육도 우리나라에 들어오면 잘못 왜곡되어 형식적으로 이루어지거나 과열되기도 한다. 체험학습도 마찬가지 모양새다. 교실에 앉아서 책만 펴놓고 하는 공부는 시대에 뒤떨어진 것이라며 학교에서도 현장체험학습이라는 걸 하기 시작했고, 학부모들도 관심을 많이 가졌다. 그런데 그런 체험학습이 형식적으로 이루어지면서 도리어 체험이란 것에 아이들의 호기심이 사라지는 것은 아닌가 싶다. 아이들에게 뭔가 더 가르쳐주려는 부모들의 욕심과 수용 인원이 너무 많은 형식적인 체험학습의 구조가 그렇게 만들고 있다고 생각한다.

학교의 체험학습은 교사들의 자질이나 성의, 교육적 열의를 들먹이기 이전에 구조적으로 불가능하다는 것을 인정해야 할 것 같다. 일단 교사 한 명이 40명 가까이 되는 아이들을 데리고 할 수 있는 체험학습은 거의 없다. 만일 반마다 따로 가까운 곳에서 체험을 할 수 있다면 그런 대로 가능하겠지만 학교라는 공간과 학교 주변에서 그런 경험을 할 만한 곳이 없고, 안전 문제가 있기 때문에 단위 학급의 수업을 따로 운영하는 것이 불가능한 현실이다. 그러다 보니 최소한 한 학년 전체가 움직여야 하고 안전사고에 신경 쓰다 보면 솔직히 아이들 줄 세우고 통제하는 일에 시간을 거의 다 보내게 된다.

그런가 하면 요즘은 사설학원에서 체험학습 프로그램을 위탁 진행하는 경우도 많다. 그 역시도 대부분 집단으로 움직이고 체험학습 프로그램을 개발하기가 쉽지 않으니 체험학습 전문업체에 위탁하게 되면서 학교도 사설학원도 별 다르지 않은 구조로 진행된다. 대부분 같은 시기에 같은 내용의 체험학습을 이 학교 저 학교, 이 유치원 저 유치원, 이 학원 저 학원에서 진행하면서 어딜 가나 아이들은 마음 놓고 구경할 수도, 체험을 할 수도 없는 상황이나. 앞 친구 이께에 두 손을 얹고 포로들(?)처럼 줄줄이 따라 다니기 바쁘더라도 차라리 하지 않는 것보다는 나을까? 줄서기가 선진 시민의

덕목이니 그걸 배우는 차원에서 이런 체험학습이 필요하다고 해야 할까?

쓰레기를 만들어내는 체험학습

학교의 체험학습이나 문화예술교육이 미흡하다 보니 학교 밖의 문화예술체험에 관심을 가지게 되었다. 마침 문화 콘텐츠나 관광사업을 꿈꾸는 지방자치단체와 각종 기관들의 문화행사를 비롯해 문화예술사업이 늘어나면서 이런저런 체험거리들도 늘어나 반가웠다.

몇 년 전 문화예술교육이라는 이름으로 이루어지는 사업에 대한 모니터링을 잠깐 해본 적이 있다. 그 일을 하면서 문화예술교육 프로그램들이 일회적이고 너무 소비적인데다 반생태적인 면이 많아 걱정스러웠다. 상업적인 목적으로 진행하는 것은 아니어서 참가비 부담이 없으니 공짜로 하는 것 치고는 이만하면 괜찮네 할 수도 있지만, 그 사업에 들어가는 예산이 결코 적지 않고 그 돈은 결국 우리가 낸 세금이라는 점에서 볼 때 절대 공짜는 아니다. 개인이나 작은 단체에서 진행하는 것보다 들어가는 예산이나 영향력이 아무래도 큰 행사이기에, 좀더 교육적인 면을 고려했어야 하는데 그런 측면은 별로 고려되지 않고 성과 위주로 진행되는 듯했다. 또는 형식적으로 이런 것을 했다 식의 과시행정으로 진행하는 경우도 적지 않아 보였다. 그리고 보면 무슨 무슨 축제니 문화예술제니 엑스포는 그리도 많은지, 별다른 특징도 없고 고민도 마인드도 없이 그저 다른 동네에서 하니 우리도 한다는 식으로 마구마구 해대는 느낌을 지울 수가 없다. 행사에 준비된 체험 프로그램을 보면 더욱더 그렇다.

흔히들 많이 하는 도자기 만들기 체험은 그런 문화예술 행사가 아니어도 유아, 유치원의 체험학습에서부터 시작된다. 그렇게 시작된 도자기 체험은 초등학교 6학년까지만 해도 여러 번 하게 되는데, 도자기를 만드는 도공들의 인내와 진지함은 체험하지 못한 채 그냥 다 만들어진 흙그릇에 아무렇게나 찍찍 그림을 그려 넣거나, 이미 다 준비된 흙을 대충 주물러서 그릇을 만들어놓으면 선생님이나 담당자들이 손을 봐주고 굽고 유약 발라 다시 굽고 해서 다 만들어놓아도 찾아가지 않는 것들이 넘쳐난다. 자기가 만든 것에 대한 애착은커녕 왜 그걸 해야 하는지 모르겠다는 아이들도 적지 않은데 도자기 체험은 계속되고, 만들어진 도자기들은 폐기처분 되곤 한다. 그것들이 결국엔 환경을 오염시킨다는 점은 별로 고민하지 않는다.

그런가 하면 요즘은 천연염색이 유행이라고 여기저기서 천연염색을 아이들에게 체험시키기도 한다. 그 역시도 염료는 누군가 수고스럽게 다 만들어주고 아이들은 담갔다가 꺼내는 일만 하면 그만이다. 그렇게 해서 만들어진 손수건이나 보자기 내지는 셔츠가 집집마다 하나둘 생기고 결국엔 쓰레기가 되고 만다. 물론 그것을 소중하게 여기고 충분히 입고 버리는 사람들도 있겠지만 대부분은 구석에 처박혀 쓰레기가 되고 만다.

한번은 예술회관 마당에서 문화예술 프로그램이 있다고 해서 가보니 커다란 비닐 터널 위에 색종이로 꾸미는 작업을 하고 있고, 다른 한편에서는 어디서 가져왔는지 모를 자연석 위에 아크릴 물감으로 그림 그리는 작업을 하고 있었다. 그렇게 작업을 한 후에 비닐 터널은 사진만 남기고는 쓰레기가 되었고, 색칠된 자연석은 예술회관 한구석에 잠시 전시(?)되었다가 곧 사라졌다. 멀쩡한 자연석에 왜 그렇게 그림을 그리고 색칠을 해야 했는지, 또 색칠된 돌들은 어떻게 폐기되었는지 궁금했다. 자연석에 그렇게 색칠을 하면서 아이들과 그 부모들은 어떤 문화예술적 내지는 교육적인 감흥이 있었을지 무척이나 궁금했다. 차라리 집에서 쓰던 싫증난 물건을 가져와 색이나 모양을 바꿔 다시 사용하는 작업이 더 쓸모있지 않았을까 하는 생각이 들었다.

멀쩡한 천을 일부러 조각내어 뭔가를 만들기보다는 생활 속에서 생긴 자투리 조각천을 활용해서 새로운 뭔가를 만들어 쓰는 그런 지혜를 배우는 것이 진정한 문화예술체험이 아닐까. 쓰지도 않을 도자기를 만들기보다는 정말 꼭 필요해서 만들고, 새로 만들기보다는 있는 것을 어떻게 잘 활용하고 아낄지를 가르치는 체험이고 교육이 되어야 하지 않을까. 깨진 도자기를 보수하는 것을 배우게 하거나 깨진 조각으로 무엇을 만들까 생각해보는 것이 더 예술감각을 키우는 체험학습이 되지 않을까.

과거의 조상들이 얼마나 힘들게 뭔가를 했고 그것이 지금에 어떤 영향을 미쳤는지 체험해보는 게 잘못되었다고 하는 말은 아니다. 과거의 것을 통해 우리가 지금 그리고 미래에 어떻게 살아갈 것인가를 고민하는 자리가 되어야 하지 않을까 싶어 해보는 이야기이다. 문화예술이야말로 친환경적이고 생태적이어야 한다. 예술이란 이름으로 행해지는 많은 행사 뒤에 나오는 쓰레기(폐기물)를 보면 가슴이 답답해진다. 생활쓰레기를 줄이자, 분리수거하자 난리들인데 막상 그런 행사에서 쏟아져 나오는 폐기물들은 면죄부를 받은 듯 마구 버려지는 것을 우리 모두 깊이 생각해보았으면 한다.

젊어서 고생은 사서도 한다?

역사기행과 역사체험이 사회 성적을 올리는 데 도움이 된다고 하니 그 역시도 조기교육의 한 분야로 자리를 잡아가는 듯하다. 그래서 아이 나이에 맞지 않게 지나치게 먼 곳까지 여행을 보내고 여행 전에는 교육 효과를 높이기 위해 관련 책을 읽게 하고, 돌아와서는 보고서를 쓰게 하면서 열성을 보이는 부모들이 적지 않다. 그 과정만 보면 무척 수준 있는 교육 활동으로 보인다. 그런데 문제는 그것을 수행할 능력이 갖춰진 나이가 아닌데 부모 욕심으로 무리하게 진행하다 보니, 정작 그런 여행을 통해 배우고 기록하려는 아이들의 자발적인 욕구가 생겨날 즈음엔 모든 것이 이미 지루하고 식상하게 된다는 점이다. 아니 정작 그런 체험이 필요한 시기에는 시험공부를 해야 하기에 갈 시간도 없다고 하니 안타깝지 않을 수 없다.

초등 고학년이나 중고생을 위한 역사체험 활동이나 여행을 기획해서 모집하면 고학년은 접수하지 않고 저학년을 받아달라는 문의전화에 시달린다는 것이 담당자들의 하소연이다.

"저희 아이는 책도 많이 읽어서 이해력도 있고 집중력도 있어요. 충분히 잘 따라 할 수가 있답니다. 갈 수 있게 해주세요."

"아 예… 그렇습니까? 그래도 대상자에서 벗어나니 접수가 불가능합니다. 그리고 이번엔 많이 걷고 힘든 코스가 있어 저학년 아이에겐 무리입니다. 죄송합니다."

"그래도 저희 아이는 저학년이지만 체격도 커요. 잘 걸을 수도 있구요."

"혹시 신청자가 적어 자리가 비면 고려해보겠습니다."

결국 고학년 아이들 모집이 잘 되지 않을 경우 경비 때문에 어쩔 수 없이 저학년을 포함해서 데리고 가는 경우가 생긴다는데, 아무리 아이가 조숙하고 똘똘하고 체력이 좋다 해도 인솔자가 볼 때 여러 측면에서 문제가 있다고 한다. 이런 상황이다 보니 고학년과 중고생을 위한 프로그램은 거의 찾아보기가 힘들고 혹시 있어 참여하더라도 어딜 가나 꼬맹이들과 같이 지내야 하는 상황이 벌어지곤 한다.

"이번엔 진짜 고학년만 가는 거예요? 저학년 아이들이나 동생들이 따라오면 난 안 갈래요. 저번에 저학년 아이들 때문에 너무 힘들었어요. 뭐라 하면 울면서 선생님한테 이르기나 하고 재미도 없고 너무 귀찮아요."

행사에 참여하고는 싶은데 걱정이 되어 이렇게 질문하는 고학년 아이들이 종종 있다. 솔빛이도 홈스쿨링을 시작한 후 이런저런 행사에 가보면 꼬맹이 천지라면서 나중엔 차라리 가지 않겠다고 했다. 홈스쿨링을 하면서 또래 친구들을 보고 싶고 또래랑 뭔가 배우고 싶은데 가보면 어린 아이들을 데리고 온 아줌마들과 아이들의 극성으로 제대로 뭔가를 하기가 힘들단다. 물론 어린 동생이나 나이 많은 형들하고 지내는 시간을 갖는 것도 좋은 일이고 꼭 필요한 일이지만, 아이들의 발달과정상 그것을 받아들이고 필요로 하는 시기가 따로 있음을 잊어서는 안 될 것 같다. 때 아닌 때 씨를 뿌리면 싹을 틔우지 못하는 것처럼 말이다.

일찍 서둘러서 좋지 않은 것이 주입식 교육만은 아니라는 생각이 든다. 체험학습도 때에 맞지 않다면 아이에게 득이 되기는커녕 정작 해야 할 시기에 흥미를 느끼지 못해 역효과만 낳게 될 것이다.

체험학습이야말로 적기 교육으로 이뤄져야 한다. 젊어서 고생은 사서도 한다는 말이 있긴 하지만, 젊어 고생한다고 했지 어려서 고생하라고는 하지 않은 것 같고, 일부러 돈 내고 불필요한 고생이나 경험을 하라는 이야기는 아니라고 본다. 젊은이가 세상에 나가 고생이 좀 되더라도 자기가 하고 싶은 일이나 해야 할 일을 피하지 말라는 것이지, 뭐든 빨리 더 많이 경험하라는 의미는 아닐 것이다.

　학교 텃밭에서 아이들이 직접 채소를 길러 점심 식탁에 올린다는 대안학교 이야기를 접하고 우리도 해보자면서 아는 사람들끼리 모여 주말농장을 한 적이 있었다. 처음엔 가열차게 시작했지만 흐지부지되면서 남의 귀한 밭과 인근 밭까지 망가뜨리고 말았다. 거리도 멀고 생활 속에 있지 않다 보니 대부분 씨만 뿌려놓고 방치한 탓에 풀이 무성해지고 벌레가 많이 생기면서 인근 밭에까지 피해가 간 것이다. 누군가가 다 돌봐주고 잠시 가서 수확만 해오는 그런 체험학습 정도로 생각했다가 큰코 다친 셈이다. 일회성 체험학습에 익숙했던 우리의 한계가 아닐까 싶다.

솔빛이가 홈스쿨링을 하게 되면서 교외로 이사해 텃밭을 가꾸고 있는데(사실 일은 남편이 거의 다 하지만) 한여름 밭에 무성한 풀을 뽑아 보니 이만한 극기훈련이 없다 싶다. 생계를 위한 농사가 아니라 그냥 소일거리로 하는 농사인데도 이리도 힘들고 손이 많이 가는데 진짜 생계를 위해 농사 짓는 분들은 오죽할까. 올 김장도 남편이 일일이 삽질해서 씨 뿌려 키운 배추로 할 참인데, 나는 솔직히 그냥 마트에 가서 김치를 사다 먹고 싶은 심정이다. 수확철에 가서 감 따고, 사과 따고, 고구마 감자 캐는 농사 체험 한번씩 어쩌다가 하고는 전원생활을 꿈꾸면서 그걸 멋이라고 여기고, 내 아이와 주변 아이들에게 그런 것을 경험시키고 체험시키려 했던 내 자신이 요즘 부끄럽게 느껴진다.

체험학습으로 꼭 거창한 것을 해야 한다는 고정관념을 가지고 있었구나 싶나. 별것 아닌 것이라도 자기 경험이나 느낌, 생각을 서로 나누고, 생활과 가까이 있는 그런 일상을 다른 눈으로 바라보는 것이 더 좋은 소재가 될 수 있지 않을까. 인위적으로 꾸며낸 체험보다는 삶과 어우러진 그런 체험이 진짜 체험이 아닐까. 어찌 보면 체험학습이란 것을 따로 시간을 내어 한다는 것이 웃기는 일이라는 생각도 든다. 그냥 일상생활 자체가 체험인데 말이다. 일회적이고 소모적인 체험학습으로 도리어 식상해지고 가벼움을 배울까 걱정스럽다. 요즘 아이들이 심약하다고 강하게 키워야 한다면서 일부러 극기훈련을 시키고, 전쟁과 기아의 고통을 체험하게 한다면서 주먹밥을 먹게 하고 한두 끼 굶긴다고 과연 무엇을 배울 수 있을지 의문스럽다. 늘 편안하게 엄마가 태워다주는 차로 등교하고 한두 끼 굶고 나면 진수성찬을 언제든 먹을 수 있는데 말이다.

요즘은 집에서 좀처럼 아이들에게 일을 시키지 않아서 인성교육에도 문제가 되고 있다고 한다. 오로지 공부만 중시하는 바람에 아이들이 실제 살아가는 데 필요한 것들은 배우지 못하는 경우가 많다. 아이와 함께 요리를 하거나 빨래, 시장보기 같은 집안일을 해보는 것이 무엇보다 훌륭한 체험 프로그램이 아닐까. 우리 생활 가까이에 제대로 체험해야 할 것들이 사실 많이 있는데 정작 이것들은 소홀히 여기고 먼 데서 엉뚱한 걸 찾고 있는 것 같다. 그냥 삶이 체험인데 새삼스럽게 뭔 체험을 또 해야 하나.

영어에서 자유로워지기

　　학부모들이 모이면 늘 아이들 공부 이야기가 중심을 이루는데 그 중에서 영어교육 이야기는 빠지지 않는다. 이번 여름방학을 보내고 2학기를 시작하는 초등학교 5학년 엄마들의 대화를 들어보자.

"이번 방학에 캐나다에 아이를 한 달간 보냈는데 보내길 잘했다는 생각이 들어요. 확실히 아이가 영어에 흥미를 보이는 것 같거든요. 아이도 다음엔 또 가고 싶다고 하고…. 돈은 좀 들었지만 만족해요!"

"어느 지역으로 보내셨어요? 이왕에 보내는 거라면 정말 잘 알고 보내야 해요. 캐나다도 다 같은 캐나다가 아니라고 하잖아요. 지역에 따라 얼마나 차이가 나는데요. 우리 애는 ○○대치동 어학원에서 자매결연 맺은 곳에 보냈는데 역시 좀 다른 것 같던데요."

"우리 아이는 영어마을에 디녀왔는데 외국인 선생님들이 아주 친절하고 좋았다고 다시 가고 싶다고 해요. 뭐 사실 영어마을 2주 갔다 왔다고 영어가 확 는 건 아니지만 아이가 영어에 흥미를 느끼고 또 외국인을 두려워하지 않게 된 것만 해도 들어간 돈이 아깝진 않더라구요.”

“참, 우리 동네에 서울에서 유명한 ○○학원이 개원을 했다던데 이야기 들었어요? 거긴 실력 없는 아이들은 받아주지도 않는대요.”

“아~ 거기! 이제 알았어요? 우리 애는 벌써 등록했는데….”

이렇게 아이들의 방학 중 영어교육 무용담이 신나게 오고갈 때 해외연수를 보내지 못했던 엄마들은 기가 죽어서 말을 꺼내지도 못한다고 한다. 그렇게 해외로 혹은 고액 영어 캠프에 아이를 보낸 엄마들의 자랑을 듣고 돌아온 날엔 돈 못 벌어 오는 남편이 더 밉상으로 보이고 부부싸움이 일어나기에 차라리 같은 반 엄마들을 만나지 않거나 이웃 사람들과 가벼운 인사 외엔 대화를 길게 나누지 않는단다.

이미 울산 시내의 학교만 해도 초등학교 고학년은 하다못해 필리핀이라도 보내지 않으면 학교에서 치맛바람을 일으키는 엄마들 사이에서 기가 죽어 학교 못 다닌다는 소리가 나온다고 한다. 그리고 그렇게 해외에 나갔다 오면 다녀온 아이들끼리 또 모여서 학원에 몰려 다니게 되고 그러다 보니 같이 따라가지 못하면 소외감에 무척 힘들어지는 상황이라 한다. 때문에 아이의 교우 관계까지 걱정이라고 하소연하는 엄마들도 있다. 이런 이야기는 아예 듣지도 않는 게 상책이겠지만 그것이 어디 쉬운 일인가.

내 주변엔 내가 이야기해준 ‘듣고 말하기 중심의 적기 영어교육’ (우리는 이것을 ‘엄마표 영어연수’ 라고 부른다)을 실천하는 엄마들이 많은데, 그들도 되도록이면 이웃 엄마들이랑 아이들 교육 이야기는 하지 않으려고 애쓴다. 만나면 마음이 흔들리고 불안해지면서 다시 이것저것 사교육을 시작해야 하는 거 아닌가 하는 생각이 들기 때문이다.

아무튼 지금 대부분의 엄마들은 영어 사교육비를 충당하려면 아르바이트라도 해야 할 판이고, 해외파가 될 것인지 국내파로 버틸 것인지 갈림길에 서서 늘 갈등하고 있는 것이 현실이다.

해외파든 국내파든 아이가 잘만 따라주면 돈은 좀 죽어나지만 부모들은 사실 살판이 난다. 자식 자랑에 힘든 줄도 모르는 것이 부모들 아닌가. 그러나 아이가 잘하기는커녕 반항을 시작하면 정말 죽을 맛이 아닐 수 없다.

"다른 집 아이들은 다 잘하는데 도대체 우리 애는 왜 그러는 건지! 갈수록 영어를 하려고 하지 않아요. 너무 속상해요."

"글로벌 시대엔 영어가 필수잖아요! 영어는 남의 나라 말이 아니고 세계 공통어예요. 무조건 해야 한다고 하세요."

"그래요. 선택의 여지가 없잖아요. 무조건 시키세요. 늦으면 나중에 더 고생해요."

영어를 왜 공부해야 하는가? 왜 배워야 하는가? 지금 이 시점에서 이런 질문을 던지는 것은 참으로 무모하고 어리석다는 소리 듣기 십상이다. 영어는 무조건 열심히 공부해야 한다는 게 옛날이나 지금이나 변함없는 논리다. 일단 학교에서 잘 지내기 위해서도 그렇고, 먹고살기 위해서 그래도 좀 괜찮은 대학이나 회사에 들어가려면 해야 하고, 진보적인 시민단체에서 국제연대 활동이라도 하려면 활동가들에겐 영어가 필수라고 한다.

불행하게도 우리에겐 영어를 배울지 말지 이미 선택권이 없는 것 같다. 우리나라 학교를 다니는 한, 아니 학교에 다니지 않더라도 이 사회에서 살려면, 더 나아가 이 지구에서 살려면 선택권이 없는 게 아닐까 그런 슬픈 생각이 든다. 피할 수 없다면 즐기라고 했던가. 그런데 나는 영어를 피할 수 없다면 즐기라는 말이 왠지 굴복 당하는 느낌이 들어서 더욱 슬프다. 슬

퍼할 시간 있으면 단어 하나 더 외우는 것이 나을까, 또 고민스럽다.

늦은 것은
아닐까요?
"우리 아이는 지금 37개월이거든요. 다른 아이들은 벌써 영어교육을 시작한 것 같은데 우리 아이가 너무 늦은 것 아닐까요?"

요즘 강연장에서 엄마들에게 가장 많이 받는 질문이다.

"우리 아이만 너무 늦은 것 아닐까요?"

나는 대답에 앞서 그 엄마에게 다시 질문을 던져본다.

"아이 영어교육을 그렇게 서두르는 이유가 뭐죠?"

"아뇨. 전 서두르는 게 아니에요. 주변에선 벌써 다 시작했거든요. 우리 애만 안 하고 있어서 불안해서 그래요. 그리고 영어는 빨리 할수록 좋다고 하잖아요. 전문가들도 그렇게 이야기하고… 영어 일찍 해놓으면 편하잖아요. 더구나 이젠 초등 1학년부터 학교에서 영어수업을 한다잖아요."

내가 아는 한 엄마는 둘째아이를 여성부에서 운영하는 유치원에 보내고 있었는데, 유치원에서 내년 7세반 원아모집이 안 되어 개설이 불가능할 것 같아 어디에 보내야 할지 고민이라고 했다.(여성부에서 운영하는 유치원에 선 영어교육을 많이 해주지 않는 모양이다.) 올해 초 사립 유치원에 보내다 가 유치원에서 학습을 너무 강조하는 바람에 아이가 힘들어해서 그곳으로 옮겨 아이도 재미있어하고 좋았는데 걱정이라 한다.

초등 1학년 영어수업은 아직 시작도 하지 않았는데 벌써 학부모들의 움 직임이 이 정도라니 심상치가 않다. 요즘은 아이가 우리 말도 제대로 하지 못하는 두세 살 때부터, 심지어는 돌도 되기 전부터 영어교육을 시작하려 는 부모들을 많이 만나게 된다. 그뿐인가. 태교를 영어로 하는 엄마들을 위한 인터넷 사이트 회원 수가 엄청나다고 한다.

그런가 하면 진짜로 확실하게 어려서부터 영어를 잡아온 엄마(혹은 아빠도 있고, 요즘은 할아버지, 할머니도 등장한다)들을 강연장이나 인터넷을 통해 종종 만날 수 있다. 그런 분들 중에는 본인이 영어를 집에서 가르치거나 아이와 영어로 대화를 나누려고 끊임없이 영어를 배우고 교육 내용을 연구하기도 해서 이런저런 교재 정보를 비롯해 영어학습의 노하우가 전문가에 가까운 분들도 꽤 있다.

"우리 아이는 초등 2학년인데 돌 때부터 제가 집에서 영어를 가르쳤거든요. 학습적으로 접근하지 않고 아이가 흥미를 가질 수 있도록 어쩌구저쩌구…. 그래서 아이가 해리포터도 읽을 수가 있어요. 그리고 저번에 ○○영어등급 시험에서 지역에선 ○등급, 전국에서 ○등급 받았어요. 그런데 아이가 요즘 통 영어가 늘질 않는 거예요. 흥미도 점점 잃고 싫증도 내고 그래서 이제부터 뭘 어떻게 해야 할지 모르겠더라구요. 근데 학원에 가니 우리 애가 들어갈 반이 없데요. 이번 방학엔 어학연수를 보낼까 하는데 선생님 생각엔 어떠세요?"

엄청난 인내심을 가지고 이야기를 듣다보면 그 엄마의 조기 영어교육의 노하우와 무용담이 드디어 끝나고 아이 자랑이 나오면서 마침내 자기의 이후 계획과 그에 대한 확인을 바라는 질문이 나오곤 한다. 이런 질문 아닌 질문을 하시는 분들을 강연장에서 꼭 만난다.

다들 사연은 조금씩 다르지만 이야기 내용은 비슷하다. 예를 들면 자기와 아이가 지나온 지난한 영어교육과정을 이야기하면서 자기도 모르게 도취에 빠져서 거의 무아지경에 이른 것 같은 표정을 보이다가, 아이가 영어가 더 늘지 않는다는 이야기를 꺼내면서 약간 불안한 표정을 보였다가, 잠시 후 학원에 맞는 레벨이 없다는 이야기와 함께 다시 얼굴이 활짝 펴지면서 입가에 배어나오는 회심의 미소를 발견할 수 있다. 그리고는 내가, 어학연수 그것 잘 생각하셨네요, 그 길밖엔 없겠네요, 하면서 이왕이면 좀 비싸도 권위 있는 곳을 소개시켜주거나 그애는 워낙 뛰어나니 영재교육을 시키거나 유학을 보내는 것이 더 좋을 거 같다는 답변을 해주기를 바라는 그런 표정으로 눈을 크게 뜨고 날 쳐다보는 것을 느낄 수 있다. 그리 길지 않은 시간이지만 그 엄마의 사연과 표정 속에서 우리나라 영어교육의 현주소를 다 들여다보게 된다.

이 땅의 아이들이 영어에서 자유로운 그날을 위해

요람에서 무덤까지 영어, 영어 하면서 우리가 쓰는 사교육비 공교육비 다 포함한 비용을 생각해보자. 그걸 다른 곳에 쓴다면 얼마나 좋을까 생각해보면 진짜 아깝다. 거기다가 지방자치단체들이 이젠 영어마을까지 건설한다니 영어를 위해 투자하는 돈이 너무나 많다. 그 돈으로 도서관이나 더 짓고 아이들이 마음대로 뛰어놀 수 있는 공간을 마련한다면 얼마나 좋을까.

그래도 백 번 양보해서 돈은 그렇다 치고, 다른 할 일 못하고 영어 때문에 들이는 시간과 아이들의 삶의 에너지가 소진되는 것을 생각하면 분통이 터질 일이다. 마음 편히 놀지도 못하고, 잠도 제대로 못 자고, 어린 것들이 부모와 떨어져서 이국땅에서 눈물지으며 밤을 새우는 것은 또 어떤가? 그놈의 영어 배운다고 자존심이 상하는 것은 어떻고, 진짜로 공부하고 싶었던 것들도 영어 때문에 못하고, 자연을 느끼면서 미래의 꿈을 키우기보다 영어 단어 하나 더 외우느라 아등바등하는 걸 생각하면 억울하지 않은가?

일찍 시작해도, 아무리 계속해도 언제 끝날지 모르는 영어라는 놈과의 씨름. 언제쯤 우리 아이들이 영어로부터 독립해 자유로울 수 있을까.

우리가 이렇게 영어에 시간과 에너지를 허비하는 것은 영어를 '습득' 하지 않은 상태에서 무조건 '학습' 하기 때문이다. 미국 아이들도 읽고 쓰기를 배우기 전까지 6~7년 동안을 듣고 말하기를 연습하면서 지내는데 우리 아이들은 듣기 기반도 없는 상태에서 파닉스(phonics)를 배운다든지, 아직 우리 말도 제대로 못하는 상태에서 영어 읽기를 반복하면서 에너지와 시간만 낭비하고 있는 것이다.

세상의 모든 언어는 소리 언어에서 문자 언어로 발전했고, 그 언어를 쓰는 사람들은 누구나 습득의 과정을 거친 다음에 그 언어를 이용해서 학습을 하고 정보를 받아들이고 다시 그 정보를 기록으로 남기면서 문화를 만들어간다. 문자가 없는 언어는 있어도 소리가 없는 언어는 없다(고대 문자로 존재하는 것 말고 지금 현존하는 언어 중에). 그리고 모든 언어는 소리 언어의 습득에서 문자 언어의 습득으로 나아간다. 그래서 모든 아이들은 태어나서부터 일정한 기간 듣기만을 하면서 습득의 시간을 보내고 차츰 소리를 내어 말을 습득해간다. 전 세계 어떤 언어권의 아이들이라도 태어나자마자 읽고 쓰기를 배우지 않는다는 사실을 모르는 사람은 아마 없을 것이다.

그럼에도 우리나라 사람들이 영어를 하나의 언어로 인식하지 못하고 영어로 말미암아 이렇게 고통을 겪는 것은 이런저런 시대적, 정치적, 사회적인 다양한 요인들도 있겠지만, 나는 그보다도 영어를 보통 사람들이 쉽게 습득할 수 있도록 만듦으로써 부와 권력, 지식을 독점하려는 세력들의 음모가 있기 때문이 아닐까 싶다. 설령 밀실에 모여서 머리 맞대고 음모를 꾸미지는 않았더라도 이런 상황을 방치하고 부추기는 세력들이 분명히 있다. 보통 사람들로 하여금 영어를 특별하게 생각하게 만들고 쉽게 습득하지 못하도록 끊임없이 헷갈리는 정보를 주는 세력들(?)이 있다는 말이다. 다시 말해 우리가 영어를 계속 못하고 영어를 배우기 위해 난리를 치면 칠수록 이익을 얻는 집단이 분명히 있다.

솔빛이는 사교육이나 어학연수에 의존하지 않고도 영어를 능숙하게 듣고 말하고 읽고 쓰게 되었다. 초등 4학년 때부터 집에서 편안히 비디오를 보면서 영어를 상황 속에서 하나의 언어로서 자연스럽게 익히게 했다. 갓난아이가 말을 익히듯이 듣기, 말하기, 읽기와 쓰기 순서대로 몇 해 동안 별 스트레스 없이 영어를 자기 언어로 만들었다. 솔빛이가 특별히 재능이 있어서가 아니다. 이 방법대로 한 이웃아이들도 비슷하게 영어를 잘한다. 핵심은 아이의 발달 단계를 감안하고, 학습이 아닌 습득의 과정을 거쳐야 한다는 것이다. 그리고 무엇보다 조급해하지 말아야 한다. 영어 사교육을 그만두고 영어단어를 외우고 쓰게 하는 일을 멈추고, 내 아이의 발달 단계와 과정에 맞춰 '영어 습득 과정'을 진행하는 일은 엄마들에게 많은 인내와 기다림을 요구한다. 그 과정을 넘기지 못하고 주위 사람들에게 휘둘리게 되면 불안해져서 다시 사교육의 회오리 바람에 휩쓸리게 된다.

다리 힘도 생기지 않은 어린아이를 억지로 걷게 만들면 오히려 약골이 된다. 충분히 기어다니면 허리힘도 생기고 다리힘도 생기면서 아이들은 저절로 걷기 마련이다. 사교육은 마치 보행기처럼 아이들이 제 발로 걸을 수 있는 능력을 오히려 감퇴시킨다.

그래서 나는 오늘도 엄마들에게 영어를 시키는 이유를 되묻기도 하고,

영어는 수단일 뿐 아이들 인생의 목표가 아니라는 것을 일깨워주려 목소리를 높인다. 솔빛이가 사교육에 의존하지 않고 해외연수도 한 번 가지 않고도 영어에서 자유로워졌듯이, 다른 아이들도 영어로부터 자유롭게 살아가길 바라는 마음에서 영어를 '습득'하는 법을 엄마들에게 전수하며 엄마들의 고민을 들어주고 대안을 제시하려 노력하고 있다.

사교육 바이러스를 치료하는 백신

사교육 시키느라 신용불량자 된 부모

요즘 부모들의 자식 자랑 중 하나는 자기 아이가 학원이나 과외 같은 사교육을 군소리 없이 다니고 한술 더 떠서 더 다니게 해달라고 한다는 것이다. 열심히 뭔가를 배우고 공부하겠다니 기특하고 칭찬할 만하다는 생각이 들기도 하지만, 곰곰이 생각해보면 뭔가 잘못되고 있다는 생각을 떨칠 수가 없다. 왜냐면 그렇게 이야기하는 엄마들은 아이들이 사교육을 하지 않고 스스로 공부하겠다는 말을 기특하게 여기지도 않을 뿐 아니라 스스로 공부하겠다는 아이를 결코 믿지 않는다는 것이다. 기특하게 여기기는커녕 큰일이나 난 듯 불안해하고 걱정하고, 공부하기 싫으니까 핑계를 대는 것이라고 아이를 나무라기까지 한다. 아이더러 스스로 공부하는 것은 불가능하다면서 사교육을 권유하고 설득하기도 한다. 그래서 돈까지 쥐어주면서 학원으로 보낸다. 결국 스스로 해보겠다는 아이보다 사교육에 의존하는 아이들이 칭찬 받는 참 희한한 세상이다.

그러다 보니 아이들도 사교육을 받아야만 공부를 잘할 수 있고, 그냥 혼자 해서는 절대 안 된다고 여기기도 한다. 언젠가 아이의 사교육비 때문에 신용불량자가 된 한 엄마를 만난 적이 있다. 방송에서나 들을 법한 이야기를 직접 들어보니 생각보다 더 심각했다.

어느 날 아이가 학교에 갔다 와서 이런 이야기를 하더란다.

"친구는 고액과외를 하니까 수학 성적이 잘 나오는데 나는 고액과외를 받지 못하니까 성적이 안 나오잖아. 엄마 나도 과외시켜줘요."

과외를 하지 않겠다는 것보다 더 속상한 상황이 바로 이런 상황이 아닐까 싶다. 아이의 말을 들으니 부모 도리를 다하지 못하고 있는 듯하여 아이에게 미안했고, 아이가 하겠다는데 어떻게든 해주고 싶었다고 한다. 자기 부모가 자기에게 공부를 할 수 있게 해줬다면 자기 인생이 지금 이렇게 풀리지는 않았을 거란 생각을 하면서 살았던 터라 아이에게만큼은 해달라는 대로 해주고 싶었다고 한다. 그래서 대출 받고, 현금서비스 받아서 아이가 원하는 고액과외를 시켜줬단다. 처음엔 수학만 했는데, 그 팀에서 영어와 과학도 함께 하게 되었고, 그 팀에서 떨어져 나오면 내 아이만 낙오되는 것 같고 아이가 실망할까봐 그만둘 수가 없었다고 한다. 결국 몇 년을 그렇게 하고 나니 신용불량자가 되고 말았다고 한다.

이젠 더 이상 아이에게 사교육도 시킬 수가 없게 되었는데, 아이는 공부에 흥미를 잃은 것 같고, 아예 혼자서 공부를 할 수 없다고 생각하고 포기한 것 같다고 했다. 부모의 인생을 다 바쳐서 투자를 했는데 결과가 이렇다니 정말 안타까운 일이다. 나는 이야기를 듣고 처음엔 부모 욕심으로 형편에도 맞지 않게 사교육을 시키는 것에 대해 걱정을 많이 했었다. 그런데 생각해 보니 부모가 신용불량자가 된 것보다 아이가 사교육을 맹신하는 문제가 더 심각하게 다가왔다. 만일 자기 아이가 그렇게 사교육을 고집하면서 하게 해달라고 떼를 쓸 때 어느 부모가 그걸 쉽게 거절할 수 있겠는가.

학원은 선택이 아니라 필수?

아는 미술학원을 방문했을 때 초등 2학년 아이가 스스로 만든 여덟 쪽짜리 작은 그림책을 보여주었는데, 그 내용이 이랬다(실제 그림책을 본다면 더 실감이 나겠지만, 상상으로 그려 보시길).

제목: 장래 희망

1쪽: 그림(○○가 열심히 학원으로 가고 있다.)

2쪽: 글(○○의 장래 희망은 과학자입니다. 그래서 ○○은 학원에 열심히 다니면서 공부를 해야 합니다.)

3쪽: 그림(대학생이 된 ○○)

4쪽: 글(○○은 열심히 공부해서 유학을 갔습니다. 하버드대학에 입학했습니다.)

5쪽: 그림(대학생이 되어 공부하는 ○○)

6쪽: 글(하버드대학에서 하는 공부는 어려웠습니다.)

7쪽: 그림(실험을 하는 ○○ 모습)

8쪽: 글(○○은 과학자가 되었습니다.)

초등 2학년인 아이가 하버드대학도 아는 것을 보면 제법 상식이 풍부한 아이인 것 같았고 나름 자기의 장래 모습을 장면에 맞게 그려 넣고 글도 예쁘게 잘 써넣은 것을 보면 무척 영특한 아이라 여겨졌다. 그렇지만 과학자가 되려면 학원을 다녀야 하고, 유학을 가야 하고 하버드대학을 가야 한다고 생각하는 초등 2학년 아이의 그림책을 보면서 참 씁쓸했다. 아마도 아이가 좀더 크면 중간에 특목고 이야기가 삽입이 될지도 모르지만, 초등 2학년 아이에게 학원이 얼마나 큰 의미를 갖는지가 적나라하게 드러난 그림이었다.

"공부요? 학원에서 하는 거죠. 학교에선 놀거나 자거나 그래요."

"학원에서 먼저 배운 거라서 학교에서 배울 것이 없어요."

"학교는 시끄러워서 솔직히 공부가 안돼요. 애들이 학교선생님은 무서워하지도 않아요. 학원선생님 말을 더 잘 들어요. 또 학원은 수준이 맞는 아이들끼리 모여 있어 경쟁도 되고 조용해서 공부가 더 잘 돼요."

고등학교 성적이 상위권 아이들 중엔 이렇게 이야기하는 아이들이 적지 않다. 이젠 아이들 사이에서도 사교육 없이는 공부란 것을 할 수 없고, 장래를 위해서는 학원 다니는 것이 필수라는 생각이 팽배한 것 같다. 분위기가 이렇게 흘러가다 보니 나름대로 소신을 갖고 사교육 없이 아이를 키워보겠다던 학부모들도 학년이 올라갈수록 사교육 없이는 대안이 없다고 하소연을 하게 된다.

"아이를 믿고 기다리면 잘하게 될 거라 생각했고, 아이에게도 스스로 하는 것이 더 훌륭한 거라 늘 이야기했거든요. 그런데도 아이가 자기는 학원을 다니지 않으니 공부 못하는 것이 당연하다고 생각해요. 완전 자신 없어하더라구요. 그래서 이래선 안 되겠다 생각해서 이제라도 학원을 보내야겠기에 학원을 알아보았는데, 괜찮다 싶은 곳에선 우리 애를 받아주지도 않는 거예요. 이미 학기 초에 반 편성을 다 해가지고 중간에 들어갈 수가 없대요. 다른 아이들은 벌써 다음 학년 걸 선행을 한다네요. 이젠 보내고 싶어도 보낼 수도 없어요. 그전에 동네 아줌마들이 진작에 보내라고 할 때 못이기는 척 그냥 따라 보낼 걸 후회했다니까요. 진짜 너무 속상해요.”

“아이가 학원 보내달라면서, 엄마가 이상한 모임에 나가 내 인생 망쳤다고 난리예요. 왜 다른 애들처럼 진작에 학원 보내주지 않았냐고 따지는데 어떻게 하는 것이 제대로 된 부모 노릇인지 도무지 종잡을 수가 없네요.”

친구 따라 강남학원 가는 아이들

그래도 공부를 하기 위해 학원을 열심히 다니는 아이들은 그런 대로 얻어가는 것이 있을 것이니 손해 볼 일은 아닐지도 모른다. 그러나 학교에서 하는 들러리 역할로 부족해 학원에 가서까지 수많은 아이들이 들러리를 서고 있다는 것이 너무 안타깝다.

학원에 모두 다 가는 분위기이다 보니 솔직히 학원에 가지 않으면 친구를 사귈 수 없다고 이야기하는 아이들이 있다. 그래서 친구 따라 강남 간다고, 학원 다니는 것을 싫어하면서도 친구 따라 학원에 다니는 경우도 있고, 놀더라도 학원에 가서 놀아야 덜 불안하다고 하는 아이들도 있다. 그렇게 친구 따라 학원을 다니는 아이들이 생기다 보니 학원에서는 이벤트를 준비하기도 한다. 친구를 소개해서 그 친구가 학원에 등록하면 소개한 학생에게 포상을 하는 것이다.(일종의 커미션 같은 것인데, 대체로 현금처럼 쓸 수 있는 문화상품권을 주는 것 같다.) 그런가 하면 아이들의 소속감을 높이기 위해 시험이 끝나면 교사들과 함께 단체로 찜질방을 가기도 하고 영화를 보러 가기도 하는데, 그럴 때 동생이나 친구들을 데리고 오도록 유도하기도 한다.

다소 치졸해 보이는 이런 방법을 쓰는 학원은 자본이 딸리는 중소기업형 학원들이다. 그런데 내막을 잘 살펴보면 도리어 이런 방법이 인간적(?)인지도 모르겠다는 생각이 든다. 요즘은 학원들도 다른 사업 구조와 비슷하게 대형화·기업화 추세로 가고 있고, 투자 형태가 아주 도전적이고 전략이 치밀하다. 그 전략 중의 하나가 우수학생 유치 전략이다. 중간고사 기말고사에서 우수한 석차를 기록한 학생의 이름을 크게 적어 현수막에 써 붙이거나 집집마다 넣어주는 학원 광고전단지에 성적 좋은 아이들의 사진을 크게 넣어 우리 학원 아이가 이렇게 잘합니다 하면서 홍보를 한다. 많은 학부모들이나 아이들이 학원을 선택할 때 그런 것이 상당한 영향을 미치기 때문이다. 그래서 학원들은 앞다퉈 각종 경시대회에 입상한 아이들과 외고나 특목고에 진학한 아이들, 유명 대학에 들어간 아이들의 이름을 크게 적어 학원 앞에 주렁주렁 걸어놓는다.(사실 이런 짓은 학교도 한다. 누구누구 서울대 입학, 이런 현수막이 걸려 있는 학교들을 심심찮게 볼 수 있다.)

　그런데 그런 우수 학생이 저절로 생기는 것이 아니기에 기업형 학원들은 적극적인 마케팅과 과감한 투자를 하게 된다. 좋은 성적을 낼 선수를 스카우트해 오기도 하고 특별 관리를 하여 주전 선수로 키워내는 것이다. 초기에 제법 투자가 필요해 자본력이 없으면 불가능한 방법이라고 할 수 있다. 그렇지만 주전 선수 몇 명만 잘 키우면 많은 들러리들이 돈 싸들고 그 학원에 몰려들게 되니 기업형 학원들은 우수 학생 스카우트와 육성에 만전을 기한다. 그 과정에서 학원과 학교의 진한 공조 관계가 이루어진다는 소문도 들린다. 학교에서도 학원에서도 특별 관리가 되는 아이들을 제외하고는 결국엔 들러리가 되는 것이다. 학원 관계자는 한마디로 '내신 받쳐주는' 아이들이라는 말까지 서슴치 않는다. 이런 사정을 아는지 모르는지 학부모들은 그 학원에 가기만 하면 자기 아이도 현수막에 이름 나붙는 그런 아이가 되리라 착각을 하는 것이 아닌가 싶다.

　　나는 일주일에 한두 차례 강연과 소모임을 하면서 자녀교육을 어떻게 해야 하는지 걱정하는 엄마들을 수십 명씩 만난다. 거기다가 매일 인터넷을 통해 많은 엄마들의 하소연을 듣는다. 대부분은 영어교육을 주제로 만나지만 이야기를 하다보면 교육 전반에 걸친 엄마들의 불안증이 생각보다 심각함을 깨닫는다. 엄마들의 불안 그 자체만을 보면 병적이란 생각이 드는 것도 사실이다. 그렇지만 내가 만나는 엄마들이 특히 증상이 심각하거나 유별나다고 생각하진 않는다. 그렇지 않은 사람을 쉽게 찾아보기 힘들 지경이다.

더군다나 사교육 문제, 학력 학벌사회 문제, 과열 입시경쟁 문제 등 우리 사회와 교육의 문제점을 잘 알고 있고 올바른 시각으로 그것을 개선해보려고 나름대로 노력하는 사람들조차도 자기 자식의 교육문제로 접어들면 흔들린다. 사회의 지도자라는 사람들도 자기 자식 교육문제로 불법을 저지르는 상황에서 누가 그 엄마들을 비정상이라고 할 수 있겠는가.

점점 더 많은 사람들이 사교육 중독증과 교육 불안증에 걸리고 있기에 그렇지 않은 사람들이 도리어 비정상처럼 보이는 상황이라고나 할까. 사교육 중독증까지는 가지 않더라도, 내 자식과 더 많은 아이들을 위해 무엇이 더 좋은 교육인지 이론적으로는 알겠는데 현실에 돌아와서는 뭐가 뭔지 알 수가 없다는 것이 대부분 학부모들의 솔직한 심정이 아닐까 싶다. 학원을 보내는 것이 아이를 위하는 것인지 안 보내는 것이 더 위하는 것인지 고민스러운 것이다. 그래서 이젠 솔직히 사교육, 공교육, 대안교육, 참교육 어떤 것이 더 아이를 위한 교육인지 생각하면 할수록 헷갈린다. 혹시 내 아이만 손해를 보는 것이 아닌가 끝없는 불안이 밀려오고 그 불안을 먹고 오늘도 사교육은 무럭무럭 잘도 자란다.

"저희 아이는 초등학교 입학해서 줄곧 영어학원을 다녔어요. 지금 초등 4학년이구요. 아이가 아프면 학교는 결석을 시켜도 학원은 결석을 시키지 않았어요. 물론 아이도 좋아했고 잘 다녔구요. 그런데 갑자기 아이가 학원을 다니지 않겠다고 하는 거예요. 학원에서 친구들에게 괴롭힘 당하는 일도 좀 있었지만 제법 높은 레벨의 반에서도 잘한다고 인정받으면서 해왔거든요. 그래서 처음에는 아이들끼리 싸우거나 친구들과 문제가 생긴 건 좀 지나면 풀릴 테니까 이미 회비도 냈으니 남은 기간을 다니면서 다시 생각해보자고 했거든요. 그렇게 시간을 끌면 아이도 잊어버리고 잘 다닐 거라 생각했죠. 그랬더니 얘가 학원비를 자기가 모아둔 돈으로 대신 갚아드릴 테니 자기를 그만 다니게 해달라고 울면서 사정을 하더라구요. 그 순간 아이가 오죽 힘들었으면 이렇게 얘기할까 싶어 너무 놀랐어요. 마음이 너무 아팠고 그 동안 아이가 힘들었을 것을 생각하니… 제가 그 동안 너무 몰랐구나 싶어 엄마 자격이 없다는 생각까지 들었어요. 그래서 일단 학원을 쉬고 있는데 제가 너무 불안한 거예요. 아니 무섭고 두려워요."

얼마 전 소모임에서 만난 한 엄마가 눈물을 글썽이면서 상기된 표정으로 들려준 이야기다. 그 아이는 요즘 엄청 잘나간다는 모 영어학원의 최상위 레벨에서 잘나가던 아이였다. 그래서 그 엄마는 그 학원만 믿고 아이를 잘 챙겨서 보내기만 하면 아무 문제 없이 공부 잘하고 좋은 학교에 진학하고 잘 살게 될 거라고 꿈을 키웠다. 그런데 아이가 학원을 다니지 않겠다고 하고 이젠 어떤 학원도 다니지 않겠다고 하니 눈앞이 캄캄해지고 두려움이 밀려든다고 했다. 다른 아이들은 그 학원에 들어가기 위한 새끼 과외를 받기도 하고, 그 학원에서 높은 레벨 반에 들어간 자녀를 둔 엄마들은 서울대를 보낸 것 이상으로 어깨에 힘을 주고 다닌다고 했다. 자칫 소홀하게 해서 레벨이 떨어지기라도 할까봐 학교는 결석해도 학원은 결석시키지 않을 정도로 그리도 대단하게 지켜온 것을 버리려니 아깝고 원통하다고 했다. 이제 아이를 어떻게 키워야 하나, 이러다가 다른 아이들에게 뒤처져서 인생의 낙오자가 되는 것은 아닌지 너무 무섭다고 했다.

"학원을 쉬고 있으니 주변 엄마들이 아이를 어쩌려고 그렇게 방치하느냐고 난리들이에요. 또 다니던 학원에서는 수시로 전화해서 마음을 흔들어 놓곤 해요. 아이가 힘들다고 할 때마다 아이가 원하는 대로 그만두게 하면 나중엔 어떻게 할 거냐면서, 아이를 그렇게 싸고돌아 나약해지면 이 험한 세상을 어떻게 살아갈 거냐면서요. 참고 견뎌내는 인내심도 배워야 한다면서…. 진짜 우리 아이 어떻게 해야 할까요? 억지로라도 보내야 할까요?"

언제부터 사교육을 받지 않고 스스로 공부하는 것은 불가능하다는 생각이 자리를 잡게 되었을까? 언제부터 인내심을 사교육 안에서 키워야 하게 되었을까? 왜 이렇게 엄마들이 불안해할까? 그런 엄마들을 보면서 아이들은 또 얼마나 불안할까 안타까운 마음이 든다.

몇 달 전 아이를 고등학교에서 자퇴시킨 경험이 있는 분을 우연하게 만났는데, 그분은 아이가 학교를 그만둔다고 했을 때보다 학원을 다니지 않겠다고 했을 때 더 난감했었다고 말했다. 아이가 가출까지 하는 소동을 피운 뒤에 학원은 다닌다는 약속을 받고서 학교를 그만두게 해줬다고 한다. 갈수록 학교보다 학원을 선택하는 아이들과 부모들의 숫자가 늘고 있고, 대안학교라는 간판을 내건 입시학원 같은 교육시설까지 하나둘 생기고 있다니 걱정이 아닐 수 없다. 갈수록 태산이다.

사슴을 아무리 훈련시켜도
사자로 만들 수는 없다

최근 어떤 영화 광고에 외계 바이러스가 몸에 들어와 주변 사람들이 점점 이상해진다는 내용이 있던데, 우리에겐 사교육 바이러스가 들어와서 주변 사람들이 점점 더 이상해지는 것 같다. 호랑이에게 잡혀가도 정신을 차리면 살 수 있다는 말이 있듯이 이런 와중에서도 정신을 바짝 차리고 길을 찾아보았으면 하는 마음으로 내가 나름대로 찾아서 걸어왔던 길에 대해 이야기해볼까 한다.(총체적이고 근본적인 우리 교육의 사회구조적 문제를 도외시하는 것이 아니라 작은 실천이나 개인의 인식 전환이 모이면 그 또한 해결의 실마리를 찾을 수 있을 것이라는 소박한 기대를 하기 때문이니 오해 없기를.)

내가 가기 전에도 이 길을 걸어간 선배들이 분명 있었다. 그래서 나도 더듬더듬 찾아갈 수 있었다. 그러나 워낙 대세가 이 길이 아니다 보니 지나는 사람이 뜸해서 잡초가 무성해져 길이 잘 보이지 않는 것 같다. 하나둘 더 많은 사람들이 지나간다면 그 길도 좀더 잘 보여서 웬만하면 누구나 갈 수 있는 길이 되리라 믿어본다.

홈스쿨링을 시작하고 나서 사교육은커녕 학교까지 그만둔 아이를 바라보면서 내 아이만 뒤처지는 것이 아닌가 하는 두려움이 수시로 밀려들곤 했다. 그때 '사슴을 아무리 훈련시켜도 사자로 만들 수는 없다'는 말을 어디선가 보고 무릎을 탁 쳤다. 그 후 아이 교육에 대한 불안이 올라올 때면 그 말을 기억해내곤 했다. 아무리 좋다는 교육을 다 시키고 난리를 친다 해도 아이가 사슴이라면 사자는 절대 될 수가 없다. 과연 사교육을 하고 하루 두세 시간 자면서 공부하면 모든 아이들이 특목고를 들어갈 수 있고 스카이대에 합격하고 모두에게 장밋빛 미래가 보장되는가? 사교육을 하면 모두 백 점 받을 수 있을까? 답은 분명 '아니오'에 가까웠기에, 그래 더 이상 내 아이를 들러리로 세우지 말자, 그리고 되지도 않을 일에 애쓰지 말자, 결론을 내리고 나니 불안했던 마음들이 점차 사라졌다. 무슨 대단한 교육 철학이나 교육이론이 필요하진 않았다. 그냥 어떤 것이 나에게 또 내 아이에게 더 이익인지 단순하게 생각하고 단순하게 결론을 내리니 더 쉬웠던 것 같다.(물론 내가 주변에 미치는 영향이 있었기에 그 부분도 늘 고려는 했지만 그래도 우선 나와 내 아이를 중심에 두고 생각했다. 내가 뭐 대단한 사람이라고 세상을 바꾸나, 나 하나 바꾸기도 이렇게 힘든데 하면서….)

언젠가 아이가 수학학원을 다니고 싶다고 한 적이 있었다. 혼자 수학을 공부하다 보니 검정고시까지는 괜찮은데 수능시험 준비가 힘들었던 것 같다. 그런데 나는 아이에게 학원에 가서 해결될 문제가 아니니 그래도 계속 혼자 공부해보라고 설득했다. 학교나 학원을 다닌다고 해서 수능 점수가 더 잘 나온다고 생각되지 않았기 때문이다. 그런 논리라면 모든 아이들이 수능 만점을 받고도 남아야 마땅할 텐데 그렇지 않다는 것은 결국 본인이 공부하기 나름인 거라고 아이에게 이야기해줬다. 물론 누군가에게 배우면 좀더 잘하게 될지도 모른다. 그러나 시내까지 통학하는 일이 쉬운 일이 아니었고(홈스쿨링을 시작하면서 촌으로 이사를 해서 동네 가까운 곳에 학원이 없기에 시내까지 오가는 일이 쉽지 않았다.) 또 학원이란 곳이 아이가 원하는 그런 가르침을 받을 수 있는 구조가 아니라는 것을 알기에 아이도 내 말을 이해했다. 1:1로 아이가 궁금해하고 막히는 것을 집어서 가르쳐줄 선생님이 있으면 참 좋겠다는 생각은 들었지만 그것은 결국 고액과외이고, 그 시골까지 과외를 하러 올 선생도 없지만 우린 그럴 돈도 없었다. 그러니 그냥 혼자 공부하고 그 실력으로 갈 수 있는 대학을 가거나 할 수 있는 일을 하자고 마음을 정리했다.

그때 나는 혹시 내가 좀더 밀어주면 사자가 될 아이인데 내가 그냥 사슴처럼 살라고 하는 것은 아닌가, 혹시 원래 사자인데 지금 사슴이라 착각하고 있는 것은 아닌가 싶어 고민이 되기도 했던 것이 사실이다. 그럴 땐 내가 사자가 아닌데 사자새끼가 태어났을 리는 없지 않나 그런 생각을 해보기도 하고, 진짜 사자라면 스스로 사자답게 살아갈 거라 믿어보기로 했다. 수학적인 머리가 꼭 필요한 일을 하게 될 아이라면 그렇게 머리가 발달할 것이고 그런 머리가 생기지 않는다면 그런 일을 할 재목이 아닌 것이니 아이도 나도 그것을 인정하면 된다고 생각하자 마음이 편안해졌다.

이렇게 불안한 마음이 일단 사라지고 나니까 판단력이 생겨나는 것 같았다. 그리고 판단력이 살아나니 내 아이가 사자인지 사슴인지 아니면 토끼인지 거북이인지 더 선명하게 보이기 시작했다. 내가 원하는 것을 은근히 아이가 원해주길 바라고 영향력을 발휘하지는 않았는지, 아이가 원해서 시킨다고 하면서 스스로를 위안하고 싶지는 않았는지 되돌아볼 수가 있었다. 아이 스스로 자기가 원하는 것을 찾아가도록 지켜봐주는 것이 부모의 역할이라는 선배들의 이야기가 무슨 말인지도 이해가 되었다. 그렇게 아이를 있는 그대로 인정하는 힘이 생기고 나니 아이를 방해하는 짓을 하지 않게 되고, 간혹 아이가 길을 잃고 헤맬 때 살짝 불을 밝혀주는 조언자 역할을 할 수도 있었다. 내가 그렇게 아이를 인정해주니 아이는 자기 모습대로 자신의 능력으로 자기 길을 잘 찾아갔다.

모두가 사자가 될 수도 없지만 모두가 사자가 된다면 과연 이 세상이 행복할까? 이 세상이 온통 사자들로 뒤덮인다면 사자들도 결국엔 살지 못할 거라는 것을 우린 잘 알고 있다. 그럼에도 내 아이는 사자가 되었으면 하는 것이 또 부모들의 솔직한 마음이다. 그런 부모의 마음을 이해 못해서가 아니다. 사자들에게만 너무 많은 혜택이 주어지는 우리 사회의 구조적인 문제를 그냥 덮어두자는 것도 아니다. 그러나 그런 욕심이 우리 모두를 지금 너무 불행하게 만들고 있기에 부모들이 그 어떤 노력을 해도 우리 아이들이 모두 사자가 될 수는 없다는 것을 먼저 깨달았으면 한다.

자기 아이가 현수막에 이름 나붙는 그런 아이가 되리라 내심 착각하고 있지는 않은지, 그 착각 속에서 학원 현수막에 이름 날리는 주전 선수들을 양성하는 비용을 대주는 것도 모자라 소중한 내 아이의 인생을 바쳐 들러리로 세우는 것이 부모의 도리이고 자식 사랑인지 잘 생각해보자. 부모와 아이가 함께할 수 있는 시간은 그리 길지 않다. 부모는 사교육비를 벌기 위해, 아이는 사교육을 받기 위해 다시는 돌아오지 않을 소중한 시간들을 허비하고 있지는 않은지 돌아볼 일이다.

사자의 들러리를 서느라 이리 뛰고 저리 뛰며 허비하는 에너지와 시간을 사자도 사슴도 토끼도 거북이도 모두가 행복하게 살 수 있는 그런 사회를 만드는 데 투자한다면 얼마나 좋을까. 다음 달부터는 사교육에 들어가는 돈과 시간을 줄여서 아름다운 세상을 만드는 일에 아이와 함께 투자를 해보는 것은 어떨까? 그렇게 굳이 거창한 계획이 아니라도 좋다. 지금 당장 사교육을 하나 줄이고 함께 맛있는 저녁이라도 먹으면서 그 시간에 아이와 대화라도 나눠보면 어떨까?

2

학교교육에서 중심잡기

담임과 관계 맺기, 그 안에서 성장하기 | 준비물 노이로제에서 벗어나는 길 | 밥이 입으로 들어가는지 코로 들어가는지 | 학교에서는 무엇을 배우는가 | 솔빛아, 반장 하지 마라 | 치맛바람은 학부모 스스로 멈춰야 한다 | 어린이날과 스승의 날을 아이들에게 돌려주자 | 먼저 깨달은 사람이 고쳐나가야 달라지죠

담임과 관계 맺기, 그 안에서 성장하기

 솔빛이 초등학교에 입학한 뒤, 내가 학부모로서 선생님, 학교 그리고 동료 학부모들과 관계 맺음에 힘들어할 즈음 솔빛이 역시 선생님과 친구들과의 관계 맺기에 힘들어했다. 겨우 두 달 남짓 지났는데 유치원보다 더 많은 친구들이랑 한 반에서 생활해야 하고, 쉬는 시간도 짧고, 선생님은 무섭고, 재미도 없고 시끄러워서 싫다며 울상을 지었다. 그러던 어느 날 솔빛이는 눈이 퉁퉁 붓게 울면서 학교에서 돌아왔다. 학교에 보내놓고 늘 마음이 불안하던 차에 그렇게 울면서 돌아온 아이를 보니 가슴이 철렁 내려앉았다.

"왜 울어? 솔빛아!"

"엄마, 나 학교가 너무 싫어. 선생님도 싫고…."

"무슨 일 있었니?"

"선생님이 내가 말이 많고 시끄럽다고 입에다 청테이프 붙이고 뒤로 나가서 무릎 꿇고 수업 받으라고 했어요."

아이가 얼마나 서럽게 울던지 내 가슴이 찢어지는 것 같았다.

"엄마, 너무너무 창피했어요. 그리고 숨을 쉴 수가 없어서 죽을 것 같았어요. 무서워서 소리 내어 울 수도 없었어요. 그래서 속으로 울었더니 가슴이 많이 아파요."

솔빛이는 워낙에 겁이 많고, 어른들에 둘러싸여 형제 없이 혼자 자란 까닭인지 싸우거나 말썽부리고 야단맞은 일이 거의 없는 터라 어른들이 화를 내면 유난히 무서워하는 아이였다(온실과도 같은 그런 교육 환경이 바람직했다고 생각하진 않는다). 아이가 무서워서 떨었을 상황을 생각하니 너무 속상했다. 솔빛이는 많이 울어 지친 탓인지, 엄마 품에서 안심이 된 덕분인지 금방 잠이 들었다.

혹시 촌지를 달라는 신호인가?

생각 같아서는 당장에 학교로 달려가서 따져 묻고 싶은 것을 겨우겨우 참고서 잠든 아이의 얼굴을 살펴보니 입술이 터져 피가 나고 있었다. 청테이프를 떼면서 입술이 터진 듯했다. 어린 1학년 아이가 무얼 얼마나 잘못했다고 그렇게 가혹한 벌을 주었을까 싶어 가슴이 답답해왔다. 청테이프를 아이 입에 붙이다니, 아이가 인질도 아니고 중범죄를 저지른 것도 아닐 텐데 어찌 그럴 수가 있단 말인가. 아무리 생각해도 선생님이 너무 심했다는 생각이 들어 화가 치밀었다. 순간 선생으로서 자질이 있는 사람인지 의심스러웠다. 아이가 자는 모습을 바라보면서 오만 가지 생각이 다 들었다. 이것이 엄마들이 말하는 일명 촌지를 달라는 신호인가? 선생님이 추천까지 했는데 학급 이사를 맡지도 않고, 학급

회비도 내지 않는다고 그러는 것일까? 그냥 엄마들이 하라는 대로 할 걸, 후회가 되기도 했다.

다행히 솔빛이는 자고 일어나더니 아무 일도 없었다는 듯이 밝은 표정으로 잘 놀았다. 그러나 내 머릿속은 실타래가 엉킨 듯 어지러웠다. 너무 속이 상해서 이웃 엄마에게 이야기를 하니 아니나 다를까, 그것 보라고 그럴 줄 알았다면서 그냥 가지 말고 촌지를 적당히 챙겨 선생님을 찾아가라는 거였다. 할 만한 집에서 하지 않는 경우 더 그런 상황이 벌어진다면서, 오히려 형편이 어려워서 나올 것이 없는 집 아이들은 아무 일도 당하지 않는다는 이야기다. 그래서 누구네는 갔다왔더니 당장 달라졌다는 둥, 또 누구네는 아이가 손을 열심히 들어도 선생님이 발표를 한 번도 안 시켜줘서 찾아갔더니 하루에도 몇 번씩 발표시켜주고 칭찬까지 해줬다는 둥 여러 사례를 들면서 내일 당장 학교에 가라고 난리였다.

그렇지 않아도 아픈 머리가 더 지끈거렸다. 선생님이 교육적인 면에서 벌을 준 것이 아니라 뭔가 다른 목적이 있어 아이에게 가혹행위를 했다고 생각하고 싶지는 않았다. 내 아이의 선생님을 그런 식으로 낙인찍는다면 결국엔 내가 그 선생님을 그렇게 만드는 것이나 다름없다는 생각이 들었다. 학부모들이 선생님을 촌지나 바라는 몰지각한 교사로 생각하니 선생님들이 그대로 되어가는 것이라고 믿고 싶었다.

내 아이의 부족한 부분에 대해 선생님이 지적하는 것을 돈으로 막는 것은 아이 교육에도 좋지 않다. 선생님이 설령 정말 촌지를 바라고서 그렇게 행동하는 사람일지라도 내가 그 일에 동참할 수는 없다고 결심했다. 하늘이 두 쪽 나도 촌지는 절대 안 한다(그리고 솔빛이가 학교에 다니는 동안 정말 단 한 번도 선생님께 고가의 선물도 촌지도 내민 적이 없다). 그리고 아이의 잘못된 행동을 지적하고 교육하는 측면에서 선생님의 체벌 방법에 대해서는 학부모로서 가만히 있지 말고 기회를 봐서 이야기를 해보기로 마음먹었다.

그렇게 상황을 정리하고 마지막으로 솔빛이를 붙들고 이야기했다. 학교라는 곳은 아주 많은 아이들이 함께 생활하는 곳이므로 하고 싶은 말을 다 하고 묻고 싶은 것을 마음대로 다 물어볼 수는 없는 곳이라고. 선생님의 귀는 둘인데 아이들은 40명이나 되니 그 이야기를 다 들어줄 수는 없으니까, 학교에서 하고 싶은 말이 있거나 궁금한 것이 있으면 집에 와서 엄마에게 하라고 타일러 두었다. 아이가 다시는 그런 일을 당하게 놔두고 싶지 않았고, 실제로 학교라는 공간의 한계에 대해 아이가 빨리 깨닫기를 바라는 마음에서였다.

불행하게도 그 후 솔빛이 입에 테이프가 붙는 일이 한 번 더 일어났다. 다른 아이들도 그렇게 벌주는지는 알 수 없었지만 이번에는 그냥 넘어가서는 안 되겠다는 생각에 선생님을 찾아가서 어렵사리 아이들의 체벌 방법에 대해 이야기를 꺼냈다. 단호하게 이야기한다고 했지만 혹시 기분이 상하기라도 할까봐 정말 최대한 조심해서 "요즘 아이들이 참 별나서 힘드시죠. 저희 아이도 마찬가지구요. 죄송합니다. 아이에게 주의를 주겠습니다. 그렇지만 입에 청테이프를 붙이는 방법은 적절하지 못하다는 생각이 듭니다." 이렇게 말을 했다. 그러면서 속으로는 "죄송합니다. 그건 제가 너무 지나쳤던 것 같군요."라는 선생님의 답변을 기대했다. 그러나 선생님은 요즘 아이들이 외동도 많고, 오냐오냐 키워서 자기밖에 모르고, 별나고 버릇이 없어서 지도하기가 너무 힘들다는 것을 강조할 뿐이었다. "선생님의 어려움을 충분히 이해하지만 그래도 선생님이 아이들을 그렇게 다루시면 안 되죠!"

라고 따지고 싶었지만 순간, 엄마들이 하던 말이 떠올랐다.

"누군 입이 없고 생각이 없고 자존심이 없어서 선생들 앞에서 그렇게 머리 숙이는 줄 알아! 아이가 볼모잖아, 볼모! 그냥 무조건 잘 부탁한다고 해요."

정말 그럴까? 아이가 볼모일까? 나중에 아이를 더 괴롭히면 어쩌나? 내가 이런 고민을 하는 사이 선생님은 계속해서 자기가 얼마나 힘든지를 이야기했다. 나는 그 하소연 내지는 변명을 끝까지 들어주었다. 사실 들어줄 마음이 있었던 것도, 제대로 들은 것도 아니다. 어떻게 선생님이 저럴 수가 있나 실망도 했고, 이 상황에서 어떻게 대처해야 될까 내 생각에 빠져서 그 이야기가 귀에 들어오지 않았다. 그러다 정신을 차려 몇 마디 내 생각을 이야기하고 "선생님을 진심으로 믿겠습니다." 인사를 하고 무거운 발걸음으로 돌아왔다. 마음이 너무 혼란스러워서 솔직히 무슨 이야기를 했는지 잘 기억이 나지 않았다. 돌아오는 길에 머릿속에서 생각들이 어지럽게 떠올랐다. 더 단호하고 당당하게 이야기해서 선생님의 잘못을 지적하고 바로잡도록 했어야 하나? 다짐이나 사과를 받아 냈어야 하나? 공연히 긁어 부스럼을 만든 건 아닐까? 간혹 엄마들의 '카더라 통신'에 따르면 학부모들이 선생님의 자존심을 건드렸다가는 아이가 보복을 당한다는 말(가만히 보면 엄마들의 카더라 통신이 학부모와 교사들 사이를 갈라놓는 데 아주 큰 역할을 하고 있다.) 때문에 걱정스럽기도 했다. 그러나 이미 엎질러진 물이었고, 혹시라도 그런 일이 생긴다면 그땐 절대 그냥 넘어가진 않겠다고 단단히 마음먹었다. 미흡했지만 내 진심을 전했고, 선생님의 하소연을 말없이 다 들어주며 내가 할 수 있는 최선을 다했다고 생각하니 차츰 마음이 편안해졌다. 그리고 입장을 바꿔서 생각해보면 교사로서 자기의 잘못을 바로 시인하는 것이 결코 쉽지는 않았을 터이니 그렇게밖에 이야기하지 못했을 거라는 생각도 들었다. 다행스럽게도 그 후로는 아이가 별 탈 없이 학교에 잘 다녔다. 아이 말로는 입에 청테이프 붙이는 대신에 흰마스크를 씌운다고 했다. 촌지가 아닌 방법으로 문제를 해결했고 그래도 진심이 통한다는 사실에 나름 마음을 놓았다. 휴, 다행이다. (아이가 학교에서 상식에 벗어난 인권침해에 해당하는 체벌이나 가혹행위, 폭력을 당했을 때는 학부모들이 촌지로 해결하려 하기보다는 단호하게 대처하는 것이 필요하다. 혼자 해결하기 힘들면 상담기관의 도움을 받자. 학부모 상담실 02-393-8980, 청소년 상담실 1388)

장애를 가진 친구를 잘 도와줘야 해요

솔빛이네 학교에는 특수학급이 있었다. 3학년이 되면서 그 특수학급의 아이가 솔빛이와 같은 반이 되어 따로 개인교습을 받는 시간이 아니면 교실에서 함께 지낸다고 했다. 같은 반 엄마들은 수업에 방해가 되면 어쩌나 걱정하면서 그 아이가 같은 반이 되어 불만스러운 분위기였고, 그 아이 때문에 자기 아이가 피해를 보았다는 둥 이런저런 말들이 떠돌았다.

그런 이야기를 듣고 나니 나도 마음이 뒤숭숭했다. 이론적으론 장애아와 비장애아의 통합교육이 바람직하다고 알고 있지만 실제 상황이 되니 마음이 그리 편하진 않았다. 어느 날 학부모들이 모인 자리에서 선생님이 먼저 그 아이 이야기를 꺼내셨다. 담임선생님 말씀으로는 자폐증이 있는 아이라고 했다. 학습이 불가능한 것은 물론이고, 갑자기 소리를 지르거나 책상을 두드린다든가 하는 돌발 행동을 보이지만 반 아이들이 공부하는 데는 전혀 지장이 없으니 걱정할 필요는 없다고 하셨다. 혹시나 학부모들이 그런 아이와 한 반이 되었을 때 아이들에게 피해가 있을까 걱정하는 경우가 종종 있으니, 학부모들을 안심시키기 위해 그런 말씀을 먼저 꺼내시는 것 같았다. 반 아이들 모두 그 아이와 무척 잘 지내고, 의외로 아이들에겐 더없이 좋은 경험이 될 거라고까지 이야기해주시니 마음이 놓였다.

어린이날을 기념하여 소운동회를 연다기에 학교에 갔더니 선생님이 반 아이들을 굉장히 칭찬하셨다. 아이들이 그 친구를 놀리거나 괴롭히는 것은 엄청나게 창피하고 치사한 행동이라고 생각하고 있고, 서로 그 친구와 친해지려고 노력하는 모습들을 보인다고 하셨다. 코를 흘리면 서로 닦아주려고 했고, 가방도 챙겨주고 화장실 갈 때도 도와주고, 간혹 그 친구가 이상한 행동을 하거나 자기를 괴롭히고 때리더라도 이해할 줄 아는 아이들이 되어간다면서 무척 기뻐하셨다. 걱정한 것은 엄마들이었을 뿐, 실제로 내가 학교에 가끔 갈 때마다 아이들을 눈여겨보니 정말 자연스럽게 그 아이와 잘 지내고 있었다.

솔빛이 역시도 그런 장애를 가진 친구를 이상하게 생각하지 않고 친하게 잘 지내고 도와줘야 한다고 생각했다. 장애아와 비장애아의 통합교육에 대해 간혹 들은 이야기가 있었는데 실제로 그런 현장을 보니 정말 훌륭한 교육현장이란 생각이 들었다. 말로만 '어려운 이웃을 돕자, 장애인을 돕자' 구호를 외치거나, 이론적으로 교과서에서 그림으로만 장애인을 배려하자고 배우는 것보다 실제로 그런 어려움이 있는 친구와 지내면서 몸으로 느끼고 자연스럽게 어울리는 것이 더 큰 배움이 아닐까 싶었다.

그 후 아이는 물론 나도 통합교육에 대해 더 관심을 갖게 되었고, 더 많은 학교에서 이렇게 살아 있는 교육의 장이 펼쳐졌으면 하는 마음에서 참교육학부모회에서 주최한 통합교육에 관한 학부모교육에도 참여해보았다. 그곳에서 장애가 있는 자녀를 둔 학부모들을 만났는데 그분들의 고충을 들어보니 학교에 장애인 시설이 거의 없어 너무 힘든 나날을 보내고 계신다고 해서 마음이 아팠다. 아이가 건강하고 그래서 학교에 잘 다니고 있는 것만으로도 너무나 축복을 받은 것이 아닌가 하는 생각이 들었다. 그 후 장애아와 통합교육에 대해 내가 직접 도움을 준 것은 없지만 혹시라도 설문조사 같은 데서 장애인 시설이 자기 집 근처에 생긴다면 어떻게 하겠냐는 질문에 고민 없이 '찬성'을 하는 사람이 되었다. 그 동안 좀더 적극적으로 어려움에 처한 계층이 교육적인 수혜를 받을 수 있게 관심과 힘을 보태야 했는데 그러지 못했던 지난 시간들이 부끄럽게 느껴졌다.

3학년 담임선생님을 통해 아이도 나도 배운 점이 참 많았고, 아이들을 잘 이끌어주신 점이 지금도 기억에 남아 있다. 선생님이 그 친구를 누구보다 소중하게 여기고 사랑하셨기에 아이들도 따라서 그 친구를 소중히 생각하게 된 것이다. 선생님이 장애가 있는 아이를 귀하게 여기지 않았다면 아이들도 그 친구를 귀하게 여기지 않았을 것이다. 교사의 행동이나 생각이 아이들에게 얼마나 큰 영향을 미치는지 일 년 동안 확실히 느꼈다. 3학년 동안 솔빛이는 지식을 얻는 것보다 더 의미 있는, 따뜻한 마음을 배우며 일 년을 보냈고, 그런 장을 펼쳐준 선생님께 고마운 마음이 들었다.

올해는 무엇을 배울까?

새학기 초가 되면 어떤 담임선생님을 만나게 될지 아이들보다 학부모들이 더 긴장하곤 한다. 어떤 교사를 만나느냐에 따라 내 아이의 일 년이 행복할 수도 불행할 수도 있고, 더불어 엄마도 편안한 일 년이 될 수도 지옥 같은 일 년이 될 수도 있기 때문이다. 학부모 입장에서는 선생님이 완벽하기를 바라는 것이 사실이다. 공부도 잘 가르치고 아이들에게 자상하고, 특히나 내 아이에게 잘해주면 더 좋고 말이다.

그러나 교사도 사람인데 그리 완벽할 수는 없다는 것을 학부모들이 인정해야 한다. 물론 완벽하고 멋진 선생님을 만나면 더 좋은 일이지만 그렇지 못한 것이 도리어 당연하다고 생각하는 게 맞다. 솔빛이가 만났던 담임선생님들을 떠올려보면 물론 부모 입장에서 섭섭하기도 하고, 선생 자격이 없다고 비난하고 싶은 사람도 있다. 그러나 한편으로 생각해보면 해마다 겪는 담임선생님과의 만남과 부딪힘 자체가 나와 우리 아이의 성장에 모두 필요한 부분이었고, 새롭게 만나는 담임선생님을 통해 아이도 나도 인생에서 중요한 것들을 배우곤 했다(물론 시간이 지나서 지금 이렇게 글을 쓰기에 그렇게 생각될지도 모르지만).

초등학교에 처음 입학해서 만난 1학년 때 선생님은 솔빛이에게 학교라는 공동체 속에서 자기는 한 명의 작은 구성원이라는 사실을 깨닫게 해준 분이었다. 물론 그걸 깨닫게 해주시는 방법—입에 청테이프 붙이기—은 정말 바람직한 것은 아니었다고 보지만 결과적으로 솔빛이는 학교가 자기만 있는 공간이 아니고 아주 많은 아이들과 함께 그 공간에서 지내야 한다는 사실을 혹독하게 깨달았던 것 같다. 혼자 외동으로 자란 아이라서 더 힘들었지 싶다.

2학년 때 선생님은 아이에게 유일한 남자 담임선생님이셨다. 일명 할아버지 선생님이라 해서 사실 엄마들도 아이들도 좋아하지 않았던 것으로 기억한다. 그 선생님은 일 년 동안 음악, 미술, 체육은 하지 않고 그 대신 덧셈과 뺄셈을 주로 지도하셨고 숙제도 덧셈, 뺄셈을 내주셨다. 아이는 학교가 재미없다고 투덜거렸다. 나는 2학년 일 년 동안 담임선생님 방식에 맞춰 덧셈과 뺄셈을 중심으로 지도하고 숙제도 충실히 하게 시켰고 따로 수학 학습지나 문제집을 풀게 하지 않았다. 선생님이 내주시는 숙제만으로도 충분하다고 생각했기 때문이다. 그리고 학교에서 선생님이 다뤄주지 않은 미술이나 음악을 아이가 하고 싶어 하면, 방과 후에 하도록 시간을 충분히 주니까 아이의 불만도 많이 줄었고 덕분에 수학도 잘하게 되었다. 아이도 그 당시엔 힘들고 어려웠지만 3학년이 되어서는 수학이 아주 쉬워졌다고 했다. 그런데 같은 반 엄마들은 선생님에 대한 불만이 엄청 많았다. 선생님이 내주는 숙제 때문에 사교육을 시키기 힘들다는 이유가 가장 컸다. 숙제를 하다 보면 수학 학습지를 할 시간이 없고, 학습지를 하다보면 숙제를 못 해서 애를 먹는다고 했다. 학부모 나름의 교육관과 교육계획이 있겠지만 그해에 만난 담임선생님의 교육 계획에 맞춰 활동하고 부족한 것을 방과 후 활동으로 채워 나간다면 아이들도 덜 부담스럽고 좋을 것이다.

3학년 때는 위에서 이야기한 것처럼 장애가 있는 친구를 배려하는 따뜻한 마음을 선생님을 통해 배웠다. 4학년 때는 반장 노릇 혹독하게 시키는 선생님을 만나 그런 자리를 맡으려면 그만큼 책임이 따른다는 사실을 경험하게 해주어서 솔빛이가 다시는 그런 자리를 욕심내지 않게 만들어주었다. 나 역시 말로만 듣던 교사들의 왜곡된 태도와 학부모들의 치맛바람을 눈으로 확인할 수 있었던 일 년이었고, 내가 참교육학부모회 활동을 적극적으로 시작하게 된 계기가 되기도 했으니 그 선생님이 정말로 내 인생의 큰 계기를 만들어준 셈이다. 5학년 때는 일기 쓰기를 챙겨주시는 선생님을 만나 일 년 동안 글쓰기 실력이 많이 늘었다. 6학년 때 선생님은 영어를 잘하는 솔빛이를 인정해주시고 영어 말하기 대회에 나가도록 권유해주셔서 좋은 성과를 거둘 수 있게 해주셨다.

이렇게 아이와 나는 많은 선생님을 만났고 그 선생님과의 관계 속에서 좋은 경험, 아픈 경험을 다양하게 하면서 성장했다. 물론 그 속에서 상처도 받았고 그래서 힘들어했던 기억이 난다. 그리고 그 선생님들 또한 나와 내 아이 그리고 더 많은 학부모들과 아이들을 만나면서 많은 상처를 받았으리라 짐작된다. 선생님도 사람이니 말이다.

지금 만일 아이 담임선생님과의 관계 때문에 힘들다면 그 관계 역시도 그냥 우리가 살아가면서 만나는 많은 관계 중의 하나라고 생각해보자. 그러면 힘든 관계가 조금은 수월해지지 않을까. 힘들고 어려운 관계 맺음이겠지만 부모든 아이든 그 관계를 통해 스스로 더욱 성장할 수 있는 기회로 여긴다면 또 어떨까 싶다.

준비물 노이로제에서 벗어나는 길

   "엄마, 선생님이 내일 솔방울 두 개 가지고 오래요."

"엄마, 토요일에 바둑알 갖고 가야 해요."

학교 준비물이 왜 이리도 많은지 준비물을 챙기는 게 보통일이 아니다. 아이가 학교에서 돌아오면 "알림장 보자. 내일 준비물은 뭐야? 미리 미리 챙기자!"라는 말이 인사가 될 정도였다. 준비물을 못 챙겨 가면 입에 테이프가 붙는 벌을 받기도 하고, 상표도 못 받고, 손바닥을 맞을지도 모르기 때문에 솔빛이는 유난스럽게 준비물을 챙기려고 애를 썼다.

하루는 단어장을 가지고 오라고 알림장에 적혀 있었다. 그래서 교과서를 보고 내 나름대로 만들어서 보냈는데 학교에서 돌아온 솔빛이가 투덜거렸다.

"엄마, 단어장은 그렇게 만들면 안 되는 거야. 친구들은 문구점에서 단어장을 사왔다구!"

　이건 또 무슨 소리? 초보 학부모는 정말 왜 이리 모르는 것이 많은 걸까. 아니, 교과서에 나오는 대로 만들면 안 되고 문구점에서 파는 걸 사야 한다고? 당장 문구점으로 달려가서 작은 가방 속에 담겨진 단어장을 샀다. 솔빛이는 뿌듯해하면서 "맞아, 맞아. 친구들이 다들 이걸 들고 왔다구요." 한다. 그런데 이렇게 장만한 단어장 세트는 그 다음날 딱 한 번 쓰고는 그냥 쓰레기가 되었다.

준비물 챙기는 것도 교육이다

　신기한 일인지 고마운 일인지 학교에서 뭔가를 가져오라 하면 그것이 학교 앞 문구점에 '짠' 하고 등장했다. 학교 앞 문구점은 마치 요술상자처럼 뭐든 척척 준비되어 있었다. 심지어는 솔방울도, 올챙이도 살 수 있었다.

　솔빛이의 경우 학교에서 집 만들기 시간에 필요한 재료를 가져오라고 하면 미술학원 선생님인 엄마가 직접 마련한 준비물을 챙겨주었다. 그러면 다른 아이들은 문구점에서 산 재료로 쉽게 조립만 해서 빨리 만들었지만, 솔빛이는 완성을 못했다고 울상을 짓곤 했다. 해마다 과학의 날이 오면 고무 동력기를 사서 만들다 버리는 일을 연중행사로 했다. 운동회 때 사용하는 오자미도 언제부턴가 집에서 만들기보다는 문구점에서 구입하는 것이 더 자연스러워졌다.

　학교에서 준비물을 준비할 여유나 시간도 주지 않고 이것저것 준비해오라는 것도 당황스러운 일이지만 막상 그 준비물들이 수업시간에 제대로 쓰이지도 않고 버려지는 일이 허다했다. 이런 일이 반복될 때 아이들은 무엇을 배우게 될까? 그래, 바쁘니까 편하게 살자고 쉽게 생각할 수도 있지만 교육의 관점에서 본다면 편리함만을 따라가는 것이 바람직해 보이지는 않았다. 특히 창의성을 키우기 위한 미술 작업은 그냥 단순하게 조립만 하면 되는 준비물로 모두 똑같이 만들 경우 오히려 창의성을 잃게 할지도 모른다. 그런가 하면 신기한 준비물들을 수시로 장만해야 하니 엄마들은 아예 문구점에 부탁해서 아이들이 필요할 때 바로바로 가지고 가도록 해놓는 경우도 적지 않다.

"엄마가 나중에 돈 주신데요. 이게 우리 반 준비물 맞죠, 아줌마?"

"그래 맞다. 너 ○학년 ○반 누구지?"

아침이면 문구점에서 이런 대화를 듣게 된다. 그러다 보니 준비물 이외에도 아이들은 외상을 달아놓고 간식도 먹고 필요한 물건을 구입하기도 한다. 신용카드로 물건을 살 때 당장은 돈을 쓴다는 생각을 못하고 과소비를 하게 되는 것처럼, 아이들은 직접 돈을 내지 않다 보니 가격에 대한 개념이 사라지고 자기가 얼마를 썼는지 모르게 되어 버린다.

때론 친구들에게 맛있는 것을 사주거나 부모들이 사지 못하게 한 자질구레한 것들을 사주는 일로 환심을 사서 친구를 만드는 아이들도 있다. 한마디로 '한 턱 잘 쓰는 아이'가 되는 것이다. 아이의 사회성을 위한답시고 이런 일들을 기꺼이 감내하거나 도리어 권장하는 부모들도 있다. 아이들에게 경제교육을 시킨다고 책을 읽히고 경제교육 프로그램 사교육을 시키고 캠프에 보내면서, 막상 실제 생활에서 필요한 경제관념 중에 가장 중요한 소비관념을 잘못 심어주고 있는 것이다.

준비물을 준비하는 것도 아주 중요한 공부이다. 우선 집에 있는 것을 활용해보고, 어떤 것을 더 구입해야 하는지, 그것을 구입하려면 돈이 얼마가 필요한지 생각하고 챙기는 과정 속에서 아이들은 다양한 것을 배우게 된다. 그러나 어른들은 아이들이 생활 속에서 저절로 배울 수 있는 소중한 기회를 도리어 빼앗고 엉뚱한 것만 가르치고 있으니 참 답답하다.

남들이야 어떻게 하든 나는 되도록이면 솔빛이가 준비물을 스스로 챙기게 도와주었다. 꼭 사야 할 것이 있으면 학교에서 집으로 오는 길에 미리 문구점에서 가격을 확인해보고 오게 했다. 그리고 되도록이면 남는 돈이 생기지 않게 맞춰서 챙겨줬다. 혹시 거스름돈이 생길 경우 잘 챙겨서 가져오게 했다.

학교 준비물에는 콩고물이 따라온다?

희한한 준비물을 비롯하여 부교재, 자습서 따위를 채택할 때 생기는 콩고물 이야기는 학교 비리 괴담에서 빠지지 않는 대목이다. 그런 이야기를 듣다 보면 이런저런 준비물이 교육과정에 꼭 필요한 것인지 의문이 생긴다. 또 어떤 때는 같은 학년 선생님들이 콩고물로 생긴 돈으로 해외여행을 단체로 다녀왔다는 괴담이 떠돌기도 했다. 제발 소수의 몰지각한 교사와 교육 행정가들이 저지른 일이거나 그냥 소문이길 바라지만 안타깝게도 해마다 학교 관련 리베이트 사건은 기사로 나온다.

잘 아는 초등학교 초임 선생님이 같은 학교 선생님들과 생긴 불협화음으로 몹시 괴로워해서 내가 위로해준 적이 있다. 교사의 양심을 지키고 사는 것이 너무 힘들다고 울먹이기까지 했다. 학력진단평가를 앞두고 시험에 대비해 특정 문제집을 부교재로 채택하면서 생긴 일이었다. 부교재 채택을 반대하고 나서 학교 선배인 학년부장 선생님에게 비난에 가까운 충고를 들었고, 동료 교사들에겐 따돌림을 당하고 있다고 했다.

"강선생, 당신만 훌륭한 교사인 줄 아는 모양인데, 세상이 그렇지 않아. 그냥 남들 하듯이 그렇게 묻어가는 거야. 내가 그래도 학교 후배라서 해주는 충고니까 앞으론 이런 일 없도록 해, 알았지? 같은 학교 후배가 이러면 선배인 내 꼴이 뭐야? 어디 이래서 학년을 이끌어가겠어?"

"아, 죄송합니다. 뭔가 오해가 생긴 것 같습니다. 아니, 전 전혀 그런 뜻이 아니었는데요. 모든 학급에서 사용하라고 강요할 필요는 없다는 생각에서 한 말입니다."

"그래, 알았어. 강선생 반만 빠지는 것으로 알겠어. 나중에 딴소리 하지 마. 후회하게 될 걸!"

그런데 며칠 지나니 학부모들에게 전화가 왔다고 한다.

"선생님, 왜 우리 반만 그 문제집을 다뤄주지 않으세요? 다른 반은 벌써 다 구입해서 학교에서 매일 한다던데, 숙제도 내주고."

"진단평가는 평소에 공부해오던 것을 평가하는 것입니다. 그래서 평소 수업을 충실하게 받았다면 아이들이 충분히 잘해낼 수 있다고 생각합니다. 그리고 아이들에게 물어보니 대부분 이미 문제집을 집에서 한두 권 이상 하고 있더군요. 그 정도면 충분하다고 생각했습니다. 그리고 제 나름대로 부족한 아이들에겐 신경을 쓰고 있구요."

"그래도 다른 반 다 하는데 우리 반만 하지 않으니 불안해요. 선생님이 학교에서 시키기도 하고 숙제도 내주시면 아이들이 더 열심히 할 것 같은데요."

아무리 설명을 해도 소용이 없고 엄마들이 더 나서서 단체로 문제집 풀이를 해달라고 했다. 그 선생님이 뜻을 바꾸지 않자 심지어는 교장선생님께 전화해서 요구를 해왔다고 한다. 교장선생님은 왜 이리 시끄럽게 만드느냐면서 부장선생에게 싫은 소리를 했고, 부장선생은 다시 강선생님을 질책했다.

"거봐요, 강선생. 내가 뭐라 했어욧! 학교라는 곳이 그렇게 만만한 곳이 아니에요. 누군 뭐 그러고 싶어서 그러는 줄 알아요?"

학력진단평가가 끝난 후 강선생님 반 아이들이 특별히 성적이 나쁘게 나오지 않았는데도 꼴지를 했다는 소문이 엄마들 사이에서 돌았고, 이런저런 구설수에 올랐다고 한다. 그렇게 한 학기를 끝내고 나니 한 몇 년은 지난 것 같고 앞으로 교사 생활을 어떻게 해야 할지 정말 두렵다고 했다.

학교 예산으로 준비물을 마련하자

교사는 교사대로 아이들이 준비물을 챙겨오지 않아서 수업이 어렵다고 하소연했고, 직장 다니는 엄마들을 비롯한 학부모들은 준비물 때문에 힘들다고 목소리를 높였다. 그러자 교육부가 학교 예산으로 준비물을 마련해준다고 발표했다. 그 이후 실제로 교육청과 학교에서 예산을 편성하여 잘 활용하는 학교도 생기고 있다니 참 다행이다. 실제 작년 초 경북도교육청에서는 학습준비물 지원 예산을 늘여 관내 모든 초등학교 수업시간에 활용되는 각종 소모품 지원 사업과 저소득층 학생을 위한 학용품 지원 사업을 더욱 확대한다고 밝히기도 했다. 또한 학교 단위로 '학습준비물 선정위원회'를 구성해서 철저하게 시장조사를 하고 품질확인을 거쳐 좋은 질의 학습준비물을 구입하기도 했다.

그러나 아직도 그런 사실을 모르는 학부모들도 많고, 알면서도 모른 척하는 선생님도 꽤 있는 것 같다. 물론 학교별로 예산을 짤 때 그것을 반영하는 정도는 차이가 있다. 그러니 학교 구성원들과 운영위원들은 예산 편성을 잘해야 한다. 그리고 교사들은 예산을 짤 때 적극적으로 학급운영비가 제대로 편성되도록 노력을 기울여야 한다.

마련된 제도가 제대로 운영되어 학부모들이 정말로 준비물 걱정에서 벗어날 수 있으면 좋겠다. 그러나 급식처럼 도시락 챙겨주는 귀찮음에선 벗어났지만 식사다운 식사를 잃어버리고, 각종 리베이트 때문에 식중독에 시달리게 되었듯이, 준비물 구입도 다른 문제가 생기는 것은 아닌지 걱정스럽다. 또다른 리베이트 문제가 발생하지 않도록 투명성을 확보하는 것이 중요하다. 더 나아가서는 단순한 효율성을 넘어 교육적인 측면을 살펴보는 것이 무엇보다 중요한 숙제일 것이다. 교육은 단순히 돈으로 해결할 수 있는 것이 아니기 때문이다.

밥이 입으로 들어가는지
코로 들어가는지

**야호! 드디어
학교급식을 먹게 되었다** 　솔빛이가 학교에 들어가고부터 3학년이 되길 무척 기다렸다. 3학년부터 학교급식이 시작되기 때문이다. 점심 챙겨주는 수고를 더는 게 너무 기뻤다. 아침을 간단하게 먹여서 학교에 보내면 아이는 학교에서 점심을 먹고 학교를 마친 다음 곧바로 피아노 교습소에 들렀다가 올 수 있다. 그렇게 되면 나는 최소한 오후 두 시까지는 아이로부터 자유로울 수 있으니 얼마나 행복한 일이냐 말이다. 오전에 볼일을 보러 나갔다가도 점심때면 아이 때문에 허겁지겁 돌아오곤 했는데, 이젠 그럴 필요가 없어진 것이다. 여유로운 선배 엄마들이 늘 부러웠는데 드디어 나도 학부모로서 한 계급 올라간 기분이 들어 괜히 뿌듯했다.

솔빛이도 급식을 몹시 기대했다. 언니 오빠들만 특별하게 학교에서 맛있는 걸 준다며 언제나 그 밥을 먹게 될지 기다렸다. 병설유치원에 다닐 때부터 조리실에서 솔솔 새어나오는 냄새를 맡으며 침만 삼켰는데 드디어 먹어볼 수 있게 되었다고 기뻐했다.

이렇게 학교급식은 우리 모녀를 기쁘게 했다. 솔빛이는 학교급식이 맛있다며 오늘 메뉴는 뭘까 궁금해하며 집을 나섰다. 급식이 학교 가는 재미로 자리 잡아가는 것 같아서 기뻤다. 아무거나 잘 먹고, 특히 김치를 좋아하는 솔빛이는 급식을 남김없이 잘 먹어 아이들 사이에서 우상이 되었고 선생님들 칭찬이 자자해 더욱 급식시간을 기다리게 되었다. 솔빛이는 학교에 다녀오면 젓가락질 못하는 아이, 싫어하는 버섯을 억지로 먹다가 구역질이 나서 토해버린 아이, 채소를 싫어하는 아이, 밥을 늦게 먹어서 야단맞은 아이들 이야기를 전하면서 자기는 남김없이 잘 먹고 젓가락질도 잘해서 칭찬 받았다고 자랑했다. 그럴 때마다 식성 좋고 올바른 식습관을 갖도록 아이를 키운 내 자신이 자랑스러웠다(부모들은 왜 이리 유치한지 모르겠다). 그리고 학교급식에 불만인 다른 학부모들을 이해할 수가 없었다.

"솔빛이는 아주 맛있다고 하던데요! 아이들이 너무 편식이 심해서 그런 것 아니에요?"

엄마들이 아이들을 지나치게 과잉보호해서 입맛을 까다롭게 키운 게 아닌가 하는 생각도 했다(내가 요리 솜씨가 워낙 없어서 맛없는 음식에 아이가 단련이 되었을지 모르지만 그렇게 합리화하고 싶었다).

4학년이 되어 반 대표를 맡고 배식당번 활동을 하게 되면서 학교급식이 맛있고 위생적인 것은 학부모들의 숨은 노력 덕분이라는 것을 알게 되었다. 치맛바람만 일으키는 학부모들로 생각했는데 날마다 돌아가며 급식 상태를 모니터하고 있었던 것이다. 반마다 돌아가며 날마다 4~5명씩 급식실에 나가 배식도 하고 청소도 도와주고 직접 음식도 먹어보면서 자연스레 지켜보고 있었다.

나는 1학년 때 당한 이런저런 일 때문에 학교를 멀리하던 학부모여서 3학년 때는 한 번도 배식당번을 해본 적이 없다. 그래서 반 대표를 하면서 갑작스레 맡게 된 학교 배식당번 일이 참 귀찮게 느껴졌다. 하지만 막상 해보니 무척 중요한 일이란 생각이 들었다. 그래서 웬만하면 다른 엄마들에게 맡기지 않고 꼭 나가려고 노력했다.

말 많았던 배식당번

배식당번을 하면서 아이들 식습관이 심각한 수준이란 걸 느꼈다. 돈가스나 햄 같은 좋아하는 음식만 많이 먹으려 하고, 김치는 단 한 조각도 먹지 않으려고 했다. 그리고 대부분의 아이들이 "조금 주세요!"라는 말을 입에 달고 다녔다. 수백 명 밥을 퍼주고 나면 어깨가 뻐근한데, 아이들이 거칠고 버릇없이 구는 걸 보면서 마음이 심란했다. 급식을 받으면서 "잘 먹겠습니다", "고맙습니다" 말하는 아이들은 열에 한 명도 안 되고, 일고여덟은 "조금 주세요!" 했다. 이건 그나마 좀 나은 경우고 심한 경우엔 "아이~씨, 그거 먹기 싫다니까!" 하면서 음식을 벌레 취급하는 아이도 있었다.

수많은 아이들이 짧은 시간 안에 식사를 해결하는 급식실은 늘 어수선했고 아무리 닦아도 식탁은 지저분했다. 배식당번을 하고 온 다음날엔 몸살을 앓았다. 그렇지만 배식당번이 참 좋은 제도라는 생각은 들었다. 엄마들이 급식 상황을 자연스레 점검하며 모니터할 수 있고, 아이들의 식습관을 지켜볼 수 있어서 가정교육에도 도움이 된다고 생각했기 때문이다. 그래서 당번이 아닌 날에도 학교에 나가서 밥을 퍼주고 식탁도 닦고 편식하는 아이가 있으면 꾸중하기도 했다.

나뿐 아니라 대부분의 엄마들은 배식당번 다음날이면 몸살을 앓는다고 했다. 모든 엄마들이 배식당번을 하는 게 아니고, 각반에서 열 명 남짓한 엄마들만 돌아가면서 하다 보니 시간이 지나면서 불만이 쌓이기 시작했다.

"왜 맨날 우리만 해야 해?"

"우리 애만 밥 먹냐?"

모든 학부모들이 의무로 해야 하는 것 아닌가 하는 의견이 많이 나오기 시작했다. 배식을 하는 엄마들과 안 하는 엄마들 사이엔 미묘한 감정 대립이 생겼다. 다음 학기부터는 반 전체 엄마들을 모두 넣어 배식당번을 짰다. 학기 초에 아이 번호대로 순서를 정해서 학부모들에게 일방적으로 통보했다. 그러다 보니 배식당번이 아예 나오지 않는 날도 있고, 한 명만 나온 날도 있었다. 엄마가 안 나오면 아이가 야단을 맞는 일까지 벌어지면서 학부모 배식당번제도를 없애자는 쪽으로 의견이 모아졌다. 특히 직장 다니는 엄마들은 당번을 못해서 혹시라도 아이에게 불이익이 갈까봐 걱정했다. 차라리 돈을 더 낼 테니 다른 엄마들이 학교에 자주 가서 위화감을 조성하지 않았으면 한다고 했다. "엄마는 왜 배식당번 안 와요?" 하는 말을 들을 때마다 아이 기가 죽는 것 같아서 걱정된다는 거였다. 한 사람 앞에 월 천 원만 올려도 배식당번을 하지 않아도 되는데 뭘 하러 학부모가 힘들게 배식을 하고 식당 청소를 하냐는 것이었다. 그래서 결국엔 인건비를 더 내서 학부모 배식당번제도를 없애는 방향으로 학교운영위원회에서 결정했다.

나는 운영위원이 되면 학부모 의견을 잘 전달하는 학부모위원으로 활동할 거라고 결심했는데, 이번엔 학부모들의 반대파가 되었다. 배식당번제도를 개선해서 계속해야 한다고 주장한 것이다. 그런데 아이러니하게도 번번이 내 의견에 반대했던 왕당파 학부모가 찬성해주고, 학부모들 의견은 사사건건 무시하던 교장이 전체 학부모 의견을 따라야 한다고 주장했다. 그래서 학부모 배식당번제도는 없어지게 되었다. 급식비는 올라가고 부모들은 아예 손을 놓게 되었다.

닭뼈까지
삼켰어요

어느 날 아이가 몹시 힘든 표정으로 돌아왔기에 무슨 일이냐고 물으니 죽을 뻔했다면서 울음을 터트렸다.

"엄마, 선도 언니들이 음식을 남기지 말라면서 닭뼈까지 먹으라고 했어. 그래서 억지로 삼키다가 죽는 줄 알았어."

"정말 닭뼈를 삼켰단 말이야?"

"응! 그런데 이젠 괜찮아요."

"정말 괜찮니? 정말 큰일날 뻔했구나."

가슴을 쓸어내렸다. 불행 중 다행이라고, 닭뼈가 목에 걸리지 않은 것이 얼마나 다행인가!(최근 급식 때문에 생긴 이런저런 사건을 생각해보면 그날 일도 신문에 날 뻔한 사건이었다.)

학부모 배식봉사가 없어지면서 선도를 맡은 6학년 언니들의 군기가 강화된 듯했다. 물론 음식을 남기는 것은 나쁜 일이다. 나도 배식당번을 할 때 엄청나게 버려지는 음식물이 아깝다는 생각을 했다. 그래도 닭뼈를 삼키게 하는 건 말도 안 되는 일이었다. 다음날 학교로 찾아가 선생님께 상황을 말씀드렸더니 걱정하지 말라고 시원스럽게 말씀하셨다. 덕분에 안심하고 돌아왔는데 선생님이 그 선도학생을 불러 야단치는 바람에 상황이 더 악화되었다. 그 언니가 괜히 다른 걸로 트집 잡아서 괴롭힌다면서 아이는 학교 가기가 두렵다고 했다. 그냥 그러다 말겠지 했는데 점점 불안한 정도가 심해졌다. 결국엔 내가 그 아이를 직접 만나 타이르고 약간 겁(?)을 주고서야 일이 해결되었다.

가끔 아이가 급식이 점점 더 맛없어지고 이상한 음식이 나온다는 얘기를 하긴 했지만 시간은 흘러갔다. 그리고 나는 급식을 서서히 잊어갔다. 알아서 먹고 오겠지 하면서….

입으로 들어가는지 코로 들어가는지

이사를 하고 아이가 학교를 옮기면서 나는 참교육학부모회와 학교운영위원회 활동을 본격적으로 하게 됐다. 오랜만에 다시 급식실에 가보게 되었다. 그날은 배식을 하는 게 아니라서 급식 장면을 처음부터 끝까지 자세히 볼 수 있었다.

입구에서부터 손을 머리 위로 올린 아이들이 길게 줄 서 있었다. 마치 무슨 수용소에 밥 먹으러 가는 풍경 같았다. 서로 밀치고 엉켜서 짜증을 부리는 아이들, 시끄럽다고 조용히 하라고 주의를 주면서 지도하는 선생님, 모두들 너무 힘들어 보였다. 아이들이 식판을 하나씩 들고 숟가락과 젓가락을 챙겨든다. 짧은 팔로 겨우 식판을 들고 쩔쩔매는 체구 작은 아이, 스텐 식판을 숟가락으로 두드리며 소음을 일으키는 장난꾸러기, 그 와중에 밥도 받고 반찬도 받아서 아이들은 차례차례 자리에 앉았다. 앉고 싶은 친구와 앉을 수도 없고 정해진 순서대로 앉아야 했다. 그래도 말 안 듣고 자리 잡으러 돌아다니다가 서로 부딪쳐선 결국 음식을 쏟고 꾸중 듣는 아이도 있었다.

입구에선 아이들이 끝도 없이 들어와 줄을 섰다. 다 먹은 아이들은 다 먹었는지 선생님이나 선도 학생들에게 검사를 받고 식판 반납하는 곳에 두고 나갔다. 그리고 새로 음식을 받은 아이들이 지저분해진 식탁에서 급하게 밥을 먹기 시작했다. 그러고도 자리가 모자라서 빨리 먹고 놀려는 남자아이들은 무대(그곳은 급식실이면서 강당이라 무대가 있었다.) 위로 올라가 아예 바닥에 식판을 놓고 먹었다.

아이들이 떠드는 소리(시끄러우니 더 소리를 질러 말을 한다. 아주 고래고래 소리를 지른다), 스텐 식판과 숟가락 부딪치는 소리, 식판을 반납하면서 나는 소리, 급식실에서 설거지하는 소리, 이런저런 소리들이 엉켜 귀가 먹먹했다. 엄청난 소음 그 자체였다. 정신이 혼미하고 현기증이 났다.

우리 아이들이 12년간 날마다 그런 환경에서 한 끼를 먹는다는 사실, 그리고 선생님들도 그런 환경에서 밥을 먹고 있다는 사실이 충격으로 다가왔다. 아마 내가 이런 곳에서 밥을 먹는다면 정신질환이 생기지 않을까? 그런데 다들 적응이 되었는지 태연히 잘 먹고 있으니 다행인지 불행인지…, 아무튼 사람의 적응력이란 대단하다는 생각이 들었다. 그리고 나도 밥을 받았다. 밥이 목구멍으로 넘어가질 않았다. 입으로 들어가는지 코로 들어가는지 먹는 둥 마는 둥 식판을 반납했다. 집으로 돌아오는 발걸음이 너무 무거웠다.

나는 운영위원 활동을 하면서 급식 단가며, 업체 선정, 식자재 문제에 신경을 써서 학교와 관계가 썩 좋지 않았다(최근 급식 식중독 사건으로 새삼스럽게 부실 급식의 리베이트 문제로 떠들썩했는데, 그 문제로 학교에 문제제기했다가 봉변당한 참교육학부모회 회원들이 한두 명이 아니었다).

"아니, 내가 손주 같은 아이들에게 못 먹을 것 먹이겠습니까? 우리가 다 잘 알아서 합니다."

교장선생님은 이렇게 큰소리치며 틈만 나면 우리 학교급식은 맛있고 위생적이라고 자화자찬을 늘어놓았다(마치 교장선생님이 공짜로 먹여주기라도 하는 듯이). 하지만 여전히 유통기한 지난 식품이 들어오기도 했고, 특정업체를 고집해 계약을 맺곤 했다(이런 이야기 다 하자면 3박4일도 모자란다). 그래서 우린 급식 가격과 식품의 질에 대해 거품 물고 이야기했고, 결국 학교에 미운털이 박혀 지내야 했다. 때론 그 때문에 아이가 불이익을 당한 학부모도 있었다.

그러다 급식 현장을 찬찬히 들여다보고는 학교가 눈에 보이는 것에만 신경 쓰고 정작 중요한 것, 눈에 보이지 않는 부분을 놓치고 있는 것이 아닌가 하는 생각이 들었다. 갑자기 멍해지면서 길을 잃은 것 같았다. 초등 6년, 중고등 6년, 12년 동안 이런 환경 속에서 밥을 먹는 아이들의 체력 건강도 문제지만, 보이지 않는 정신과 정서 문제는 또 어찌해야 할지…. 정말 산 넘어 산이었다.

사라져버린
즐거운 점심시간

학교마다 상황이 다르겠지만 학생 수에 비해 급식실이 크지 않은 학교들은 3교시를 끝내고 식사를 시작한다. 마지막에 식사를 하는 학년은 점심시간 없이 연달아 4, 5교시를 하고 점심을 먹는단다. 그러다 보니 학교는 3교시를 끝낸 시간부터 5교시까지 내내 어수선하다. 아이들은 줄 서느라 시간을 보내고 놀 시간도 없이 다시 오후수업을 들어야 한다. 점심을 먹으면서 친구들과 이야기도 하고 식후에 산책을 하거나 운동장에서 공을 찰 수 있는 날은 그리 많지 않다.

먼저 급식을 한 아이들이 떠들면 수업하는 학년이 집중을 못하고, 또 먼저 식사를 끝낸 학년이 수업을 시작하면 다른 학년이 밥을 먹고 떠들면서 어수선하게 되니 4교시와 5교시는 늘 어수선한 가운데 진행되고, 아이들의 점심시간은 은근슬쩍 사라져버렸다.

급식실이 없는 경우엔 위탁급식으로 배달된 급식을 교실에서 먹게 되는데, 그래도 역시 점심시간을 손해(?) 본다는 것이 아이들의 불만이다.(작년에 보니 공공시설에 근무하는 공무원들이 인권 차원에서 점심시간을 확보해야 한다고 주장하는 것을 봤다. 그래, 점심시간 확보, 아주 중요한 권리라고 생각한다.)

생각해보면 우리 어린 시절엔 도시락을 빨리 먹고(미리 2교시 끝나고 먹기도 하고, 수업 시간에 장난으로 선생님 몰래 먹어보기도 하면서) 점심시간엔 운동장에서 신나게 뛰어 놀거나 수다를 떨기도 하고, 조용히 책(만화책)도 보면서 쉴 수 있었다. 그러고 보니 점심시간의 추억도 많다. 서로 다른 반찬을 싸온 친구들이 모여서 이것저것 먹어보는 재미도 있었고, 도시락을 싸오지 못한 친구를 위해 밥을 나눠 먹던 정겨움도 있었다. 때론 나물을 한 가지씩 준비해와 한 데 섞어 도시락을 흔들어 맛있는 비빔밥을 만들어 먹기도 했다. 한겨울이면 난로 위에 올려놓은 양은 도시락에 누룽지가 생기기도 하고, 도시락 속의 김치가 찌개로 변하기도 했다. 이젠 그런 풍경은 영화나 드라마 속에서만 볼 수 있는 장면이 되어버렸다.

글을 쓰면서 솔빛이랑 학교 점심시간에 대해 이야기해보니 아이는 영화에서처럼 뒤로 돌아앉아 뒷자리 친구와 점심을 먹어보지 못했다고 했다. 영화 속의 점심시간이 너무 신기하게 보였단다. 다 똑같은 반찬이니 나눠 먹을 반찬이 있을 리 없고, 밥 먹으러 줄을 선 기억과 이상한 이름 모를 음식을 먹었던 것, 하지 말라는 다섯 가지(1. 움직이지 마라 2. 흘리지 마라 3. 떠들지 마라 4. 남기지 마라 5. 늦게 먹지 마라)만 기억난다고 했다. 그리고 아이들에겐 새로운 식사습관이 생겼다고 한다. 무조건 다 섞어서 후루룩 눈 딱 감고 먹어치우기, 그리고 친구의 남은 반찬을 대신 먹어주면 아주 좋은 친구가 된다고 했다. 아이들에게 급식시간은 더 이상 즐거운 점심시간이 아니었다.

집단급식, 다시 한번 생각해보았으면

몇 해 전 급식 식중독 사건 덕분(?)에 오랫동안 학부모단체에서 목소리 높여 이야기해도 눈도 깜짝 않던 위탁급식이 직영급식으로 전환되기도 했다. 그렇게 된 것만으로 어른들은 할 일을 다했다고 생각할 뿐, 아이들은 여전히 날마다 그렇게 급식을 먹는다.

문득 우리가 왜 단체급식을 하고 있는지 궁금증이 생겼다. 아토피 때문에 학교급식과 우유급식을 먹을 수 없는데도 학교에서 강제로 먹게 한다는 학부모의 하소연을 듣고 더욱 궁금해졌다. 왜 단체급식을 모두가 해야 하지? 사실 그 동안 나도 급식은 당연히 하는 거라고 생각했다. 도시락을 못 싸오는 아이들도 있고, 엄마가 도시락을 싸지 않아도 되니 얼마나 편해!

물론 급식은 해야 한다. 우리 아이들이 먹을 음식을 우리 농산물로, 좀더 위생적으로 만들어야 할 것이다. 도시락을 싸줄 사람이 없거나 형편이 어려운 아이들을 위해서는 무상급식도 필요하다. 나중에는 모든 아이들이 무상으로 급식을 먹을 수 있어야 한다고 생각했다. 급식도 교육이라고 하지 않는가? 그렇다. 다수의 아이들을 위해 지금의 공교육이 존재해야 하는 것처럼 급식은 그렇게 보편적인 상황에서 필요한 교육일 것이다.

그런데 왜 자꾸만 단체급식이 양계장의 닭에게 모이 주는 모습으로 보일까. 닭을 좁은 공간에 가둬두고 시간 맞춰 먹이를 주고 알 낳는 일 말고는 잠도 자지 못하게 해놓은 그런 양계장이 자꾸만 생각난다. 잠도 덜 재우고 공부만 하라고 하고. 시간 맞춰서 밥 먹는 아이들과 양계장의 닭이 왜 자꾸만 겹쳐 보이는지….

아침마다 우리 다섯 형제의 도시락을 챙기시던 엄마의 수고와 사랑을 당연하다고 생각하고 반찬 투정했던 내가 정작 엄마가 되어서는 급식을 당연하다고 생각했다. 뭐 급식이 필요한 거창한 이유보다는 솔직히 도시락 싸기 귀찮다는 이유로 좋았다. 그런데 그 당연함이란 무엇일까? 왜 모두 단체급식을 해야 하지?

이젠 엄마의 도시락이 위대하게 느껴지고 단체급식이 또 다른 인권 침해로 느껴지기까지 하니, 페미니스트들에게 욕을 먹거나, 그래서 뭐 어쩌란 말이냐고 배부른 소리한다는 면박을 들을지도 모르겠다. 그런데 욕을 먹더라도 이야기하고 싶다. 대안 없는 비판이라도 학교급식을 잘 알지 못하는 사람들에게, 지금까지 별 관심 없었던 사람들에게 그 실상을 얘기하고 싶었다.

솔빛이는 일찌감치 홈스쿨링을 택하면서 학교급식과 헤어졌지만 난 그날의 급식 풍경에서 아직도 헤어날 수가 없다. 참교육학부모회 활동 중에도, 요즘처럼 급식 이야기가 화제로 떠오를 때면 더욱 또렷이 생각난다. 아이들이 식중독으로 병원에 실려 가는 것도 겁나는 일이지만, 12년 동안 그 소란 속에서 짬밥 먹으며 상할 마음이 더욱 걱정스럽다. 진정 우리 아이들에게 어떤 밥을 어떻게 먹여야 할까?

학교에서는 무엇을 배우는가

 "엄마, 나 오늘은 상표 두 개나 받았어요! 이제 다 합치면 열 개네."

솔빛이네 반에서는 받아쓰기를 100점 맞거나 착한 일을 하거나 선생님 마음에 드는 행동을 하면 상표를 받는다고 했다. 상표판에 무궁화꽃 모양의 '상표'를 일등으로 붙이면 엄청난 상품을 받는다면서 솔빛이는 상표를 모으기 시작했다. 1학년 아이에겐 그 상표가 참으로 가치 있게 느껴지는지, 상표를 받기 위해 무던히 애를 쓰는 눈치였다. 그러나 불행하게도 한글을 읽고 쓰는 훈련을 받지 않고 학교에 들어간 솔빛이는 받아쓰기도 100점을 받지 못했고, 선생님이 쓰라는 문장이나 단어를 빨리 써서 선착순 몇 명 안에 들지도 못했다. 하다못해 빈틈 하나 없이 그림을 깨끗하게 색칠하지도 못했다. 이러다 보니 선생님이 원하는 활동에서 늘 뒤처져서 상표를 받지 못하는 날이 많았다. 자기 딴엔 노력을 하는데도 능숙하게 훈련된 아이들의 뛰고 나는 실력엔 당하지 못하는 모양이었다.

"엄마, ○○는 상표를 벌써 서른 개나 모았대요. 그런데 난 아직도 열다섯 개예요. 나는 왜 이렇게 잘 못하는지 모르겠어."

그러면서 한숨을 내쉬었다. 처음엔 상표가 아이를 격려해준다고 믿었는데 어느 순간부터 오히려 아이의 자신감과 학습에 대한 흥미를 떨어뜨리는 역할을 한다는 생각이 들었다. 그러던 어느 날 솔빛이가 상표 때문에 울고불고 하다가 결국 선생님께 체벌을 당하는 일이 벌어지고야 말았다.

그날 솔빛이는 그 귀하디 귀한 상표를 세 장 받아 필통에 소중하게 넣어두었는데 화장실에 다녀오니 두 장은 사라지고 한 장만 남아 있었다고 한다. 아무리 찾아도 없으니 울보인 솔빛이가 울기 시작했고, 선생님이 시끄럽다고 꾸중해도 계속 울자 울음을 그치지 않는다고 손바닥을 맞았던 모양이다. 솔빛이 입장에선 상표도 잃고 도리어 체벌까지 받았으니 얼마나 억울했을까.

나중에 알아보니 아이들끼리 상표 받는 일에 신경을 곤두세우고는 치열하게 경쟁하고 있는 모양이었다. 그 정도가 심해져 친구의 상표를 슬쩍해서라도 더 많이 모으려는 일까지 일어나고 있었다. 수단과 방법을 가리지 않고 이겨야만 살아남는 치열한 경쟁이 초등학교 1학년 교실에서부터 시작되고 있다는 생각에 마음이 착잡했다.

다행히 시간이 지나면서 솔빛이는 상표에 점점 덜 집착하게 되었다. 상표를 못 받아도 엄마는 솔빛이가 잘하고 있다고 생각한다는 말을 늘 들려주었다. 100점을 못 받아와도 솔빛이를 늘 사랑한다고 자주 이야기해준 것이 효과가 있었는지 솔빛이는 더 이상 상표를 받기 위해 노력하지 않는 것 같았다. 선의의 경쟁이 필요하다고? 이런 것이 선의의 경쟁인지 고개가 갸

웃거려진다.

그런데 솔빛이가 그렇게 느긋해지자 이번에는 내가 불안해지기 시작했다. 혹시라도 아이가 포기를 하는 건 아닐까, 벌써 자신감을 잃어버린 게 아닌가 걱정이 되었다. 내 경우 초등 1학년 때 받아쓰기를 못해서 친구들 앞에서 선생님께 꾸중을 들었던 아픈 기억이 있다. 그 일로 공부 못하는 아이로 낙인 찍혀 무시당하고 따돌림 받고 많이 위축되었던 경험이 있는지라 솔빛이를 보면서도 마음이 불편했다. 이제 시작인데, 새싹처럼 파릇파릇해야 할 아이들이 벌써 자신감을 잃고 좌절하는 것 같아 안타까웠다.

왕따를 당할까봐 두려워요

일본에는 이지메라는 것이 학교에서 큰 문제라는 이야기를 들은 적이 있었는데 언젠가부터 우리 아이들 사이에서 '왕따'라는 것이 등장했다. 급기야 왕따를 당하다가 자살한 아이의 유서가 발견되기도 하면서, 아이들의 왕따 문화를 사회가 심각하게 받아들이게 되었고 어른에서 아이까지 '왕따'라는 용어를 모르는 사람이 없게 되었다. 왕따에 대한 경각심이 생기고 어른들이 아이들에게 더 관심을 갖는 계기가 되기도 했지만, 왕따로 인해 벌어진 사건들을 선정적으로 보도하는 방송들 때문에 도리어 왕따 공포에 시달리는 아이들이 더 많아지는 것 같다. 엄마들은 엄마들대로 혹시 내 아이가 왕따는 아닐까 불안해하기도 한다. 나도 예외일 수 없었고, 특히 솔빛이는 학교에 적응하는 데 힘들어해서 더욱 걱정스러웠다. 6학년이 된 솔빛이가 어느 날 심각한 표정으로 말했다.

"엄마, 나 왕따 당하면 어떡하지? 너무 무서워."

그 말을 듣고 가슴이 덜컹했다.

"왜? 왜 그런 생각을 했어?"

".................."

아이는 울먹일 뿐 쉽게 이야기를 꺼내지 못했다. 그 시간이 얼마나 길게 느껴지던지, "누가 널 왕따했니? 누구야? 어떻게 했는데?" 묻고 싶은 것을 꾹 참고 겨우겨우 내 감정을 추스르면서 입을 열기를 기다렸다. 그날 솔빛이는 작년에 전학 와서 겪었던 일부터 지금 같은 반에 진짜 심하게 왕따를 당하는 아이 이야기까지 많은 이야기를 털어놓았다.

작년에 전학온 후 왕따를 당한 것은 자기가 잘난 척 했기 때문인 것 같다고 스스로 진단했다. 그래서 겸손하게 지내려고 애쓰면서 괜찮아졌는데 다른 친구가 왕따 당하는 모습을 보니 다시 두려움이 밀려온다는 것이다. 왕따를 당하는 아이는 다른 친구들에 비해 가정형편도 넉넉지 않고 성적, 외모에서도 부족한 점이 많은 아이라고 했다. 제대로 씻지 못했는지 몸에서 냄새가 나고 지저분한 옷을 입는 탓에 여자아이들은 그 아이 옆에 가려고 하지 않는단다. 그 아이가 만졌던 물건은 만지지도 않고 벌레 취급하듯 그 아이가 다가오면 비명까지 지른다고 했다. 처음엔 자기 반 남자아이들이 이유 없이 때리고 집단적으로 괴롭히더니만 이젠 다른 반 아이들까지 그 아이를 왕따시킨다고 했다. 그 아이가 울고 있는 것을 보니 너무 마음이 아프고 무서웠지만 도와줄 수가 없었다고 했다.

"그 아이랑 말하거나 도와주면 그런 아이까지 아이들이 피하고 왕따를 하거든요. 무서워서 할 수 없이 모른 척해요. 학교는 참 무서워요. 말 한 마디 잘못하면 소문이 이상하게 나고 그러면 아이들이 수군거리고, 내가 은따를 당하게 될까봐 겁나요."

"은따는 또 뭐야?"

"왕따는 드러나게 당하는 것이고 은따는 은근하게 당한다는 뜻이에요."

솔빛이 말에 의하면 자기를 비롯하여 많은 아이들이 서로서로 은따를 당할까봐 두려워한다고 했다. 나는 아이의 이야기를 듣기만 했을 뿐 용기 내어 왕따 당하는 아이를 도와주라는 말도 해줄 수 없었고, 그 어떤 조언도 해줄 수 없었다. 아이도 나에게 조언이나 답을 얻고 싶었던 것은 아니었던 것 같았다. 엄마에게 그런 이야기를 털어놓은 것만으로 홀가분해진 것 같아 보였다. 그러나 나는 마음이 무거웠다.

돌아서면 시험, 돌아서면 또 시험

중학교에 진학하여 첫 시험인 1학기 중간고사를 보고 나니 성적표 나오기 전에 먼저 '꼬리표' 라는 것이 나왔다. 사교육을 많이 시키고 여러 정보에 빠른 사람들은 알았겠지만 나도 아이도 꼬리표라는 걸 처음 받아보니 신기하고 어리둥절했다. 그리고 얼마 후에 정식 성적표가 나왔는데, 초등학교 성적표와는 완전히 다른 것이었다. 과목별, 전체 성적 별 반 석차·학년석차가 자세하게 나와 있고, 아이는 성적표 안에서 친절하게 상대평가를 받고 있었다. 한 문제 차이로 전교 등수가 몇십 등 왔다갔다한다는 주위의 이야기를 들어보니 엄마들이 흥분할 만하다는 생각이 들었다.

초등학교 때와는 달리 중학교에 가서부터는 성적표로 자기 수준을 생생하게 평가받게 되니 스트레스도 생기기 시작했다. 그리 좋은 성적을 기대한 건 아니었는데도 나와 솔빛이 모두 왠지 모를 불안감에 시달렸다. 그래도 아이는 학교생활과 시험에 의외로 잘 적응해갔다. 사교육을 받지 않고 혼자 집에서 예습 복습만 했는데도 성적이 곧잘 나오고, 그것이 나름대로 성취감을 주었는지 스스로 잘해 나갔다. 대안학교를 고민했던 것이 기우였다는 생각도 들고, 성적이 점점 잘 나오니 욕심이 생기면서 이왕이면 아이가 사교육 없이 공부를 더 잘해주길 은근히 바라게 되었다. 아이가 성적에 관계된 공부를 하지 않고 다른 뭔가를 할 때면 불만스럽게 보이기 시작했고, 잔소리를 하게 되고, 기대치가 높아지면서 아이를 닥달하기도 했다.

가족 여행이나 이런저런 모임과 활동도 시험기간을 피해야만 했고 솔빛이도 자유롭게 즐기던 독서를 마음대로 하지 못하고 "시험 끝나면…" 그러면서 미루게 되었다. 그렇다고 하루 종일 공부하는 것도 아니면서 시험기간이 되면 아무 것도 하지 못하고 불안해하면서 시험이 끝나기만을 기다렸다. 사춘기 히스테리에 시험 스트레스가 더해져서 온갖 짜증을 부리며 궁시렁거리는 아이에게 몇 년 전부터 배운 대화 기법을 활용해보기로 했다.

"@$%$^$%^&*$%^&"

"그래, 시험 공부한다고 힘들구나!"

"@$%$^$%^&*$%^&"

"지금 너는 시험 때문에 화가 났구나!"

"@$%$^$%^&*$%^&"

"시험을 잘 보고 싶지만 공부하는 것이 재미가 없고, 힘이 드는구나!"

이렇게 구나! 구나!를 읊조리다가 결국 나는 폭발했다.

"하기 싫으면 관둬! 누가 널더러 성적 잘 받아 오라고 했어! 니 성적이지 내 성적이냐! "

"@$#$%$%^%&^&*(*)"

"피할 수 없다면 즐기라는 말도 있는데, 이왕에 하는 것 좀 열심히 하면 좋잖아!"

"@$$%^&@#$%^@##$%."

"너 지금 뭐라고 했어!"

"꽝!"(문 닫고 들어가는 소리)

이런 식의 대화가 자주 오가면서 관계는 점점 나빠졌다. 아무튼 아이의 중학교 생활은 시험보고 돌아서면 수행평가 또 시험, 수행평가 그리고 방학숙제 또 수행평가, 시험… 이런 식으로 정신없이 지나가고 있었다. 이제 중1, 앞으로 갈 길이 멀기만 한데 아이와 나는 벌써 지쳐가고 있었다.

공부는 학원에서 하고, 학교에선 인성을 키운다?

수학공부를 하다 말고 또 아이가 짜증을 부린다. 몇 번은 그냥 두고 보다가 하루는 불러 앉혀놓고 말을 건넸다.

"왜 그러니?"

"학교 진도가 너무 빨라서 따라 갈 수가 없어요. 이해가 안 가고."

"잘 모르는 건 선생님께 다시 설명을 부탁드리거나 여쭤보지 그러니?"

"엄마는, 참. 학교에서 질문하고 그러면 아이들이 얼마나 싫어하는 줄 알아요? 공부 잘하는 애들은 학원에서 미리 배우고 와서 다 아는 걸 또 배우니까 진도 늦다고 싫어하구요. 공부에 취미 없는 애들은 골치 아프고 귀찮게 만든다고 싫어해요. 저번에 질문 한 번 했다가 야유 보내고 눈초리도 따갑고 얼마나 끔찍했는지 아세요?"

"아이들이 학원에서 미리 다 배워 온다고?"

"그래요! 학원에서 다 배웠다면서 선생님 설명도 끝나기 전에 문제를 척척 풀어요. 나는 아직 이해도 못했는데 아이들은 다 풀었다면서 답을 마구

부르고, 그러면 선생님은 진도를 또 나가요."

"그럼 쉬는 시간에라도 선생님께 찾아가서 여쭤보지."

"엄마는… 내가 왕따 당하는 꼴을 보고 싶어요? 그렇게 공부 열심히 하는 것처럼 보이면 완전 왕따예요. 학교에서는 공부를 안 하는 척 해야 해요. 최대한! 또 집에서도 공부 안 한다고 해야 하구요."

"그럼 어떻게 해야 하는데?"

"공부는 학원에서 하는 거예요. 학교에서는 공부하는 척 하면 안 돼요."

"너도 학원에 다니고 싶은 거니?"

"아뇨. 난 학교에서 배우고 집에서 복습하고 싶은데…"

아이와 이야기를 하다 보니 할 말이 없어진다. 이런 일이 생길 때마다 정말 학원에 가는 것만이 해결책인지 고민스럽다. 학교의 역할이 무엇인지, 지금 우리나라 학교라는 곳은 무엇을 하려는 곳인지 궁금해진다. 참으로 답답한 노릇이다. 학원에서 미리 배워온 아이들, 그 아이들에 맞춰서 수업을 진행하는 선생님(물론 다 그런 것은 아니겠지만)이라니. 사교육을 받지 않으면 정말 학교 수업을 따라갈 수가 없다는 것인가? 나는 부모 욕심에 사교육을 시키는 거라고 생각했는데, 뭔가 내가 잘못 생각하고 있었던 것인가 싶기도 했다. 도대체 학교에서는 무엇을 배우는 것일까?

학교에선 배우고 싶은 것을 가르쳐주지 않아요

학교에서 돌아온 아이가 학교에 왜 다니는지 모르겠다면서 하소연을 늘어놓는다. 학교에서 무얼 배우는지 알 수가 없단다. 집에서 한두 시간 책과 인터넷을 찾아보면 알 수 있는 내용을 배울 뿐, 혹시 모르는 것이 있어도 물어볼 수도 없고 모르는 것은 그냥 넘어가버린단다. 또 영화나 애니메이션, 동물 키우기, 풍물 등 알고 싶은 것은 가르쳐주지 않으면서 하루 종일 불편한 교복에 불편한 의자에 앉아서 욕을 먹고 잔소리를 들어야 한다고 했다. 배우고 싶은 것을 가르쳐주지 않는 것은 그래도 참겠는데, 체벌과 언어폭력을 당하면서 시간을 보내고 있는 것은 정말 힘들다고 했다.

"공부를 못하면 손해 보는 건 아이들인데, 시험 못 본 것도 속상한데 틀린 수만큼 손바닥을 맞아야 하는 것이 이해가 안돼요. 솔직히 말해서 제대로 가르치지 않은 선생님 책임은 없나요? 공부하는 시간보다 욕먹고 잔소리 듣는 시간이 더 많아. 너는 교복이 그게 뭐냐, 머리는 왜 또 그렇게 했냐, 거기다가 이젠 쉬는 시간, 점심시간에도 떠들지 말라고 하니 자유라곤 없잖아요."

아이들이 공부 못한다는 이유로, 혹은 복장이 불량하다는 이유로 선생님들에게 온갖 언어폭력과 체벌을 당하는 꼴을 보려고 학교에 다니는 것 같단다. 솔빛이는 갈수록 선생님들에 대한 불만으로 가득차서 비난하는 수위가 높아졌다. 듣기가 민망할 정도로 심하게 이야기하고 선생님이란 호칭은 사라진 지 오래된 것 같았다. 아무리 선생님이 그렇더라도 너무 무례하게 이야기하는 것은 옳지 못하다고 타일러보지만 아이는 갈수록 더했다. 어찌된 일인지 학교에 다닐수록 말은 거칠어지고 과격해지니 문제가 있는 것이 확실해 보였다.

"솔빛아, 너 요즘 쓰는 말을 보면 엄마는 너무 걱정스러워. 아무리 선생님이 잘못하는 부분이 있더라도 어른인데 그렇게 함부로 이야기하면 곤란하잖아. 꼭 어른이 아니라 너보다 나이가 어린 동생이라도 그렇게 해서는 안 되지. 누가 너한테 그렇게 말하면 좋겠니?"

“나도 싫어. 그렇지만 아이들 다 그래요. 나만 그러는 거 아니라니까요. 엄마가 자꾸 그러니까 엄마 앞에서는 그나마 조심하는 거예요. 아이들하고 이야기할 때 그렇게 이야기하지 않으면 나만 이상해진다니까. 엄마가 너무 모르는 거야.”

“그래. 엄마도 길 가다 들어보면 애들이 거친 말을 많이 하더라. 그래도 솔빛아, 말투는 한 번 정해지면 고치기가 어려워. 그리고 너희들이 그렇게 행동하니까 선생님들이 야단치시고 잔소리하는 거 아니겠니? 선생님들 탓만 하기엔 요즘 너희 태도가 너무 심하잖아. 엄마도 가끔 학교 가보면 그 안에서 어떻게 화 안 내고 지내겠나 싶더라.”

“아이들도 정말 짜증나. 아이들도 왜 그렇게 말을 안 듣는지 모르겠어요. 뻔히 알면서 자꾸만 선생님들 성질을 건드려서 분위기를 그렇게 만든다니까. 선생님도 아이들도 학교도 다 짜증이 나.”

친구들이 언어폭력이나 체벌당하는 것을 보면 자기가 당하는 것은 아니어도 마음이 상하고 혹시 자기도 뭔가 잘못하면 저렇게 당하겠구나 하는 생각이 들어 늘 불안하고 힘들다고 울먹인다. 끝도 없는 아이의 이야기를 듣고 있자니 가슴이 답답해져온다. 틀린 말은 아니어도, 저리도 학교가 힘든가, 다른 아이들은 다 잘 견디고 잘 다니는데 왜 유독 솔빛이만 저러는가 싶어 마음이 착잡했다.

선생님이 야단을 쳐도 끄덕하지 않고, 반항하는 강한 마음을 가진 아이들이 차라리 부러웠고, 내가 혹시 아이를 너무 심약하게 키운 것이 아닌지 되돌아보기도 했다. 또 한편으론 모범적으로 생활하려는 아이가 대견하면서 선생님 앞에서는 야단맞지 않게 행동하고는 집에 와서 이렇게 화를 푸는가 싶기도 했다. 내가 받아줘야겠다는 생각도 했지만 거듭되는 하소연에

나도 힘겨웠다. 무엇보다 배우고 싶은 것은 학교에서 가르쳐주지 않는다는
아이의 푸념에 가슴이 답답해졌다.

폭력적으로
변해가는 아이

사춘기와 억압된 학교생활이 겹치면서 솔빛
이는 점점 말도 행동도 더 거칠어졌다. 특히 걱정스러운 것은 폭력적인 컴
퓨터 게임에 심하게 집착하는 점이었다. 게임을 통해 가슴속의 답답함이나
폭력성을 풀어내는 거라고 이해를 하려다가도 게임의 폭력성이 아이를 더
난폭하게 만드는 것은 아닌가 싶어 걱정스러웠다. 다행히 스스로 시간을
정해놓고 게임을 한다는 약속을 잘 지켰고, 또 친구들과 어울릴 수 없는 요
즘 아이들의 유일한 취미 생활인 인터넷 세계를 막을 수는 없어 걱정스럽
기는 해도 게임을 허용해주었다.

솔빛이는 자기의 분신과도 같은 캐릭터를 키운다고 했다. 소녀 캐릭터
가 열심히 몬스터를 때려잡고 있었다. 그렇게 열심히 때려잡다 보면 점수
가 올라가서 옷도 사 입을 수가 있고, 각종 무기도 살 수 있다고 한다. 게임
에 빠져드는 아이를 지켜보며 사춘기의 폭발하는 에너지를 건강하게 발산
하게 운동을 시키는 것이 좋겠다는 결론을 내렸다. 문제는 함께 운동을 할
친구들이 없는 거였다. 혼자서도 할 수는 있겠지만 같이 할 친구가 있으면
더 좋겠다 싶었다.

주변에 아는 엄마들에게 아이들을 함께 운동시켜보자고 했더니 모두들
지금 세상 물정 모르고 뭔 소리 하는 거냐는 표정들이다. 영어학원에 수학
과외, 글쓰기 기타 등등 공부하기도 바쁜데 무슨 시간이 있어 운동을 하느
냐면서 "솔빛이는 똑똑해서 공부 잘하니까 그런 여유도 부리네!" 하는 식

으로 오해만 받기 일쑤였다. 한마디로 내 아이 자랑만 하게 되는 셈이었다. 나라도 같이 해주고 싶은데 체력이 달리니 결국엔 솔빛이 혼자 스쿼시를 시작했다. 청소년기에는 몸을 움직이고 땀을 흘리는 것이 몸과 정신에 반드시 필요한데 앉아서 책만 들여다보게 만들고 있으니 아이들 속에서 에너지들이 폭발해서 반항과 폭력성으로 나타나는 것이 아닌가 싶다.

아침마다 아이를 학교에 보내는 일은 점점 더 힘들고 어려워졌다. 솔빛이는 최대한 학교에서 머무는 시간을 짧게 하려고 결심을 한 듯하다. 최대한 늦게 등교하고 최대한 빨리 하교하기. 학교에 가지 않는 휴일이면 아침 일찍부터 혼자 뭔가를 하기 시작했다. 다른 이들은 쉬는 날 오전엔 늦잠을 자기도 하고 늦장을 부리는데 솔빛이는 반대로 휴일에 더 부지런을 떨곤 했다. 자기가 하고 싶은 것을 하루 종일 할 수 있는 유일한 날이기 때문이란다. 아침 일찍 일어나서 책도 읽고, 보고 싶었던 영화도 보고, 음악도 듣고, 종이에 낙서도 하고, 컴퓨터 게임도 하고, 오랜만에 쇼핑도 하면서 분주하게 하루를 보낸다. 일요일 밤엔 잠자는 것도 아깝다면서 아쉬워했지만 시간은 어김없이 흘러 월요일이 되곤 했다.

또 솔빛이는 방학만 손꼽아 기다렸다. 방학을 어떻게 보낼지 그 생각에 빠져서 시간을 보내는 아이를 보면서 답답한 마음도 들었다. 그럴 시간에 공부를 해서 성적을 더 올렸으면 하는 욕심이 올라왔다가도 아이가 힘들지만 않으면 좋겠다고 마음을 가다듬곤 했다. 대신 나는 학교에서 하고 싶은 것을 하지 못해 힘들어하는 아이를 위해 최대한 집에서는 자기 하고 싶은 대로 하도록 내버려두기로 헀다. 드디어 방학이 되면 아이도 나도 너무나 평화롭게 마음껏 시간을 누렸다. 우리 모녀는 휴일과 방학을 기다리며 겨우겨우 버텼다.

흔히 학교는 지식교육보다는 인성교육을 하는 곳이라고 말한다. 솔빛이가 학교를 그만두고 홈스쿨링을 선택했을 때 사람들은 많이 걱정스러워했다. 그 중에서도 특히 사회성과 인성에 문제가 생기면 어떻게 할 것이며, 학과 공부, 입시 공부를 어떻게 감당하느냐며 한마디씩 했다. 그럴 때 나는 현실적으로 사교육 기관이 공부는 더 잘 가르친다는 사실을 근거로 들며 차라리 학교에 다니지 않는 것이 공부 면에서는 효율적이라고 말하기도 했다. 그러면 사람들은 학교를 통해 인성과 사회성이 키워지는 것인데 학교를 그만두면 어쩌냐고 목소리를 높였다. 대부분의 학부모들이 학교가 아이들의 사회성과 인성을 키워준다고 굳게 믿고 있는 것 같았다. 하도 그렇게 이야기하니 정말 내 아이가 학교를 다니지 않아서 사회성과 인성이 제대로 키워지지 않으면 어쩌나 겁이 나기도 했다.

그런데 그렇게 사회성과 인성을 중요하게 말하는 학부모들조차 학교를 평가할 때는 어느 학교가 아이들을 더 인격적으로 대해주고 인성을 아름답게 가꿔주는지에 대해서는 별로 관심이 없었다. 어느 학교가 공부를 더 열심히 시키는지, 진학률이 더 좋은지만 세심하게 따지고 들었다. 뿐만 아니라 동아리 활동 같은 것은 안 할수록 좋고, 더 빡세게 공부를 시키고 시험을 더 자주 보는 학교에 아이를 보내고 싶어 했다. 물론 모든 학부모들은 아닐지라도 다수의 학부모들이 오로지 많이 공부시키고 좋은 대학에 진학시키는 결과를 원하니 학교도 인성보다는 성적을 우선하는 것이 아니겠는가? 과연 우리나라 학부모들이 학교에서 무엇을 배워오길 바라면서 아이들을 매일 아침 학교로 보내는지 솔직해졌으면 좋겠다.

솔빛아, 반장 하지 마라

반장엄마
노릇 하기　"차렷! 열중~쉬엇, 차렷! 선생님께 경례!"

　아이들 사이에 우뚝 서서 구령을 붙이고, 선생님의 사랑을 독차지하며, 떠드는 아이들 이름을 적어 위협을 가할 수도 있고, 조회시간이면 맨 앞에 서서 줄을 세우는 반장을 아이들이라면 누구나 한번쯤 해보고 싶을 것이다. 그러나 반장 되는 길이 어디 그리 쉬운가. 요즘 반장 한 번 하려면 자신의 능력뿐 아니라 부모님의 능력도 있어야 한다. 그래서 더욱더 반장이 되고 싶은 걸까? 참고로 난 학교 다닐 때 반장 한번 못해본 사람 중 하나다.

　반장엄마가 되면 학교를 직장 다니듯 다녀야 하고, 돈도 제법 들어간다는 소문이 엄마들 사이에 공공연하게 돈다. 그래서인지 학기 초만 되면 아이더러 '절대 반장이나 부반장 같은 거 하지 말라'는 엄마들도 있다.

　아이늘이 1, 2학년 때는 학부모들이 '지발'을 빙자한 '관례'에 따라 '학부모 임원단'을 만들어서 활동한다. 3학년이 되면 반장이 된 아이의 엄마는 자동으로 학부모 임원이 되어 학부모회를 꾸려가야 한다. 학교에선 아이가 반장이든 부반장이든 가리지 말고 엄마가 원한다면 학부모회 활동을 하라고 하지만 관례는 깨어지지 않아 결국 관례상 반장엄마가 반 대표 엄마가 되기 마련이다. 혹 '큰 뜻'이 있어서 아이가 반장도 아닌데 반 대표로 나선다면 소곤소곤 뒷말이 들려온다.

"아이가 따라주지도 않는데 엄마가 왜 저리 나선대?"

또 아이가 반장이 되었는데도 반 대표를 마다하면 이런 말이 들려온다.

"그럴 거면 아이도 반장 자리를 내놔야지, 엄마가 반 대표도 안 하면서 애를 왜 반장은 시켜? 아주 이기적인 사람이네!"

상황이 그렇다 보니 간혹 친구들이 반장으로 뽑아줘도 "엄마가 반장하지 말라고 했어요!" 하면서 사퇴를 표명해 다시 선거를 치르는 해프닝이 벌어지기도 한다. 아이가 친구들에게 인기가 있고 리더십을 인정받아 반장이 되었는데도 마냥 기뻐하면서 축하해줄 수만은 없는 이유는 뭘까? 반장엄마에게 주어지는 '반 대표 엄마' 자리가 주는 부담이 적지 않기 때문이리라. 시간을 많이 내야 한다는 부담, 그보다도 더 부담스러운 건 경제적인 부담이다. 거기다가 자존심 같은 건 저 멀리 보내버려야 할 때도 많다.

'반 대표를 하면 일 년에 백만 원은 족히 들어간다. 2백만 원도 더 든다' 식의 소문은 그저 지나치는 소리로만 들리지 않는다. 실제 내가 아는 사람은 아이가 1학년 때 반 대표를 맡아 교실에 원목 책꽂이를 사 넣었고, 어떤 사람은 청소기와 정수기를 사주었다. 담임선생님께 따로 하는 촌지나 접대에 대해서는 잘 모르지만, 겉으로 드러나는 것으로 작은 화분에서부터 갖가지 교실용품에 이르기까지, 학기 초마다 주머니를 털어 교실을 채운다. 어디 그뿐이랴. 소풍날에는 정성스레 만든 화려한 도시락, 따로 지원하는 목욕비, 운동회니 학예회니 행사가 있으면 선생님 회식에 행사에 필요한 물품까지…. 틈틈이 선생님 간식과 반 아이들을 위한 간식도 넣어야 한다. 그러다 보니 학부모들은 아이가 반장을 못하게 막기도 하고 눈치 빠른 아이들은 알아서 그 자리를 피한다. 이런 와중에 학부모들은 몇 가지 유형으로 분류된다.

첫 번째 부류는 일명 '왕당파' 학부모. 형편이 넉넉하고 성격도 강해서 아주 적극적으로 활동하는 학부모이다. '내가 없으면 학교가 잘 돌아갈 수 없다'고 느낄 정도로 상당한 기여를 하고 있다고 믿으며 학교를 누빈다. 아이도 엄마를 닮았는지 적극적이고 야무지고 똑똑해 엄마의 활동을 빛나게 해준다. 혹여 아이가 좀 못 따라주면 철저한 사교육으로 확실하게 밀어부쳐 상위권을 유지한다. 그러니 무서울 것도 두려울 것도 없고, 팍팍 투자를 해도 전혀 아깝지 않다. 반 대표 정도는 약하고 학년 대표, 나아가서 아이만 잘 해준다면 전교 학부모회 회장도 두렵지 않다. 이들은 아주 친밀한 유대관계를 가지며, 일정한 위계질서를 유지하면서 계보를 형성하기도 한다. 굴러온 돌은 절대 낄 수가 없다. 그리고 그 구조를 잃을 수 없기에 이사를 해도 전학은 절대 가지 않는다. 소수지만 학교의 문화를 주도하고 관례를 만들어내는 대단한 사람들이다. 나름대로 돈과 몸과 마음을 바쳐서 아이들을 위해 열심히 하는 경우도 있지만 대체로는 형식적인 생색내기고 말만 번지르르하지 결국엔 내 아이만을 위해서인 경우가 많다.

두 번째 부류는 나서는 것도 그리 좋아하지 않고 아이가 좀 덜 따라주거나, 아이는 따라줘도 경제적인 면이 덜 따라주기에 '중간은 가겠다'는 생각으로 학급임원으로 활동하는 부류이다. 관례에 대체로 잘 순응하면서 학교에서 필요로 하면 적당히 동원되어 머릿수를 채워주는 일도 하고, 회비도 적당하게 내 그에 상응하는 권리를 누리려고 한다. 첫 번째 부류보다는 숫적으로 우세하며 무시 못할 숨은 위력이 있다.

세 번째 부류는 학교의 학부모회 활동을 전혀 하지 않지만 담임선생님께는 지극정성을 다하는 부류이다. 완전 실속파다.

네 번째 부류는 무관심하거나 무관심하려고 노력하는 부류라고 하고 싶다. 이런저런 이유로 무관심하다. 대체로 많은 학부모들이 여기에 속하지 않을까. 아주 심한 경우 일 년에 단 한 번도 학교에 찾아오지 않아 담임선생님 얼굴도 모르는 경우도 있다.

다섯 번째 부류는 건강한 교육관으로 바람직한 학교문화가 만들어지길 바라는 학부모다. 급식 모니터, 녹색어머니회, 도서관 자원봉사 등 순수한 마음으로 아이들을 위해 자원봉사를 한다. 때로는 학교의 관행을 바꿔보려고 노력하지만 이런저런 관례에 지쳐 좌절하는 경우엔 두 번째 부류에 합세하거나 세 번째 부류가 되어 잠적하기도 한다. 그래서 늘 소수다.

나는 다섯 번째 부류였는데 이런저런 일을 겪고 좌절하면서 무관심한 학부모로 지냈다. 관례에 끌려 다니는 것은 정말 싫기 때문이다. 관례를 바꾸는 일이 쉽지 않기에 자신이 없었다. 솔직히 그냥 그렇게 조용하게 지내고 싶었다. 학교에 불만은 많았지만…. 그런데 솔빛이가 4학년이 되자 반장이 되어 온 것이다.

"엄마! 나 반장 됐어요."

목소리 높이며 자랑스러운 얼굴로 돌아온 아이에게 내가 던진 첫마디는 이랬다.

"솔빛아! 반장 하지 마라! 니가 반장하면 엄마가 엄마반장을 해야 하거든. 내일 학교에 가서 반장 못 한다고 말씀드려!" 3학년이 되면서 인기투표

하듯 아이들이 선거를 통해 반장을 뽑게 되자 욕심 많은 솔빛이는 은근히 반장을 하고 싶었던 모양이다. 그런데, 성격도 그리 원만한 편이 아니고 전학 온 처지니 친구도 많지 않아 반장 선거에서 많은 표를 받지 못해 떨어졌었다. 그런데 드디어 일 년을 기다려 반장이 되었는데 칭찬이나 축하하는커녕 하지 말라고 하니 솔빛이는 엄청 충격을 받은 듯했다. 아이가 서럽게 우는 것을 보자니 이거 엄마로서 자격이 있나 싶고 후회스러웠지만 이미 주워 담을 수 없이 말은 나와버렸고 어찌 수습을 해야 할지 막막했다.

"왜 엄마반장이 필요해? 엄마들이 학교 다니는 것도 아닌데?"

솔빛이는 그날 저녁 일기장에 '아이가 반장이 되어도 엄마가 반장을 하지 않아도 되는 세상이었으면 좋겠다.'고 썼다. 진짜 할 말이 없었다. 그렇다고 아이에게 반장엄마가 되면 어떤 불편한 일들이 생기는지 일일이 이야기해줄 수도 없고 기가 막힐 노릇이었다.

그날 밤 나는 이런저런 생각으로 잠을 제대로 잘 수가 없었다. 다음날 아침에 솔빛이를 학교에 보내면서 어제는 미안했다고 사과했다. 그리고 반장이 되었으니 열심히 해보라고 격려해줬지만 사실 마음은 편치 않았다.

학교운영위원

노릇 하기　담임선생님과 엄마들의 첫 만남은 교실에서 이뤄졌다. 임원활동을 할 엄마들이 주로 모였는데 반 대표와 총무를 뽑아야 한다고 했다. 1학년 때부터 줄곧 반 대표를 해왔고, 학년 대표도 했던 베테랑 엄마가 우리 반에 있어서 진심으로 반 대표를 권유했지만 아이가 반장으로 뽑히지 않은 상황에서 절대 그럴 수는 없다고 했다. 결국 관례대로 솔빛이 덕분에 내가 반 대표를 떠안게 되었다. 총무는 역시나 부반장엄마에게 넘어갔고. 그렇게 할 수 없이 반 대표를 하게 되었는데, 이왕 학교활동을 시작한 것 내친 김에 운영위원회 활동도 함께 해보기로 했다. 조용하게 살고 싶었는데 세상이 날 가만두지 않는 것 같았다.

사실 운영위원회의 임원이 되려면 절차를 거쳐야 하는데 학부모들이 그게 뭔지도 모르고 하려고 하지도 않으니까 그냥 학년 대표가 겸해왔던 것 같다. 그런데 학년 대표도 아니고 누군지도 잘 모르는 내가 하겠다고 하니 당황하는 기색이 역력했다. 대부분의 학부모 임원단은 같은 지역사회에서 친분관계를 쌓아온 터라 밖에서 굴러들어온 돌이 낯설었으리라. 어느 날 이사 와서 학교활동에 얼굴 비춘 적도 없던 학부모가 운영위원 자리까지 올라간다는 것은 극히 드문 일이었기 때문이다. 게다가 참교육학부모회 회원이라고 하니 부담스러워하는 눈치가 분명했다. 학교운영위원회는 학부모회와 달리 법적 기구로서, 학교 안에서 국회와 같은 기능을 하는 무척 중요한 조직이다. 그래서 학부모들의 직접 선출방식을 택하도록 한 지침이 있긴 하지만, 학교당국과 선생님들의 인식이 부족해 그 당시엔 그냥 대충(?) 운영위원회가 꾸려지고 있었다. 그러다 보니 얼떨결에 내가 운영위원까지 된 것이지만.

그 뒤 교육감 선거와 교육위원 선거권을 갖게 된 학교운영위원 선거는 제법 선거처럼 치러졌다. 과열양상을 보인다면서 우려하는 목소리가 들릴 정도였다. 그런데 이렇게 되니 교육감이나 교육위원 후보 선거를 겨냥해 조직적으로 학교운영위원회에 진출하려 하거나 지방의원 진출을 위한 경력 쌓기에 활용되는 경우가 있었다. 아이들을 사랑하는 마음에서 비롯된 학교운영위원회 활동이 위축되고 왜곡되는 것 같아 참으로 안타까웠다. 학교활동을 하려면 경제적인 여유에 정치가의 언변과 능력을 갖춰야 한다는 생각 때문에 학교운영위원회에 대한 관심이 더욱 떨어지는 것 같다. 혹 관심을 갖더라도 학교장이나 교사들 의견에 반하는 의견을 내면 아이에게 불이익이 생길지도 모른다는 불안감에 나서기를 꺼리게 되면서 학교운영위원회는 애초의 취지에 걸맞은 역할을 아직도 못하고 있는 것 같다.

그렇게 나는 학부모로서 좀더 가까이 학교와 관계를 맺게 되었다. 첫 번째 운영위원회의는 교장실에서 열렸다. 지역위원을 선출하고 운영위원장을 결정하는 자리라는데 나를 제외한 나머지 위원들은 이미 안면이 있는 것 같았다. 사실 지역위원 선출은 '선출'이라고 말하기가 어려웠다. 지역위원으로 활동하실 두 분도 자리를 함께했는데 그냥 추인하는 식으로 지역위원이 정해졌다. 그 다음은 운영위원장을 선출하는 차례였는데 자기소개도 없이 위원장 선거를 한다면서 종이를 나눠줬다. 그 종이에 운영위원장과 부위원장을 적어서 내라는 것이다. 다른 사람들은 서로 아는 사이인지 몰라도 나는 누가 누군지 전혀 모르는 상황이라 당황스러웠다. 후보가 있는 것도 아니고 무작정 써내라니. 그런데 다른 위원들은 당연하다는 듯 아무런 동요도 보이지 않았다. 할 수 없이 말을 꺼냈다.

"위원장 후보를 먼저 추천받고 나서 선거를 해야 하는 것 아닌가요? 그리고 저는 여기 위원들의 성함도 전혀 모르는데, 각자 자기소개라도 있어야 하는 것 아닌지요?"

조용하던 분위기를 깨자 교장선생님은 "다들 아는 사이라서 번거로운 형식은 생략하려 했다"며 귀찮다는 듯한 분위기를 풍겼다. 결국 나 하나 때문에 자기소개도 하고 선거도 치르게 되었다. 과연 결과는? 위원장은 지역위원이며 학교 동문에다 작년에도 위원장을 하신 분이, 부위원장은 학부모 회장에 작년에도 부위원장을 했다는 학부모가 맡게 되었다.

너무 나서지 말아주세요

그렇게 반 대표 활동과 운영위원 활동이 일 년 동안 이어졌고, 덕분에 많은 경험을 했다. 운영위원회 활동을 시작하기 전 참교육학부모회를 통해 운영위원회란 어떤 것이며, 무슨 일을 하고 어떻게 해야 한다는 걸 조금 배웠지만 직접 경험하니 이론과 실제는 많이 다르다는 것을 절실하게 느꼈다. 운영위원이 되고 나서는 우리 학교 운영위원회의 규약을 알아야 할 것 같아 규약과 작년 회의록을 보고 싶다고 학교에 자료를 요청했다. 그런데 단칼에 거절당했다. 행정실의 운영위원 간사는 날카로운 목소리로 반문했다.

"뭣 때문에 그걸 보려고 하시죠? 무슨 문제가 있나요?"

그런 걸 보여 달라는 것 자체가 있을 수 없는 일이라고 생각하는 듯 했다. 분명 운영위원회 회의록과 규약은 일반 학부모는 물론 지역사회 구성원 누구나 요청하면 볼 수 있는 건데 말이다. 나는 '지금까지 그런 걸 보여 달라는 학부모가 없었기에 생소하게 느껴지는가 보다' 라고 좋게 생각하려고 했지만 마음은 불편했다. 그래도 정중하게 요청했다.

"저는 작년에 운영위원 활동을 하지 않아서 내용을 좀 파악해야 하니 자료가 필요합니다. 다음 회의 때 준비해주시면 좋겠습니다."

행정실을 나와 담임선생님께 인사나 하고 가려고 교실에 들렀다. 그런데 담임선생님이 염려스러운 표정으로 말했다.

"솔빛 어머님, 저는 많은 걸 바라는 사람도 아니고 그냥 조용한 걸 좋아하거든요. 어머님이 티 나지 않게 활동해주셨으면 해요. 제가 귀찮아지는 것도 싫고 우리 반이 입에 오르내리는 것도 원하지 않아요."

"아, 예!"

가뿐히 대답하고 별 말 잇지 않고 집으로 돌아왔는데 더욱 마음이 편치 않았다. 담임선생님 이야기가 무슨 뜻일까? 내가 요란하게, 티 나게 했던 게 뭐가 있었나? 다른 반 대표들은 활동경험이 많은데 내가 초보여서 아마 선생님 나름대로 불편한 것이 있었나? 그렇지 않아도 왠지 불편하고 부담스러웠는데 선생님 말씀에 더욱 마음이 무거워졌다.

학교를 온몸으로 체험하다　　그 뒤로도 내가 이론으로만 알고 있는 운영위원회와 현실 사이에서 무척 혼란을 겪었고 마음고생도 이어졌다. 회의가 있으면 관심 있는 누구나 알 수 있도록 며칠 전에 공고하고 회의자료는 미리 위원들에게 보내주는 것으로 알고 있었는데 상황은 전혀 그렇지 않았다. 아침에 전화해서는 "솔빛이 어머님이시죠? 오늘 운영위원회의가 ○시에 있습니다. 참석하실 수 있으시죠?" 이렇게 묻는 식이었다. 회의자료를 미리 주기는커녕 회의가 열린다는 사실조차 미리 알려주지 않으니 정말 당황스러웠다. 이렇게 열린 운영위원회의는 안건이 한두 가지가 아니었다. 여러 가지 사안을 자료도 제대로 읽어보지 못한 가운데 뭐가 뭔지도 모르고 주먹구구식으로 처리해야 했다. 학교에서 다 알아서 처리하고 진행하니 문제가 있을 수 없다는 식이었다. 말 그대로 형식만 갖춘 회의였다. 안건은 올라오자마자 별다른 제안이나 설명도 없이 바로바로 통과되었고, 혹시 의문이 있어 질문이라도 하려면 보통 눈치가 보이는 것이 아니었다. 나를 더 힘들게 한 것은 아무도 질문을 하지 않고 나 혼자만 한다는 것이었다. 결국엔 사사건건 트집 잡는 성격 이상한 사람 취급을 받게 되었다.

"회의 자료를 미리 준비해주셔야 검토를 미리 해볼 수가 있으니 바쁘시겠지만 다음부터는 그렇게 해주셨으면 합니다."

"학교업무가 얼마나 바쁜지 모르시는군요. 그런 거에 신경 쓰다 보면 아이들 교육에 지장 있습니다. 그렇게 자모님이 신경 쓰지 않아도 전문가들이 다 잘 알아서 운영하니 걱정 안 하셔도 됩니다. 아이들이나 잘 돌보시고 힘들게 일하는 우리 선생님들 잘 챙겨주시는 것이 자모님의 역할이지요."

운영위원회의는 주로 교장선생님의 자화자찬이나 학교 자랑을 듣는 시간이었고, 학부모들은 조용히 앉아서 듣다가 고개를 끄덕이거나 손을 들어 찬성만 하면 그만이었다. 나처럼 질문을 하거나 설명을 더 부탁하거나 건의를 하는 건 학교운영을 방해하는 행위로 비춰졌다. 대부분의 학부모들은 운영위원회에 관심조차 없었고, 같이 활동하는 학부모 위원들도 마찬가지였다. 다행히 학부모도 아니고 학교 관계자도 아닌 운영위원장은 위원회의 기본취지와 의의를 잘 알고 계신 분이어서 객관적인 입장에서 나를 이해해주고 격려를 아끼지 않으셨다. 다른 학부모들이 너무 무성의하게 운영위원 활동을 하는 것에 대해, 또 교장이 지나치게 혼자서 회의를 이끄는 것에 대해 지적도 하면서 운영위원회의 위상을 찾기 위한 노력을 보여주셨다.

"솔빛이 어머니가 계셔서 올 한해는 좀더 의미있는 활동이 되었어요."

이렇게 말씀하실 땐 보람을 좀 느낄 수 있었다. 반장엄마의 일 년, 풀뿌리 민주주의의 실천과 민주적인 학교운영을 위해 새롭게 도입된 학교운영위원회 제도가 학교에 제대로 뿌리 내리지 못하고 있는 현장을 눈으로 확인하고 몸으로 체험한 해였다. 지금 생각해도 그 숨막히게 조용한 회의시간은 몸서리쳐진다.

치맛바람은 학부모 스스로 멈춰야 한다

**첫애라 잘
모르시죠?**　　"솔빛이네 집이죠? 어머님이세요?"

"예! 그런데요. 실례지만 누구시죠?"

"저는 같은 반 ○○ 엄마예요. 협조 부탁할 일이 있어 연락드렸어요."

입학한 지 얼마 뒤에 같은 반 엄마한테서 전화가 왔다. 순간 우리집 전화 번호를 어떻게 알았을까 당황스러웠지만 전화로 따져 묻기도 뭐하고 해서 상대방의 이야기를 일단 들어보기로 했다.

"무슨 일로…."

"우리 반 이사를 맡아주셨으면 해서요."

"이사요? 그게 뭔데요?"

"아! 첫아이라 학교에 대해 잘 모르시는군요. 각 반에서 학급운영에 필요한 도움을 주는 엄마들을 그렇게 불러요."(울산에서는 그 당시 학급의 어머니회 회비를 내는 사람을 '이사'라 불렀다.)

"그렇군요. 그런데 구체적으로 무슨 일을 하나요? 전 일을 해야 해서 활동이 가능할지 걱정스럽네요."

"걱정하지 마세요. 그냥 회비만 내시고 활동은 안 하셔도 되거든요. 다른 반에 비해 우리 반 이사 수가 적어서 선생님이 추천해주신 분에게 제가 전화를 하고 있어요."

"돈만 내면 된다구요?"

"예. 회비예요. 그걸로 일단 각 반에서 학교에 배당금 ○○만원을 올려야 하구요. 교실에 필요한 물품도 사고, 선생님들과 상견례할 때랑 소풍갈 때 목욕비로 사용하게 될 거예요. 원래 관례예요. 이렇게 다 해요. 첫아이라 잘 모르시죠?"

"아, 그렇군요!"

"다른 반은 이사가 서른 명 가까이 된다는데 우리 반만 지금 스무 명도 안 되거든요. 다른 반처럼 학급운영을 하려면 우리 반 이사 엄마들 부담이 커지잖아요. 그렇다고 우리 반만 적게 할 수는 없고, 우리 반 선생님이 얼마나 자존심이 상하시겠어요. 그러면 우리 아이들 교육에도 지장이 생깁니다. 잘 모르는 것 같아서 말씀드리는 건데, 이렇게 하면 따로 촌지 안 하셔도 선생님이 알아서 아이를 잘 돌봐주실 거예요. 개인적으로 촌지 하려면 부담스럽잖아요."

"예? 촌지요?"

"글쎄, 이사가 되어 회비 내시면 촌지는 따로 안 하셔도 된다니까요."

"아, 예! 생각 좀 해보구요!"

"첫애라 정말 모르시네요. 저도 이렇게 전화하는 일이 쉽진 않아요! 알아서 하세요. 전 전해드리는 것뿐이니까요. 아무튼 하실 거면 이번 주 토요일에 ○○에서 모임을 하니까 그때 나와보세요. 같은 반 엄마들이 모이는 거니까 서로 인사도 하고 아이 키우는 정보도 나누면 좋잖아요.”

“예, 고맙습니다. 전화까지 해주시고 알려주셔서요.”

아직도 학부모가 봉이라니

전화를 끊고 나니 드디어 올 것이 오고 있구나 싶었다. “이렇게 하면 따로 촌지 안 하셔도 선생님이 알아서 아이를 잘 돌봐주실 거예요.” 이 말이 귓가에 맴돌면서 내가 초등학교 다닐 때 받았던 마음의 상처가 올라와 가슴이 뛰고 불안해졌다. 학창시절, 엄마가 화분이나 학급에 필요한 물품 따위를 학교에 사오지 않는다거나 촌지를 들고 찾아오지 않는다는 이유로 선생님께 무시당하고 차별 받으면서 속상했는데 아직도 그런 일이 학교에서 이어지고 있다니 답답한 노릇이 아닐 수 없었다.

지금도 6학년 때의 기억이 생생하다. 선생님과 눈 한 번 더 마주치고 관심을 받아보는 것이 소원이었던, 선생님의 심부름이 너무도 좋았던 어린 나는 학교와 담임선생님에게 심하게 실망한 경험이 있다. 그때 담임선생님은 반장, 부반장 등 형편이 되는 집 아이들만 따로 방과 후에 특별지도를 해주고 있었다. 일종의 과외수업이었는데 나도 그들처럼 선생님과 방과 후에 공부를 더 하고 싶었다. 나는 그때 공부를 더 잘하게 된다는 것보다 선생님과 특별하게 친하게 지내는 아이들이 얼마나 부러웠는지 모른다.

실력 있는 아이가 있어도 반장과 과외 받는 아이들이 대부분 우등상을 받았고, 다른 상들도 마찬가지로 불공평하게 나눠주었다. 그뿐 아니라 그 아이들은 숙제를 안 해오거나 준비물을 가지고 오지 않았을 때도 우리와 다르게 벌을 받았다. 부유한 가정의 아이들에게 특별대우를 하는 선생님들, 그런 선생님을 등에 업고 기고만장한 아이들 틈에서 세상이 불공평하다고 생각했고 무척 속상해했다. 촌지와 과외에 대한 소문이 사실일지도 모른다는 생각이 들었고, 선생님에 대한 실망감이 너무도 컸다. 그리고 부자가 아닌 부모님이 원망스럽기도 했다. 그 선생님뿐 아니라 다른 선생님까지 다 의심스러웠고, 그때부터 나는 선생님들을 존경하지 않게 되었다. 내 마음이 이런 탓인지 중고등학교, 대학을 다니면서 불행하게도 존경하고 싶은 스승을 만나지 못했다.

회비를 낼 것인가 말 것인가. 내 아이가 나처럼 억울해하지 않고 상처받지 않도록 하려면 어떻게 해야 할까. 너무 고민스러워서 이웃의 아이 친구 엄마에게 전화를 해보았다. 기분이 썩 좋지는 않겠지만 학부모 회비도 내고, 학교에 청소하러 오라면 가는 게 당연하단다. 교실에 필요한 것이 있으면 사 가지고 달려가서 선생님께 내 아이를 잘 봐달라고 하면 그만이지 뭘 그리 고민하냐고 도리어 이상한 사람 취급을 했다.

내 학창시절 때도 학교에 와서 치맛바람을 일으키는 아줌마들이 보기 싫었는데 이젠 내 아이를 위해서 내가 그 대열에 들어서야 한다니 아무리 생각해도 옳지 않은 일 같았다. 엄마가 뒷받침해줄 수 없는 아이들이 지금도 있을 텐데 그 아이들은 나처럼 또 다시 상처를 받을 것 아닌가. 내 아이뿐만 아니라 그런 아이들 모두 평등하게 학교생활을 해야 한다고 생각했다. 그렇지만 어떻게 해야 할지 알 수가 없었다. 고민하다가 그냥 회비를 거두는 엄마들 모임에 나가지 않았다. 그런데 다시 협조를 부탁하는 전화가 왔다. 우리 반 엄마들만 부담이 더 커진다면서 자기들이 학교에 내는 돈을 먼저 채워서 냈는데 나중에 만나면 회비를 내달라는 것이다. 내가 돈을 내지 않으면 다른 엄마들에게 부담을 주게 된다니 또 마음이 불편했다.

내가 돈만 안 내면 그만이라고 생각했는데, 이제는 그냥 넘어갈 것이 아니라 학교에서 그런 일이 일어나지 않도록 뭔가 해야 할 때가 왔다는 생각이 들었다. 학교와 교육청에 문의 전화를 해보기도 하고 나름의 노력을 했다. 학교와 교육청은 그런 일은 절대 없다고 하면서 미온적인 태도를 보였고, 어쨌든 학부모 회비를 거두는 일은 잠시 중단되었다. 그렇지만 그런 일은 학기마다 반복되었고, 그런 일에 신경 쓰는 것이 싫어 아예 학부모 모임에 나가지 않기로 마음먹었다.

학부모와 선생님의 이상한 상견례

아예 학부모모임에 참석하지 않고 귀 닫고 살아가니 이래저래 좋은 점이 많았다. 일단 아이를 서로 비교하고 경쟁시키는 분위기에서 벗어날 수 있었다. "누가 무슨 상을 받았다더라." "선생님이 누구만 편애한다더라." 그런 소리를 듣지 않으니 마음도 평온해지고 선생님들에 대한 선입관이 생기지 않아 차라리 선생님을 만나기가 편했다. 그러다가 솔빛이가 반장이 되면서 본의 아니게 반 대표가 되어 학부모회에 참여하게 되었고 누군가가 무슨 이유로 만들었는지 모를 각종 관례와 다시 싸움을 하게 되었다. 조용하게 살고 싶었는데….

반 대표가 된 지 며칠 지나지 않아서 학년 대표에게서 전화가 왔다. 선생님들과의 상견례는 예를 갖춰서 하는 것이라며 반 대표가 돈을 얼마 내기로 했으니 그렇게 알고 있으라고 했다. 그런데 내가 생각하기에 그 액수(된장찌개 백반 값의 스무 배가 넘는 금액)가 커서 깜짝 놀랐다.

"아니, 상견례를 어떻게 하기에 그렇게 많은 돈을 내야 하죠?"

내가 당황하여 물으니 저쪽은 나보다 더 당황하는 듯했다. 왜냐하면 늘 그렇게 하는 것으로 당연하게 여겨왔고, 나처럼 묻는 사람이 없었던 것이다.

"다른 학년도 다 그 정도는 해요. 일단 선생님과 반 대표, 부대표, 총무까지 그렇게 참석하니까 그 식사비하고 뒷풀이 비용을 좀 드리거든요. 그래도 교장선생님이나 부장선생님들이 참석하시지 않으니까 이번엔 비용이 적게 드는 거예요. 그리고 남으면 다른 곳에 쓸 수도 있구요."

"생각 좀 해보고 연락드리겠습니다. 지금은 제가 좀 이해가 안 되거든요. 그런 상견례라는 것 말입니다."

그리고 얼마 지나서 상견례를 취소하기로 했다는 연락을 다시 학년 대표에게 받았다. 그 후 잊고 있었는데 다른 반들은 담임선생님을 모시고 상견례를 다 했는데 우리 반만 하지 않았다는 소리가 들려왔다. 알고 보니 상견례가 한두 가지가 아니었던 것이다.

일단 전교회장을 비롯한 전교학부모회 임원단과 학년 대표가 교장선생님을 비롯한 선생님들을 모시고 하는 전교어머니회 임원단의 상견례가 있었고, 다시 각 학년에서 각반 대표가 선생님을 모시고 하는 상견례, 그리고 각반에서 각반 이사 엄마들이 담임선생님을 모시고 하는 상견례가 있었다. 어쩌다 선생님이 그런 자리를 거절하면 안 하고 그냥 넘어갈 때도 있지만 대체로 '관례'로 상견례가 이루어지고 있다고 했다. 일단 고급식당에서 밥을 먹고, 술도 마시고, 경우에 따라서는 2차 3차도 간다는 소문인데, 내가 직접 경험하지 않았으니 소문이려니 생각할 수밖에 없었다(이후에 진짜로 그렇게 하는 것을 확인했다).

그러고 나서 며칠 후 학교에 갈 일이 있어 선생님을 만났더니 이렇게 물어오셨다.

"솔빛엄마가 상견례 하는 것에 대해 뭐라고 하셨어요?"

"아 예. 제가 경험이 없어 이해가 안 되는 점이 있길래 몇 가지 물었지요."

"솔빛어머님 때문에 상견례를 못하게 되었다고 소문이 나서 제가 좀 입장이 곤란했습니다."

이건 또 뭔 소리인가. 아무튼 뭘 모르는 나 때문에 인해 학기 초에 그런 관례적인 상견례를 건너뛰게 되었고, 엄마들의 반응은 크게 둘로 나뉘었다.

"잘된 일이다. 진작 그렇게 했어야 하는 일이다. 도대체 무슨 상견례를 학부모들 주머니 털어서 하냐? 하려면 교실에서 하면 되지. 임원 몇 명 말고 여러 학부모들 더 많이 참석할 수 있게 해서 해야지 말이야."

"이제 우리 반은 큰일이다. 선생님 사기가 떨어져서 아이들에게 지장이 있을 거다. 다른 반은 다 하는 걸 왜 우리 반은 안 했냐. 그런 돈 쓰려고 반 대표하는 거 아니야? 그런 돈 쓸 생각 없으면 반 대표를 하지 말고, 아이를 반장시키지 말아야지."

그 동안 소문으로만 듣던 비난도 쏟아졌고, 용기 있다 잘했다는 목소리도 들렸다. 그런데 공통적으로 좋은 것이 좋은 거니 그냥 관례대로 하라는 말을 지겹도록 많이 들었다. 그리고 솔빛이가 다치면 어쩔 것이냐는 걱정들을 했다. 상견례가 왜 필요한 것인지도 모르겠고 상견례 때문에 아이가 다친다는 것도 이해가 안 갔다. 내가 뭘 잘못 알고 있는 걸까? 끊임없이 고민스러웠다.

교실 환경미화도
엄마들 손으로

상견례 사건이 지나가자 이번에는 각 반에서 엄마들이 환경미화를 한다고 한바탕 학교가 시끌벅적하다. 옆 반은 커튼을 떼고 버티컬 블라인드로 바꿨다더라, 어느 반엔 교실 뒤 게시판에 아이들 그림을 장식하는 아크릴 액자를 주문제작 했다더라, 화분이 몇 개가 들어왔고, 작은 분수대가 부착된 수족관이 설치되었다더라, 또 저 반은 멋진 책꽂이가 새로 들어왔고 교실 뒤에 카펫을 깔았고, 이쪽 반은 고급 장판을 깔았다더라는 온갖 소식들이 들려왔다.

혹시라도 자기 아이가 공부하는 교실이 다른 교실보다 뒤질세라 경쟁을 하는지 엄마들은 난리였다. 물론 적극 나서는 엄마들은 극히 소수였지만 한두 사람이 그렇게 시작하자 우리 반만 뒤질 수 없다고 너도나도 동참하게 되는 모양이었다. 온통 학교 전체가 술렁거렸다. 지난번에 담임선생님을 만났을 때 여쭤보니 아무 것도 필요 없다고 하셔서 그렇게 믿고 아무 것도 준비하지 않았는데 난감했다.

드디어 우리 반은 왜 아무 것도 안 하느냐고 같은 반 엄마가 싫은 소리를 해왔다. 1학년 때부터 반 대표는 물론이고 학년 대표도 경험이 있는 베테랑(?) 엄마였다.

"선생님께서 아무 것도 필요 없다고 하셨거든요. 필요한 것이 있으면 말씀하신다고 하셨는데 아직 아무 말씀도 없으셨어요."

"솔빛엄마, 몰라도 너무 모르네요. 선생님의 의중을 알아차려서 대표가 알아서 해야지 선생님이 그걸 일일이 어떻게 말씀하시겠어요. 솔빛엄마가 그러니까 선생님이 오죽 답답하면 저에게 연락을 하셨겠어요. 제가 대표도 아니면서 나서기도 그렇고 정말 사람을 왜 이렇게 곤란하게 만들어요."

나는 정말 뒤통수를 맞는 기분이었다. 분명 담임선생님이 아무 것도 필요 없으니 신경 쓰지 말라고 하셨는데 이건 또 무슨 소리란 말인가. 왜 일이 이렇게 돌아가는지 정말 답답했다. 담임에게 필요한 것이 있으면 반 대표인 나에게 연락하지, 왜 그 엄마에게 부탁하셨냐고 따져 물을 수도 없고 진짜 난감했다.

다음날 총무엄마랑 함께 학교에 가보니 그 엄마는 자기와 뜻을 같이 하는 엄마와 함께 자비로 이것저것 준비물을 사와서 교실을 꾸미고 있었다. 내가 온 것을 알면서도 모르는 척 하고는 반 대표가 변변하지 않아서 자기들이 고생이라며 우리 반은 큰일났다는 이야기를 서로 주고받았다. 이젠 더 이상 가만히 있을 수가 없다는 생각이 들어 선생님께 어떻게 된 거냐고 여쭤보았다. 자기는 아무것도 필요하지 않다고 했는데도 이렇게 알아서 해주시니 정말 고마울 따름이라며 솔빛어머님은 신경 쓰실 필요 없다고 이야기를 했다.

"선생님, 전 말씀하신 대로 그대로 믿고 그렇게 생각하는 사람입니다. 선생님이 태도를 분명하게 해주셨으면 합니다."

"정말 아무 것도 필요 없어요. 물론 다른 반에 비해 우리 반이 너무 초라하긴 하지만…"

담임선생님은 말꼬리를 흐렸다. 사람마다 성격 차이가 있어 표현 방법도 다양하겠지만 선생님의 그런 태도를 이해할 수 없었고, 은근히 엄마들의 치맛바람을 부추기는 행동이라고 여겨져서 선생님에 대한 믿음이 무너져 내렸다.

결국 총무와 나는 학급비로 받아두었던 돈으로 꼭 필요한 준비물만 구입해 내 손재주를 발휘하여 환경미화를 해주기로 했다. 책꽂이는 있는 것을 손질하여 다시 쓰고, 커튼, 선생님 책상덮개나 방석, 교탁덮개 등도 있는 것을 세탁해서 사용했다. 나의 그런 태도에 영향을 받은 몇몇 반들도 비싼 버티컬 블라인드를 설치하지 않았고, 다른 반이 뭘 하면 그걸 똑같이 하지 않으면 큰일나는 줄 알던 학부모들이 조금이나마 여유를 찾는 것 같았다. 그래도 되는구나 하고.

선생님 간식도
엄마들 손으로

그것이 끝인가 싶더니 이번엔 선생님 간식 준비를 해야 한다고 연락이 왔다. 한 번씩 각 반이 돌아가며 4학년 선생님들 휴게실에 간식을 넣어야 한다고 했다. 학년 대표는 이것도 각 학년마다 다 하는 관례라고 했다. 우리 학년만 안 할 수가 없고, 우리 아이들을 위해 고생하시는 선생님들을 생각하면 학부모로서 마땅히 해야 할 일이라고 몇 번이나 강조했다.

학부모들이 선생님의 간식까지 챙겨주고 있었다는 사실이 나는 참으로 놀라웠는데 그 엄마들은 너무나 당연한 일이라고 여기니, 마치 딴 세상에 온 것 같았다. 이번에도 나는 조용하게 넘어가지 않고 문제점을 지적해 간식 넣는 횟수를 대폭 줄이게 되었다. 완전히 간식을 없애는 것은 엄마들이 절대 수용할 수 없다면서 자기들끼리 할 테니 솔빛엄마만 빠지라고 했다. 할 수 없이 횟수를 줄이는 것으로 타협점을 찾았다. 나만 빠진다고 해서 이 문제가 학교에서 사라지는 것은 아니기에 차츰 횟수를 줄여가면서 엄마들의 의식이 변하기를 기다리는 시간이 필요하다고 생각했다.

간식 문제가 그렇게 해결되고 나니 이번엔 소풍을 준비해야 한다고 학년 대표가 엄마들을 불러 모았다. 애고, 애고. 끝이 없다. 그런데 가만히 보니 그 열성적인 학부모들은 거의 매일 학교에 출근을 하다시피 지내고 있었다. 내 눈에는 학부모들이 열심히 참여하는 일이 우리 교육의 발전에 도움이 되는 것이 아니라 한마디로 치맛바람으로 보였다. 과연 정말 그 엄마들이 귀하게 여기는 상견례와 환경미화, 선생님 간식이 우리 아이들의 교육에 어떤 도움이 되는 것일까.

직접 눈으로 보고 겪으면서 나는 엄마들이 변하지 않고는 우리나라 교육이 제대로 자리를 잡기 어렵겠다는 생각을 하게 되었다. 선생님들의 태도도 물론 문제지만 엄마들이 지나치게 아부를 하고 먼저 나서서 일을 그렇게 만들고 있었다. 내 아이를 더 잘 봐달라는 무언의 의도를 깔고서 말이다. 말로는 "우리 반, 우리 반. 우리 학년, 우리 학년" 하지만 결국엔 내 아이를 잘 봐달라는 것이다. 그럼 엄마가 나서지 않는 아이들은 다 어쩌란 말인가? 내가 초등학교 다닐 때 경험했던 충격적인 상황이 이렇게 다시 재현되고 있는 것 같아서 가슴이 답답해졌다.

선생님들은 비싼 밥에 노래방, 간식을 대접하지 않아도 모든 아이들을 열심히 가르칠 의무가 있는 분들이다. 도리어 선생님들을 욕되게 하고 학교를 망치는 학부모들의 치맛바람을 학부모 스스로 멈추지 않는다면 우리 교육의 앞날은 어두울 수밖에 없다. 남 탓을 하거나 나 하나쯤이야 괜찮지 않을까라는 생각은 하지 말자. 그냥 내가 모른 척 하고 보지도 않고 듣지 않으면 그만이라 생각할 수도 있겠지만 나부터 달라져야겠다고 나는 결심하고 결심했다. 그리고 나와 같은 생각을 가진 학부모들을 찾아나섰다. 혼자는 힘들고 외롭지만 힘을 합한다면 더 나은 길을 찾지 않을까 그런 생각이 들었다.

　　　이 마음으로 주변의 학부모들과 이야기를
나눠보니 내 생각과 그리 다르지 않은 듯했다. 다만 그러다가 혹시 내 아이
가 불이익을 당할까 두렵고, 학부모가 선생님들에게 밥 사고 청소하고 교
실에 필요한 것 사다 나르는 것 말고 뭘 해야 하는지를 알지 못했다. 나 역
시도 그랬다. 문제를 지적하는 것을 넘어서 대안이 있어야 한다는 생각이
들었다. 우리 학교만의 문제가 아니기에 다른 학교들은 어떻게 이런 문제
들을 해결해가고 있는지 궁금했다. 좋은 사례들이 있다면 그런 사례들을
참고하여 우리 학교도 바꿔보고 싶었다. 그래서 문을 두드리게 된 것이 ‘참
교육을 위한 전국 학부모회’였다.

　　역시 혼자 고민할 때보다 같은 고민을 하는 사람을 만나고, 나름 실천하
는 분들을 만나 이야기를 나누거나 함께 공부를 하다 보니 일단 학교에 관
심을 갖고 참여하는 것이 가장 우선이라는 생각이 들었다. 문제점과 불만
을 먼저 앞세워서 그걸 바꾸려는 마음이 너무 강하다 보니 다른 학부모들
이나 교사들과의 관계도 어색해져서 도리어 학교가 더 부담스러워지는 것
같아, 일단 학교라는 곳에 가깝게 다가가는 것을 목표로 세웠다. 내가 학교
를 확 바꾸겠다는 생각을 내려놓으니 주변 학부모들도 차츰 나를 편안하게
대하면서 이런저런 좋은 의견들을 내놓기도 했다.

　　그렇게 하나둘 모인 학부모들과 어떻게 하면 치맛바람이 아닌 바람직한
학교 참여를 할지, 학부모가 학교에서 해야 할 바람직한 역할이 무엇인지
고민하면서 같이 운영위원회에 참여하는 사람도 생겼다. 학교 도서관과 상
담실에서 자원봉사를 하거나, 급식 모니터 활동을 하는 학부모들도 생겨났
다. 물론 이렇게 함께하는 사람들은 늘 소수여서 아쉬움이 많았지만 그래

도 서로 위로하고 격려하면서 나름 학부모로서의 역할을 찾아가는 것이 기뻤다. 더 나아가서 나는 학부모회를 넘어서 울산의 시민으로서 시민단체들과 연대하여 함께 할 수 있는 활동을 하기도 했다. 필요하다면 거리에서 서명도 받고, 일인시위는 물론 집회에 참가하기도 했다. 시위나 집회는 불법이고 나쁜 짓이라고 막연하게 생각했던 틀에서 벗어나 단체행동은 시민으로서 정당한 권리라고 당당하게 외칠 수 있는 한 사회의 시민으로서 성장했고, 아이에게 부끄럽지 않은 학부모로 당당하게 설 수 있었다.

돌이켜 생각해보면 개인적으로 한 아이의 부모로서 아이에게 부끄럽지 않게 행동했고 학부모로서도 제 역할을 해왔다고 자부할 수 있다. 그러나 요즘의 우리 교육 현실을 바라보면 교육운동가로서 그 동안 우리가 해온 활동들이 무슨 의미가 있었나 회의감에 빠지기도 한다. 살인적인 입시경쟁, 학부모들의 치맛바람과 사교육비는 더 거세진 것 같으니 말이다.

그럼에도 이 글을 읽는 이 땅의 후배 학부모들에게 이 말을 꼭 전하고 싶다. 그래도 나 하나라도 하는 마음으로 사과나무 한 그루를 심어보자고 말이다. 모래와 같이 작고 미흡한 우리 학부모들이지만 한 명 한 명이 조금만 달라진다면 우리 아이들이 좀더 행복해지지 않을까, 그렇게 또 희망의 목소리를 높여본다. 내 아이만이 아니라 우리 아이들을 위해 그 높은 교육열을 쏟아보길 간절하게 빌어본다. 결국엔 그것이 진정 내 아이를 위하는 길이며 나의 미래를 위하는 길이란 것을 나는 요즘 새삼 느낀다. 길은 그 길뿐이라고 말이다.

(참교육학부모회 자료 참조)

학교운영위원회

학교운영위원회는 모든 학교에 설치되어 있는 법적 기구로 7~15인의 범위 안에서 학부모, 교원, 지역사회 인사의 참여로 구성된다(무보수 봉사직이다). 위원회는 교육에 관한 관심이나 열정, 아이들에 대한 이해를 기본 바탕으로 하는 학부모들이 학교에 참여하는 매우 바람직한 방법이다. 학교운영위원 활동을 통해 예산의 규모나 교육에 대한 이해, 학교사정 이해, 아이들에 대한 관심이 높아지기 때문에 내 아이만이 아니라 교육에 대한 전반적인 이해를 얻고자 한다면 학교운영위원회 활동을 권하고 싶다. 운영위원회의는 특별한 경우가 아니면 누구나 참관할 수 있다. 학교에서 회의를 공지하면 관심을 갖고 참관하는 것만으로도 학교와 교육 전반을 이해하는 데 큰 도움이 되고, 더 나아가서 학교 운영이 민주적인 의사결정으로 이루어지는 데 큰 힘을 발휘할 수 있다.

학부모회, 어머니회

운영위원회처럼 법적기구는 아니지만 각각의 학교 구성원(특히 학부모)들이 필요에 의해 임의로 만든 순수 자생단체들로서 이 외에도 학교발전위원회, 급식위원회, 녹색어머니회, 어린이단체후원회, 명예교사회, 어머니도서위원회, 체육진흥회 등등 학교에 따라 다양한 형태로 존재한다. 녹색어머니회는 등하교시 학생들의 안전을 확보하기 위해 학부모들이 자원봉사하는 모임이다.

학교마다 운영방식은 약간 다르지만 대부분 학기 초에 신청을 받아 운영하고 있다. 학기 초가 되면 단체 가입을 알리는 가정통신문을 보내 학부모 단체를 꾸리고 있다. 법적기구가 아닌 만큼 활동목적, 내용을 학부모 스스로 채워가는 것이 중요하다. 교복

공동구매, 학부모교육 강좌 등을 주최하여 바람직한 활동을 전개하는 사례들이 있다. 간혹 '치맛바람'이라 불리는 풍조를 만드는 온상이 되기도 하니 그런 점에 유의하여 건강한 활동이 되도록 노력해야 한다.

학부모 급식봉사단

전국적으로 급식조례운동이 확산되면서 학교급식의 질에 대한 관심이 높아지자 학교급식법시행령에 의해 각 학교에서는 학부모 급식봉사단(검수단)을 운영하도록 하고 있다. 학부모들이 직접 식재료를 꼼꼼하게 검수하는 것을 물론, 매년 식재료 공급업체 선정에도 참여할 수 있다. 초중고 12년 동안 매일 하루 한 끼의 학교급식을 먹는 우리 아이들을 생각할 때 아이들의 밥상이 좀더 건강하게 만들어지게끔 학부모들이 특히 관심 가져야 할 매우 중요한 활동이다.

학부모 도서관 도우미

전국의 모든 학교들이 학교 도서관 만들기 사업으로 많든 적든 예산을 들여 학교에 도서실이나 도서관을 설치했다. 그러나 대부분 사서교사가 배치되지 않다 보니 도서관이 제 구실을 못하는 경우가 많다. 학부모들이 도서관 문을 열고 들어와 아이들과 함께 책을 읽고, 같이 독서토론도 한다면 사교육이 무슨 필요가 있을까 싶다. 아직 도서 도우미 모임이 없다면 학부모들이 적극 나서서 만들면 된다.

상담실 자원봉사

또래 아이들의 생각과 가치관을 알게 되면 내 아이를 이해하는 데도 큰 도움이 되기에 꼭 권하고 싶은 학교 참여활동 중 하나다. 역시 학기 초에 신청을 받는 것이 일반적이다. 심성계발, 집단상담, 예절교육, 성교육. 진로교육 등 학생들의 인성교육 프로그램에 자원교사로 활동할 수 있다. 전문 능력을 갖추고 있다면 더욱 좋지만 그렇지 않더라도 교육청에서 교육도 하고 있어 관심을 가진다면 누구나 참여할 수 있다.

그 밖의 학교 행사 참여

위의 단체 활동은 하지 않더라도 학교에서 보내오는 가정통신문을 꼼꼼하게 챙겨보자. 그리고 학부모가 참여할 수 있는 행사라면 적극 참여하는 것이 바람직하다. 아이들에게만 적극적으로 행동하라 하지 말고 부모가 먼저 학교에 관심을 보이고 참여하면 아이 역시 학교생활을 적극적으로 하게 될 것이다.

* 학부모 총회 – 학기 초에 학교에서 가정통신문을 통해 알려오면 참석하면 된다. 담임선생님을 자연스럽게 만나 인사 나누는 자리가 되기도 한다.

* 학교운영위원 선출 – 실정에 따라 직접 선거를 하거나 간접선거를 할 수도 있다. 학교에서 가정통신문으로 알려오면 직접 운영위원 활동을 하지 못하더라도 학부모위원 선출에 관심을 가지고 선거에 참여하면 좋겠다.

* 운동회, 체험학습, 학예회, 급식의 날, 도서바자회 등등

학교 참여를 할 때는 이렇게

* 내 아이만을 위한 참여가 아니라 모든 아이들을 배려할 수 있도록 하자.

* 경제적인 형편이나 아이의 성적에 상관 없이 당당하게 참여하자.

* 교사들의 고충을 이해하려 노력하며 예의를 갖추되 돈봉투는 건네지 말자.

* 물품이나 재정 지원을 순수한 마음에서 정말 하고 싶다면 적법한 절차를 거쳐 투명하게 하자.

* 학교로부터 불법찬조금을 비롯하여 부당한 일을 당하고 있다면 혼자 고민하지 말고 학부모상담실에 도움을 청하자.(학부모상담실 www.hakbumo.or.kr 02-393-8980)

어린이날과 스승의 날을 아이들에게 돌려주자

선물 받는 날로 퇴색해버린 어린이날　　학기 초부터 시작된 관례와의 싸움에 지칠 대로 지친 상태에서 5월이 찾아왔다. 반 대표가 되고 두 달 동안 학교의 갖가지 행사에 얼마나 시달렸던지 몸살이 나고 죽을 지경이었다. 그런데 학년 대표 엄마한테서 어린이날, 스승의 날 행사에 필요한 준비를 해야 한다는 전화를 받았다.

　각 반의 대표와 총무가 한 자리에 또 모였다. 어린이날과 어버이날을 기념하여 학교에서 소운동회를 하는데, 요즘은 반별 혹은 학년별로 아이들에게 티셔츠를 단체로 구입해 입힌다고 했다. 학년별로 단체 티셔츠를 맞출지 말지, 비용은 얼마를 어떻게 부담할지, 무슨 색으로 할지, 또 선생님의 체육복도 준비해야 하는데 어떻게 할지 따위를 의논한다고 했다. 지금까지는 위에서 하라고 결정하면 딩언히게 척척 손발을 맞춰서 했던 것들인데 나를 비롯한 몇몇 이상한 엄마들이 등장하면서 일일이 의논해서 결정하려니 관행에 익숙했던 엄마들은 몹시 불편해하는 눈치였다. 의견이 분분해 쉽게 결정이 나지 않자 학년 대표 엄마가 한마디 던졌다.

"선생님들이 말 많은 것 싫다고 아무것도 하지 말라고 하시대요. 그냥 우리 학년은 체육복 입는 것으로 하고 선생님들 체육복도 없던 이야기로 합시다. 아이들 선물은 각 반에서 알아서 하시구요. 그럼 불만 없으시죠. 이만 끝냅시다."

그렇게 해서 우리 학년은 학년 티셔츠도 사지 않고, 선생님들 체육복도 구입하지 않기로 했다. 단체로 물품을 살 때 드는 비용은 '이사'나 '학부모 회 회원' 역할을 맡은 몇몇 학부모들에게 회비를 거두는 방식으로 마련한 다. 결국 불법찬조금을 거두는 것이다. 때로는 각 반의 반 대표나 총무엄마 가 개인 돈으로 마련하는 경우도 있다고 한다. 상황이 이렇다 보니 반 대표 하면서 돈을 얼마 썼다, 일 년 대표 하려면 얼마는 쓸 각오를 해야 한다는 말이 나온다.

물론 경제력이 있는 학부모가 아이들을 위해 옷을 기증할 수도, 선생님 들에게 체육복을 사드릴 수도 있다. 그러나 돈을 내는 일은 대부분 순수한 마음에서 한다기보다는 생색내고 자기를 돋보이려는 마음에서 하게 된다. 이렇다 보니 돈을 쓸 능력이 없는 집의 아이는 반장을 하면 안 되거나, 아 이가 반장이 되면 빚을 내서라도 돈을 내야 하는 분위기가 되고 학부모들 사이에서는 위화감이 생긴다.

때로는 혼자 그 비용을 다 부담하기 힘들어 임원 제도를 만들고 조금씩 돈을 거두기도 한다. 그러나 이런 일은 불법찬조금을 거두는 일이고, 이마 저 능력이 되는 몇 명이 책임을 지게 된다. 엄마가 나서서 돈을 쓰면 선생 님이 그 아이를 더 챙겨준다는 말이 사실처럼 여겨지는 분위기였는데, 나는 이런 분위기에 동참하고 싶지 않았다. 체육복이 있는데 굳이 단체로 티셔츠를 입혀서 운동회를 해야 할 필요성을 못 느꼈다. 그런데 늘 이런 식으로 일을 처리했던 다른 엄마들은 내가 왜 하지 말자고 하는지 받아들이지 못했다.

"우리 학년 선생님들 사기가 말이 아니라네요. 이런 경험은 처음이라고 하십니다. 하기야 나도 큰아이 때부터 학교일 많이 해봤지만 이런 경우는 정말 처음이에요. 참 기막혀서…" 학년 대표가 뒤돌아서 가며 들으라는 듯이 하는 말 때문에 마음 한구석은 불편했지만 관행을 깨고 바람직한 방향으로 학교일에 참여해야 한다는 생각에 못 들은 척 넘어갔다.

어린이날 선물을 준비하면서 각 반의 엄마들은 마치 경쟁을 하는 것 같았다. 멈출 줄을 모르는 엄마들의 에너지에 놀라지 않을 수 없었다. 다른 반에 뒤질 수 없다며 옆 반은 무엇을 준비하나 눈치작전을 펴고, 혹시 자기네 반이 뒤지기라도 할까봐 전전긍긍하는 모습이었다. 사실 나도 어린이날 선물을 준비할 때는 마음이 많이 쓰였다. 다른 반에 비해 선물을 너무 적게 받거나 못 받게 되면 아이들이 실망할 것 같았다. 더 많이 받게 하려고 애쓸 필요는 없지만 최소한 실망하지 않을 정도의 선물은 해줘야겠다는 생각이 들었다. 같은 반 엄마들 몇 명에게 물어보니 별로 쓸모도 없는 학용품 선물이나 주전부리 간식을 주는 것보다는 의미 있고 쓸모 있는 선물을 하면 좋겠다는 의견이 나왔다. 나도 그렇게 생각하던 차에 엄마들의 의견도 있던 터라 총무엄마와 나는 조금이나마 더 쓸모 있는 선물을 하기로 마음먹고 담임선생님께 의논을 했다.

"선생님, 자질구레하게 먹고 없어져버리거나 몸에 좋지도 않은 음료수 같은 것보다는 책을 선물하는 건 어떨까요? 아이들이 모두 함께 볼 수 있게요."

"솔빛어머님, 저는 우리 반이 유별나다는 소리는 듣고 싶지 않아요. 그냥 다른 반 하듯이 따라서 해주세요. 아이들은 과자나 햄버거, 음료수를 더 좋아해요."

결국 햄버거에 이런저런 음료수, 과자, 빵, 사탕, 초콜릿, 스케치북, 연필, 사인펜, 공책 등을 선물해주었다. 역시 이번에도 반 대표가 적극 나서지 않은 탓에 우리 반 아이들은 다른 반에 비해 과자도 덜 받았고, 이 구석 저 구석에 처박아 두고 쓰지 않을지라도 받을 때만큼은 기분 좋은, 자잘한 학용품 선물조차 적게 받는 어린이날이 되었다.

"아, 우리 반 억수로 재수 없다! 다른 반은 우리 반보다 선물이 더 많이 들어왔는데 우리 반은 뭐 이러냐!" 몇몇 아이가 집으로 돌아가며 말했다.

어린이날 전날부터 어린이들의 세상(?)이다. 학교도 학원도 그날만은 공부하지 않고 떠들고 놀고 파티를 한다. 학교며 학원이며 곳곳에서 아이들에게 선물을 주는 바람에 거리에 아이들이 버린 선물 포장지와 먹다 남은 간식들이 마구 버려지기도 한다. 어린이날의 소중한 의미는 사라지고 아이들에게 선물 주는 날, 아이들은 선물 받는 날, 엄마아빠 손잡고 놀이공원을 가거나 외식을 하는 날로 굳어져버린 것 같아서 안타까웠다.

그러나 생각과 달리 내가 할 수 있는 것이 없기에 무기력해졌다. 더구나 우리 반 아이들이 선물을 적게 받아 섭섭해하는 것을 보니 괜한 짓을 한 것 같아 혼란스러웠다. 아이들에게 좀더 쓸모 있고 교육적인 선물을 주고 싶어 신경 썼는데 의미를 찾는답시고 부질없는 짓을 한 것 같았다.

아이들이 빠져나간 교실은 엉망이 되어 있었다. 여기저기 나뒹구는 선물 포장지와 쓰레기를 치우는데 담임선생님이 다가와서 구겨진 종이 한 장을 내밀었다.

"이런 걸 보낸다고 읽는 분 없어요. 보세요. 집에 가기도 전에 아이들이 다 버리고 갔잖아요. 중요한 가정통신문도 제대로 전달되지 않는데… 솔빛 어머님 너무 독특하게 사시는 거 아니세요? 어머님처럼 특이하신 분은 처음 봅니다. 너무 그래도 좋지 않아요. 피곤하잖아요. 저는 우리 반이 튀는 건 싫습니다. 제가 조금 더 산 사람 입장에서 말씀드리고 싶었어요. 어머님이 그리시는 거 솔빛이에게 나쁜 영향을 줄 거예요."

나는 나름대로 어린이날의 의미를 새겨보자는 뜻에서 방정환 선생님의 글을 인쇄해서 선물과 함께 아이들에게 주었는데, 이것 또한 튀는 행동으로 보였나 보다(나는 당시 운영하던 미술학원에서 학부모들과 함께 읽어보면 좋겠다는 생각으로 전부터 어린이날에 '어린이선언문'을 항상 챙겨 보냈고, 엄마들도 읽어보고 좋다고 했다). 나는 왜 다른 엄마들처럼 그냥 좋은 게 좋다가 안 되는지, 왜 이리 의미를 찾고 남들과 다르게 하려고 하는지 집으로 돌아오는 길에 스스로를 돌아보았다. 더군다나 오늘 내가 어린이날의 의미를 새기기 위해 선물 안에 넣어 보낸 글귀 때문에 잘난 척 하는 것으로 오해까지 받았으니 마음이 몹시 불편했다.

하지만 그 글귀는 지금도 많은 엄마들과 늘 나누고 싶은 글 중의 하나였다. 이 글귀를 읽으면서 어린이날의 의미를 어린이날 단 하루라도 진지하게 생각해보았으면 한다. 방정환 선생님이 오래 전에 남긴 말씀이지만 지금 이 세상을 사는 어른들이 마음에 새기고 명심해야 할 말씀이라 다른 이에게도 꼭 소개를 하고 싶다.

● 소년운동의 기초 조건

· 어린이를 재래의 윤리적 압박으로부터 해방하여 그들에게 대한 완전한 인격적 예우를 허하게 하라.

· 어린이를 재래의 경제적 압박으로부터 해방하여 만 14세 이하의 그들에 대한 무상 또는 유상의 노동을 폐하게 하라.

· 어린이 그들이 고요히 배우고 즐거이 놀기에 족한 각양의 가정 또는 사회적 시설을 행하게 하라.

● 어른들에게

· 어린이를 내려다보지 마시고 치어다 보아 주시오.

· 어린이를 가까이 하시어 자주 이야기하여 주시오.

· 어린이에게 경어를 쓰시되 늘 보드랍게 하여 주시오.

· 이발이나 목욕, 의복 같은 것을 때맞춰 하도록 하여 주시오.

· 잠자는 것과 운동하는 것을 충분히 하게 하여 주시오.

· 산보와 원족 같은 것을 가끔가끔 시켜 주시오.

· 어린이를 책망하실 때는 쉽게 성만 내지 마시고 자세자세 타일러 주시오.

· 어린이들이 서로 모여 즐겁게 놀 만한 놀이터와 기계 같은 것을 지어 주시오.

· 대우주의 뇌신경의 말초(末梢)는 늙은이에게 있지 아니하고 젊은이에게 있지 아니하고 오직 어린이들에게만 있는 것을 늘 생각하여 주시오.

· 돋는 해와 지는 해를 반드시 보기로 합시다.

· 어른들에게는 물론이고 당신들끼리도 서로 존대하기로 합시다.

· 뒷간이나 담벽에 글씨를 쓰거나 그림 같은 것을 버리지 말기로 합시다.

· 꽃이나 풀을 꺾지 말고 동물을 사랑하기로 합시다.

· 전차나 기차에서는 어른들에게 자리를 사양하기로 합시다.

· 입을 꼭 다물고 몸을 바르게 가지기로 합시다.

우리들의 희망은 오직 한 가지 어린이를 잘 키우는 데 있을 뿐입니다.

다 같이 내일을 살리기 위하여 이 몇 가지를 실행합시다.

어린이는 어른보다 더 새로운 사람입니다. 내 아들놈 내 딸년 하고

자기의 물건같이 여기지 말고 자기보다 한결 더 새로운 시대의 새 인물인 것을

알아야 합니다. 자기 마음대로 굴리려 하지 말고 반드시 어린 사람의 뜻을

존중하도록 하여야 합니다. 어린이를 어른보다 더 높게 대접하십시오.

어른은 뿌리라 하면 어린이는 싹입니다. 뿌리가 근본이라고 위에 올라 앉아

싹을 내려 누르면 그 나무는 죽어버립니다.

뿌리가 원칙상 그 싹을 위해야 그 나무(그 집 운수)는 뻗쳐 나갈 것입니다.

경쟁하는 엄마들과 들러리가 되는 아이들

어린이날을 치르고 나니 이번엔 스승의 날을 준비해야 한다고 엄마들이 또다시 난리다. 그 동안 스승의 날이면 아이가 만든 꽃과 편지를 써서 들고 가면서도 다른 학부모들은 바리바리 선물을 사들고 간다는 소문에 마음이 불편해지곤 했다. 그냥 내 소신껏 마음 편하게 하고 싶은데 수양이 부족해서인지 스승의 날이 다가오면 마음이 무거웠다. 더구나 이번엔 개인적인 부담을 넘어 반 대표로서 스승의 날을 준비해야 하니 스트레스를 많이 받았다.

관례상 스승의 날에는 일일교사 활동과 교실에서 스승의 날 기념행사를 한다고 했다. 엄마들과 모여 어떻게 할지 의논해보니 지금껏 해왔던 관례로 또 반 대표가 일일교사를 해야 한다고 했다. 결국엔 내가 일일교사를 하게 되었다. 무얼 해야 할지 정말 고민스러웠다. 사람들은 내가 미술교육을 하는 사람이라고 쉽게 하려니 생각했지만 사십 명이 넘는 아이들에게 내가 하는 미술수업을 적용하기는 어려웠다. 내가 하는 수업방식은 열 명만 넘어도 불가능하기 때문이다.

일일교사에 대해 자료를 찾아보니 사회 유명인들이 자신의 모교나 자녀의 학교를 방문해서 어린 시절 이야기나 자기의 특별한 직업세계, 인생 성공담을 들려준다고 설명해놓았다. 나는 아이들이 호기심을 가질 유명인사도 아니고 사회적으로 성공한 사람도 아닌데 내가 들려주는 이야기에 귀를 기울일까 싶었다. 더구나 늘 듣고만 있는 아이들에게 또 뭔가 교훈적인 이야기를 듣게 한다는 것이 별로 마음에 들지 않았다. 알아보니 대체로 스승에게 편지쓰기, 그리고 싶은 것 그리기, 장기자랑 따위를 하면서 시간만 잘 때우면 된다는 것이 일반적인 분위기인 것 같았다.

고민 끝에 스승의 날을 기념하는 영상물을 아이들과 만들어보기로 했다. 반 아이들의 모습과 음성을 담은 영상물을 만들고 그걸 선생님께 선물하면 참 의미 있겠다는 생각이 들었다. 마침 내가 캠코더를 갖고 있었고 다룰 줄 알기에 해보기로 마음먹은 것인데, 우리 반이 영상물을 만든다니까 금방 소문이 나 다른 반들도 영상 촬영을 한다고 야단이었다. 캠코더를 다룰 줄 아는 사람이 없거나 장비가 없는 반에서는 전문 촬영기사를 부른다는 소리까지 들려왔다. 에고, 왜 이렇게 뭐만 하면 과열이 되고 왜곡이 되는지…. 관례를 따르는 일도 어렵지만 뭔가 바꿔내는 일은 더 어려운 것 같았다.

뭐든 경쟁하는 분위기가 되어버리니 아무리 좋은 것도 이상하게 흘러가 버린다. 일일교사라는 행사를 학부모들에게는 학교일에 참여하여 학교에 대한 이해를 높이는 기회로, 아이들에게는 색다른 경험을 하는 기회로 활용하면 좋을 텐데 전혀 그렇게 되지 않는다. "우리 반만 안 할 수 없잖아! 우리 반이 뒤질 순 없잖아!"라는 생각 때문에 엄마들은 짐으로만 느낀다. 더구나 "누구 엄마래, 누구 아빠래!" 이런 식으로 결국 또다시 내 아이 기 살리는 일로 변질되어 버린다. 이왕이면 아이들에게 좀더 의미 있는 수업을 해주고 싶다는 생각으로 시작한 일인데 결과는 또 다른 경쟁을 불러일으키는 일이 되고 만다.

"그냥 늘 하던 대로 하지, 저 엄마는 왜 저렇게 매번 어지럽게 만드는지 알 수가 없네. 쯧쯧, 얼마나 잘난 척 하고 싶으면 저렇게 난리야!" 이런 소리를 들어야만 했다. 가만히 생각하니 그 말도 맞는 것 같았다. 물론 내가 잘난 척을 하려는 마음이 있었던 것은 아니지만 결과적으로 다른 엄마들 눈에는 별나게 보였겠다는 생각이 들었다. 우리 사회, 특히 학교라는 집단

안에서는 각자의 능력이나 개성에 맞게 일을 하기가 참 어렵다는 것을 절실히 느꼈다. 분위기가 이렇다 보니 엄마들은 서로 똑같이 맞추려고 하거나 뭐든 돈으로 해결하는 것이 당연해지나 보다. 어쩌다가 이렇게 되었는지 안타까웠다. 그래도 다행히 촬영기사를 부른다는 다른 반들을 잘 설득해 각 반의 형편에 맞게 하고, 불가능한 반은 내가 도와주기로 하여 이 문제는 겨우 해결되었다.

하지만 이번에는 스승의 날 교실별 행사를 준비하는 일이 남아 있었다. 엄마들은 일단 꽃바구니와 과일바구니, 케이크를 준비하는 것이 관례의 기본이라고 말했다. 나는 이번에는 꼭 관례를 깨고 싶었다. 행사비용을 높이는 쪽으로 관례를 깨는 것이라면 문제가 되겠지만 비용을 낮추는 것이 다른 반에 폐가 되는 일은 아니라고 생각했다. 욕먹어가면서 학기 초의 거창한 상견례도 취소하고, 소풍 목욕비도 없애고, 선생님 간식, 어린이날 행사 비용을 무척 적게 지출했다.

우리 반은 올해 들어 학급비를 강제로 거두지 않았기에 스승의 날 행사에 쓸 돈이 없었다. 하지만 아이들에게 스승의 날을 제대로 지내게 해주고 싶었다. 몇몇 엄마와 임원 활동을 하는 아이들이 주도하고 나머지 아이들은 들러리가 되는 행사가 아니라 반 아이들이 조금씩이라도 모두 참여하는 스승의 날을 만들고 싶었다. 아이들이 마음 모아 행사도 준비하는 게 좋은데, 엄마들이 요란을 떨수록 스승을 더 욕되게 하고 스승의 날의 본뜻을 왜곡시킨다는 생각을 했기에 이번만큼은 욕심을 내기로 했다. 그래서 초코파이를 아이들이 손수 쌓아서 케이크를 만들고 아이들이 만든 작은 깃발에 각자의 이름과 선생님께 하고 싶은 말을 적어 꽂기로 했다. 그리고 이런 장면을 찍어 모든 아이들이 참여하는 영상을 만들기로 마음먹었다.

아이들과 선생님
사이에 끼어들지 말고

드디어 스승의 날이 되었다. 학교는 다른 날보다 술렁거렸다. 교문에는 고학년 학생들이 출근하시는 선생님들의 가슴에 꽃을 달아드렸고, 아이들은 수업을 하지 않는 날이라 가벼운 가방에 꽃과 선물을 챙겨 신이 나서 학교에 왔다. 엄마들도 스승의 날을 축하하기 위해 학교를 방문했고, 학교는 잔칫집 분위기가 되었다. 선생님들은 특별히 예쁜 옷을 입고 학교에 오신 듯 했다.

아이들은 선생님이 나타나자 환호와 박수를 보내면서 자기가 가지고 온 선물과 편지를 드린다고 요란을 떨었다. 솔직히 얼마나 소란스러운지 정신을 차릴 수가 없었다. 겨우 아이들을 진정시키고 준비한 초코파이 케이크로 스승의 날 기념식을 나름대로 끝내고 영상 촬영을 시작했다. 조별로 장기자랑을 하거나 선생님께 전하고 싶은 영상 편지, 그냥 간단한 자기소개도 하면서 우리 반 모든 아이들의 모습과 음성을 담아보았다. 아이들은 처음에는 호기심 어린 눈으로 보더니 얼마 지나지 않아 다시 산만해지면서 다른 사람이 발표를 할 때는 관심을 기울이지 않았다. 친구들이 발표하는 모습을 비웃거나 야유를 보내는 것이 그나마 관심을 보이는 모습이었고, 대부분 떠들고 장난치기에 바빴다. 아이들과 뭔가 하기 위해서는 인내가 많이 필요하다는 걸 절실하게 느낀 날이었다. 선생님들이 아이들과 지내느라 진짜 고생을 많이 하시겠구나 싶었다. 인내심을 가지고 촬영을 끝낸 뒤 찍은 영상을 즉석에서 텔레비전으로 보여주니 아이들은 무척 즐거워했다. 자기 얼굴이 나오니 부끄러워서 숨으며 난리법석을 떨었다. 선생님께 녹화한 테이프를 전해드리고 엄마들과 어수선한 교실을 청소하고 나니 어지럽고 몸살 기운이 돌았다.

다음 주는 우리 학년이 급식 배식당번이라는데… 어휴, 학부모 노릇이 이리도 힘든지, 어디까지 얼마나 해야 하는 것일까 싶었다. 이즈음에 반장 엄마 노릇하기가 너무 힘들고 고통스러워서 전학을 가버렸다는 다른 반 엄마의 소식이 들렸다. 오죽했으면 그랬을까. 다시는 아이에게 반장하지 말라고 신신당부를 했다고 한다. 진짜 남 일이 아니란 생각이 들었다. 능력 있는 학부모들이야 자기 아이 기도 살리고, 잘난 척 하는 맛에 돈 쓰는 일이 아무렇지도 않겠지만 자신의 행동이 다른 많은 아이들과 엄마에게 상처와 좌절을 준다는 사실은 모르나 보다. 경제적으로 여유가 있는 부모라면 이왕이면 바람직한 방향에서 학교와 아이들에게 도움을 주면 좋을 텐데, 도리어 치맛바람을 일으키고 학교교육을 왜곡시키고 있으니 너무 안타깝다.

최근 스승의 날에 문제가 많이 생겨서 그런지 학교에서 선물을 보내지 말라는 가정통신문을 보내기도 한다. 그러나 막상 스승의 날이 되면 엄마가 준비해준 선물을 들고 아이들은 학교에 간다. 또 스승의 날에 도리어 스승을 욕되게 한다고 이날을 휴업날로 정하자, 스승의 날을 미리 또는 뒷날이라도 잊지 않고 챙기는 학부모도 있다.

"아무리 그래도 스승의 날에 빈손으로 아이를 보낼 수가 있어야지요. 그래서 선물 챙겨서 보냈는데, 가정통신문에 선물 가져오면 돌려보낸다더니 잘만 받던데요."

"그러게 말이에요. 그냥 보냈으면 어쩔 뻔했어요."

보내지 말라는 가정통신문을 받고도 굳이 선물을 보내는 학부모나 돌려보낸다고 해놓고 돌려보내지 않는 학교나 똑같이 참 답답한 노릇이다. 일부 몰지각한 학부모와 교사들이 전체 학부모와 교사 그리고 아이들 사이를 갈라놓고 있다는 생각을 하면 몹시 화가 난다.

스승의 날을 보내며 내 학창시절 스승의 날이 떠올라 더욱 씁쓸했다. 아줌마들의 선물 공세와 촌지, 쓰레기통에 구겨진 채 버려져 있던 내 편지, 아이들이 들고 온 선물에 미소 짓던 선생님의 얼굴을 잊을 수 없다. 화려한 선물을 들고 선생님 앞으로 달려가는 아이들의 모습을 멀리서 바라보며 초라한 편지 한 장 들고 서 있는 내 모습을 지금 21세기 교실에서 발견한다. 선생님의 관심을 받고 싶었지만 늘 들러리에 불과했던 나. 나처럼 상처받는 아이들이 지금의 교실에도 있다는 것이 마음 아프다.

내 스승은 어떤 분들이셨나. 스승의 날이면 형식적인 감사 편지를 쓰면서 짜증스러웠고, 감사를 느끼지 못하는 나의 심성이 걱정스럽고 고민되기도 했다. 감사할 줄 모르고 감사를 느끼지 못하는 못된 인간이 아닌가 싶어 나의 인간성을 되돌아보기도 했다. 어른이 되어서 가끔 마음의 스승이 있는 분들의 이야기를 들으면 존경하는 스승을 한 분도 마음 속에 간직하지 못한 나의 학창 시절이 몹시 부끄럽게 느껴지기도 했다. 불행하게도 내가 학교에서 만났던 그 많은 선생님들 중에 가슴에 남아 있는 스승은 단 한 분도 없다. 생각해보면 나도 그 치맛바람 아줌마들에게 스승과의 만남을 빼앗겼던 학생 중의 하나이다.

선생님이 모든 아이들에게 골고루 사랑을 나눠줄 수 있도록, 그래서 상처 받는 아이들이 적어지도록 선생님과 아이들의 관계에 학부모들이 끼어들지 않았으면 좋겠다. 스승과 제자가 서로 만날 수 있게 학부모는 좀 빠져주는 것이 예의가 아닐까? 차라리 아이들의 스승은 아이들에게 돌려주고 부모는 자기 자신의 스승과 스승의 날을 맞이하면 어떨까.

먼저 깨달은 사람이 고쳐나가야 달라지죠

이건 불법
선거인데요

형편상 전셋집과 미술학원을 옮기면서 5학년이 되는 솔빛이는 전학을 하게 되었다. 그런데 전학 온 학교에서 나는 본의 아니게 유명인사가 되고 말았다. 학교에 아이를 전학시키고 얼마 뒤에 열린 학부모총회 자리에서 운영위원을 대충(불법으로) 뽑으려는 것을 내가 방해한 사건 때문이었다.

학교운영위원회는 법적 기구로 적법한 절차를 거쳐 학부모위원을 선출해야 한다. 그런데 학부모들에게 아무런 안내문도 보내지 않고, 후보등록 절차도 없이 그냥 학부모총회에서 학부모회 임원들이 겸직하도록 박수로 승인을 받으려고 했다.

"반대하시는 분은 말씀해주세요. 이견이 없으면 여러분의 박수로 통과시키겠습니다."

불법으로 선거가 진행되고 있음을 눈치 채고, 이걸 이야기해야 하나 말아야 하나 가슴이 콩닥콩닥 뛰었다. 고민을 하다가 이때다 싶어 손을 들려는 순간 누군가가 먼저 손을 들었다.

"저는 ○○에서 최근에 전학 온 학부모입니다. 전에 다녔던 학교에서는 이렇게 운영위원을 선출하지 않았는데 후보도 없이 이렇게 선출해도 되는 건지 궁금합니다."

내가 하고 싶었던 질문을 먼저 해준 그 엄마가 얼마나 반갑던지, 나는 크게 숨을 들이쉬고 용기 내어 얼른 손을 들고 발언권을 얻어 이야기를 했다.

"지금 이렇게 선출하는 것은 불법으로 알고 있습니다. 절차를 거쳐 운영위원을 선출해야 합니다."

두 사람이 그렇게 문제를 제기하자 학교장과 교사들, 학부모회 임원들은 당황한 기색으로 이 상황을 수습해보려고 애를 쓰다가 학부모들이 하나 둘 회의장을 빠져나가 버리면서 결국 운영위원을 뽑지 못하고 회의가 무산되었다. 학교 관계자, 나와 문제를 제기했던 학부모, 조금 전 박수로 뽑힌 학부모회 회장, 임원들, 학년 대표 그리고 몇몇 관심 있는 엄마들만 남게 되었다. 교장선생님은 몹시 불쾌한 표정이었고, 행정실장과 교감선생님은 갑자기 언성을 높이면서 왜 학교를 혼란스럽게 만드느냐며 흥분했다.

그때를 생각하면 지금도 솔직히 가슴이 벌렁거린다. 문제를 지적한 두 학부모를 둘러싸고 위압적인 분위기를 만들었던 다른 학부모들, 교사들을 비롯한 학교 관계자들의 행동은 영화에 나올 법한 모습이었다. 잠시 후 교무실로 자리를 옮겨서 학교에서 급조한 (불법) 대의원이 뽑는 간접선거가 형식적으로 치러졌다. 그 학교는 학교운영위원회 규정상 선거인단에 의한 간접선거를 하게 되어 있었다. 원칙적으로 한다면 학부모들이 자기 반의 대의원 두 명을 직접 선거로 뽑아야 하고, 그 대의원들이 운영위원을 뽑아야 한다. 그런데 그런 절차 없이 그냥 각 반의 반장엄마 다시 말해 반 대표 엄마가 급조된 대의원이 되어 선거를 한 것이다.

"제가 문제를 제기하고 안 하고를 떠나 지금 이렇게 선출하는 것 역시 불법입니다."

내가 끝까지 뜻을 굽히지 않자, "우리 학교 망치려고 작정했어? 당신 뭐야!" 누군가 소리를 지르고 난리가 났다. 그래도 그 와중에 뜻을 같이하는 학부모를 몇 명 만난 것은 정말 다행스러웠다. 그 엄마들이 없었다면 나 역시도 용기를 내지 못했을지 모른다. 몇 사람에 불과했지만 비슷한 뜻을 갖고 있는 학부모가 있으니 참 많은 위로가 되었고 용기도 생겼다.

아무튼 그날 그렇게 난리법석을 겪고 집으로 돌아오니 다리가 후들거렸다. 어찌 학교란 곳이 이 지경인가. 우리가 자기들에게 무슨 잘못을 했다고 그 난리인지 이해가 되지 않았다. 분하고 화가 나 견딜 수가 없었다. 자기들이 잘못했으면서 그 잘못을 알려준 사람을 그렇게 취급하는 것을 그냥 둘 수 없다는 생각이 들었다. 그날 만났던 몇몇 뜻을 같이하는 학부모들과 의논을 해보았다. 우리는 교육청에 문의를 하려다가 그만두기로 했다. 가재는 게 편이라고 교육청은 늘 "알아보겠습니다." "그런 일 없다는데요." 그렇게 하다가 대충 넘어가는 것을 잘 알기에 참교육학부모회에 도움을 요청하기로 했다.

참교육학부모회에서 학교에 연락하여 진상을 묻자 학교에서는 더 시끄러워질까 걱정되었는지 협상을 제안해왔다. 원칙대로라면 선거인단을 구성하고 정식으로 다시 선거를 해야 하는 것이나 우리는 한 발 양보하기로 했다. 지금 이 상태에서 다시 선거인단을 구성하고 선거를 한다 해도 별로 달라질 것이 없었기 때문이다.

그날 일을 두고 주변에 떠도는 이야기를 들어보면 참으로 어이가 없었다. 그날 운영위원 선거가 어떤 문제를 안고 있었는지 관심을 두기보다 우리의 사적인 부분에만 궁금해 하는 것 같았다.

"저 엄마 그렇게 잘났어? 조용하던 학교에 웬 분란이야? 굴러온 돌이 박힌 돌을 빼려 하네! 왜 그리 설친대?"

"무슨 대학 나왔대? 남편 직업이 뭐야?"

"몇 평에 산대? 잘 살아?"

"애는 공부 잘한대?"

학부모들은 대개 그 자리에 끝까지 있었던 몇몇 학부모들의 '~카더라' 통신을 통해 왜곡된 이야기를 많이 들었을 터이니, 대다수 학부모들이 학교 소식을 제대로 접할 수 있는 통로가 필요하다는 생각이 들었다. 학부모들이 운영위원회에 대해 아는 것이 거의 없고, 알려준다고 해도 별로 관심 없어 대충 관례대로 꾸려질 가능성이 컸다. 오히려 제대로 된 절차를 거치는 것을 귀찮은 일로 받아들일 가능성까지 있었다.

우리 몇 명이 백 가지 일을 하는 것보다 백 명의 학부모가 한 가지씩 하는 것이 더 바람직할 거라는 생각이 들었다. 그래서 우리는 두 가지 사항을 수락한다면 이번 선거에 대해 더 이상 문제를 제기하지 않기로 학교와 합의했다. 운영위원회 소식지를 만들어 모든 학부모들에게 회의 내용을 알리고 관심 있는 학부모들이 회의를 참관하게 할 것. 또 회의 결과도 모든 학부모들에게 가정통신문으로 통보할 것, 그리고 내년엔 꼭 직선으로 선거를 하도록 학교 내규를 바꾼다는 약속을 받았다. 역시 뜻이 같은 사람들은 뭉쳐야 하고, 시민단체가 성말 필요함을 절감했다.

먼저 깨달은 사람이
고쳐나가야

이렇게 일 년이 지나고 6학년 학부모가 되었다. 작년에 어려움을 겪긴 했지만 그 덕분에 일 년 동안 작은 안내문을 통해 운영위원회 소식을 받아보았다. 새 학기가 되자 학교에서 학부모운영위원 후보 등록을 하라는 가정통신문이 날아왔다. 작년에 비해 절차상 많이 발전되었다는 점에서 그래도 나름의 보람을 느꼈다. 그래, 가만히 있어서 될 일이 아니지, 고쳐야 할 것은 누구라도 먼저 깨달은 사람이 나서서 조금씩이라도 고쳐나가면 조금씩 달라지는구나 싶어 뿌듯했다.

이제 이렇게 원칙을 지켜 학부모위원을 선출하게 되었으니 운영위원 활동을 통해 학교가 좀더 나은 교육공간이 되도록 학부모들이 힘을 모아야 한다고 생각했다. 주변의 학부모들에게 알리고 같이 참여해보자고 설득했다. 하지만 다들 내 말에 고개만 끄덕일 뿐 참여하겠다는 사람들은 없었다.

"운영위원은 학교에 기부금을 내야 한다던데요. 그럴 능력이 없어요."

"저는 나서는 것이 성격에 맞지 않아요. 잘못했다가는 구설수에 오르기 십상이고, 아이에게 불이익이 올지도 모르니 그냥 조용히 지내고 싶어요."

"그런 일은 아무나 하는 게 아니잖아요. 아는 것도 없고 전 자신 없어요. 솔빛엄마가 하신다면 도와는 드릴게요."

대부분의 학부모들은 '학교 참여' 하면 경제적인 부담을 떠올렸다. 또 아이들에게 해가 되지 않는 범위에서 그냥 무난하게 묻어가는 것이 제일이라고 생각하고 있었다. 나 역시 그런 생각을 했던 학부모였기에 엄마들의 심정이 충분히 이해되었다.

"아니에요. 학교운영위원회는 돈이 들지 않아요. 위원회는 법적 기구여서 규정에 따라 활동하게 되어 있어요. 불법 모금을 하면 법적인 처벌을 받게 된답니다. 우리 같이 해봅시다. 우리 아이들이 다니는 학교를 우리가 만들어 가자구요."

참교육학부모회의 도움을 받으며 주변 학부모들을 만나 학교운영위원회 활동에 대해 구체적인 설명을 하고 학교운영위원회가 얼마나 중요한지 설득했다. 다행히 몇 분이 뜻을 모아 참여하겠다고 하여 후보로 등록했다. 등록을 마친 결과, 후보들이 많아서 학부모들이 직접 투표를 해서 뽑게 되었다. 경선을 하게 된 것이다. 학교에서는 작년과는 다르게 후보자들에 대한 선거 홍보물을 만들어 학부모들에게 나눠주었고, 학교는 선거 분위기로 술렁거렸다. 처음으로 직접 학교운영위원을 선출하게 되니 엄마들은 만나면 꼭 선거에 대해 이야기를 나눌 만큼 운영위원회에 대한 관심이 높아졌다. 나를 아는 엄마들은 내가 뽑혀야 한다면서 아는 엄마들에게 전화를 하기도 했다. 그렇지만 작년에 전학을 와서 상대적으로 아는 엄마들이 적으니 불리하다는 생각에 나는 소견문을 열심히 준비했다. 같이 참여하기로 마음먹은 엄마들과 만나 함께 참교육학부모회에서 나온 『운영위원회 길잡이』 책자를 보면서 공부를 하기도 했다. 이를 바탕으로 학부모들에게 공감을 얻을 만한 소견문을 만들고 연습하면서 서로를 격려했다. 역시 함께 하는 사람들이 있으니 힘도 나고 더욱 용기가 생겼다.

당당히 학부모운영위원으로
뽑히다   드디어 선거날이 되었다. 오랜만에 신경 써서 차려입고 학교로 갔다. 많은 학부모들이 강당을 가득 메웠다. 작년에 비해 훨씬 많은 학부모들이 관심을 갖고 모여든 것이 확실했다. 일곱 명의 학부모위원을 뽑는데 열 명의 후보가 나와 차례차례 소견문을 발표했다. 대체로 간단하게 인사를 하고서 "학교를 위해 일해보겠습니다." 하고 발표하는 분위기였다. 우리는 당선을 목표로 삼기보다, 학부모들에게 운영위원회가 무엇을 하는 기구이고 어떤 역할을 해야 하는지를 알리는 데 목표를 두었다. 그렇기에 운영위원회 제도가 언제 생겼고 왜 생겼는지, 무슨 일을 하는지에 대해 각자 나누어서 이야기를 했다. 그리고 나는 작년까지 이 학교의 운영위원 구성에 다소 문제가 있었다는 점을 지적했다. 그리고 학부모들이 관심을 갖지 않는다면 운영위원회가 있어도 아무런 구실을 못할 것이고, 오늘 하루 운영위원을 뽑는 일로 학부모로서 책임을 다했다고 생각하면 곤란하다고 강조했다. 더불어 최소한 자기가 뽑은 학부모위원은 기억했다가 활동을 잘 하는지 관심을 가져야 하고, 건의사항이 있으면 건의하고 함께 도울 일이 있다면 도와줘야 한다는 말로 소견 발표를 끝냈다.

많은 학부모들 앞에서 하고 싶은 이야기를 했다는 것만으로 만족스러웠다. 당선되지 않더라도 내가 할 역할은 충분히 했다는 생각이 들어 홀가분했는데, 내가 최다 득표로 당선이 되었다. 한 사람은 학교 급식의 문제점을 지적하고 그런 것을 시정하고 계획하는 일이 학교운영위원회의 중요한 역할이라고 이야기해서 학부모들에게 많은 호응을 얻었다. 또 다른 엄마는 예결산 심의 등 운영위원회가 해야 할 다양한 역할을 소개하면서 처음이지만 열심히 해보겠다는 다짐으로 많은 표를 받아 당선이 되었다. 그리고 한 아빠는 법률 관련 전문 직업의 특성을 살려서 운영위원 활동을 하겠다고 하여 엄마들 사이에서 당당히 당선되었다.

학부모운영위원이 그렇게 구성되고 나니 학교에서 원했을 법한(절대 그런 일은 없다고 하지만) 학부모들이 떨어지고 말았다. 아이들보다는 교장

선생님을 위해 일하려는, 혹은 내 아이를 위해서만 일을 하려는 사람, 또 몇 년간 학부모회 일을 맡아서 해왔고 이번엔 학부모회 회장이 된 엄마도 떨어졌다. 작년에 내게 험한 소리를 했던 행정실장이나 교장선생님의 얼굴은 그리 밝아 보이지 않았다.

"운영위원회는 학교가 잘 돌아가도록 돕고 보조하는 일을 하는 것이지 학교를 시끄럽게 하고 문제점을 들춰내는 일을 하는 것이 아닙니다."

교장선생님의 말씀을 끝으로 그 날의 선거는 마무리되었다. 아무래도 우리가 학교를 시끄럽게 할 사람이라는 이야기를 돌려서 말하는 것 같았다. 문제가 없다면, 비리가 없다면 들춰낼 것이 뭐가 있을까? 도둑이 제발 저리다는 말처럼, 그렇게 민감한 반응을 보이는 것이 도리어 이상했다.

씁쓸한 다수결의 법칙

지역위원 선출과 운영위원장 선출까지 끝나고 드디어 본격적인 운영위원회 활동이 시작되었다. 안건이 열 개 가까이 되는 두툼한 회의 자료를 아이 편으로 보내왔다. 지난번 학교처럼 회의 날 아침에 전화해서 오늘 회의가 있으니 참석하라던 것보다는 낫지만 아이 손에 회의 자료를 들려 보내는 것은 역시 고쳐야 한다는 생각이 들었다(문제를 제기한 뒤로는 직접 등기우편으로 배달이 되었다). 함께 운영위원이 된 학부모들을 만나 회의 자료를 검토하고 질의사항과 수정 제안해야 할 내용에 대해 의견을 나눠보니 역시 혼자 할 때보다 여럿이 함께 하는 것이 좋다는 생각이 들었다.

회의 날이 되어 학교에 가니 교장실이 아닌 큰 교실에 회의자리가 마련되어 있었다. 예전 학교도 그랬지만 그 당시엔 교장실에서 소파에 앉아 간단하게 회의하는 학교들이 많았던 시절이다. 지금은 그런 학교가 거의 없지 않을까? 위원들이 하나둘 도착하여 드디어 회의가 시작되었고, 팽팽한 긴장감 속에 두 시간이 훌쩍 넘어갔다. 회의가 길어지니 교장선생님을 비롯한 일부 교원위원과 학부모위원들은 안건에 대한 질의나 제안, 의견 개진은 고사하고, 좀더 상세한 제안 설명을 요구하는 나와 동료 학부모위원의 태도를 언짢게 여기고 노골적으로 불만을 토로하기 시작했다.

"회의 자료를 미리 받았으니 충분히 생각하시고 회의에 참여했을 거라 생각합니다. 이렇게 자꾸만 시간을 끌어서는 안 됩니다. 다들 바쁜 사람들인데. 다른 의견이 있다면 원안과 함께 표결하여 다수 의견으로 결정합시다. 여기서 언제까지 이렇게 시간을 보낼 겁니까? 의장님!"

"그래요. 아이들 저녁 차려줘야 하는데, 다수결로 결정합시다. 일일이 의견 다 듣다가 언제 이 많은 안건을 처리합니까?"

"빨리 끝내고 밥 먹으러 갑시다. 배고파 죽겠습니다."

학교의 중요한 안건을 처리하는 운영위원 회의이고 처리할 안건이 한두 가지가 아니니, 오랜 시간이 걸리는 것은 당연한 일이다. 그런데 내 생각과는 달리, 일부 학부모와 학교 측은 충분한 토의를 하지 못하게 막으며 무조건 다수결로 빨리 빨리 결정하여 회의를 끝내자고 요구했다.

"학교장으로서 한 말씀 드리겠습니다. 담당 선생님들과 심사숙고해서 내놓은 안들입니다. 믿고 승인해주시면 최선을 다해 시행을 하겠습니다."

"그래요. 우리 교장선생님과 우리 학교 선생님들이 어련히 잘 알아서 하시겠어요. 이렇게 시시콜콜 따지는 건 예의가 아니지요. 우리 학부모들이 믿어주고 따라줘야 아이들도 선생님을 믿고 따르지 않겠습니까?"

결국엔 구성원의 다수가 다수결로 안건을 처리하자는 의견에 동의했고,

거의 모든 안건을 거수로 처리하게 되었다. 그렇게 운영위원들은 거수기에 불과했고 대부분의 안건이 원안대로 통과되었다.

믿는 도끼에 발등 찍히다

이 와중에서도 나는 회의를 빨리 끝내자는 불만을 무시하고, 졸업앨범을 공개입찰 방식으로 만들자는 의견을 내어 학부모위원을 설득하는 데 성공했다. 교장 눈치를 살피는 교원위원들은 학교 안에 손을 들었지만 학부모위원들은 싼 가격에 더 질 좋은 앨범을 만들 수 있다는 내 의견에 손을 들어주었다. 다른 학교 사례를 들어보고, 내가 참고자료로 들고 간 다른 학교 앨범과 우리 학교 앨범을 직접 비교해보더니 마음이 움직인 모양이었다. 조달청 가격으로 수의계약을 하는 방식보다 공개입찰을 하는 경우 훨씬 질 좋고 가격이 싸진다는 사실이 눈에 뻔히 보이는 상황인데도, 상급자 눈치를 살피며 자기 뜻을 제대로 밝히지 못하는 교사들 모습에 참으로 실망스러웠다. 자기 돈이 아니라 학부모의 주머니에서 나가는 돈이라서 그랬을까?

앨범 공개입찰을 진행할 때도 운영위원들의 역할이 중요하기에 나는 다시 소위원회 구성을 제안했다. 그러나 인식이 부족해서인지 소위원회는 구성되지 않았고, 6학년 학부모인 나와 6학년 부장이면서 교원위원인 6학년 1반 담임선생님이 의논하여 담당하기로 했다. 6학년 부장선생님은 진보적인 교원단체 활동을 늘 자랑삼아 이야기하셨던 분이라 일이 수월하게 풀릴 거라고 기대했다. 그런데 웬걸, 그 선생님은 일방적으로 일을 처리해버렸고, 어렵게 회의에서 띠낸 앨범 공개입찰을 수의계약과 별로 다르지 않게 처리해 의미 없는 일로 만들어버렸다. 그 당시엔 나도 경험이 부족해 회의에서 결정한 것이니 최소한 형식은 갖추겠지 생각하고, 자칭 참교육 선생님이라 주장하는 그 부장선생님을 믿었는데, 믿었던 도끼에 발등을 찍힌 격이었다. 그때를 떠올리면 지금도 참 어이가 없다.

학부모들에게는 민주적이고 합리적이라고 비쳐졌던 그 부장선생님이 실상은 누구보다도 교장 눈치를 보는 교사였다는 사실을 나중에 알고 얼마나 실망했는지 모른다. 그리고 회의에서 결정되면 당연히 그 일이 실행될 거라는 생각이 얼마나 순진한 생각이었는지도 알게 되었다. 나는 운영위원을 하면서 이론과 현실은 상당히 다르다는 세상의 이치를 새삼 깨닫게 되었다.

내가 학교 다닐 때 했던 학급회의가 생각난다. 매주 회의를 하지만 선생님이 원하는 결론을 내고 끝났던 그 허무한 학급회의. 그땐 우리가 아이들이기에 당연한 줄 알았고, 어른이 되면 제대로 회의를 하고 뭔가가 이룰 수 있을 거라는 기대를 품었는데 기대는 여실히 깨졌다. 학교가 우리 사회의 모습을 정확하게 반영하고 있다는 사실을 확실하게 깨달았다.

학부모 운영위원으로 활동했던 일을 떠올려보면 절차나 형식을 개선하는 것 말고는 솔직히 별로 성과가 없었던 것 같다. 학교에서 일어나는 일들은 대부분이 관례이고, 교육과정상 그렇게 짜여 있으며, 다른 학교에서도 흔하게 일어나는 일이라고 했다. 혹시 다른 의견이나 대안이 있더라도 회의 과정에서 표결로 가면 대부분 그냥 원안대로 진행되곤 했다. 회의에서 결정한 일도 학교에서 번복해버리면 그만이었다. 몇몇 사람들이 문제를 제기하면 그들의 입만 막고 그냥 대충 넘어가면 된다는 듯, 사실 눈 하나 깜박하지 않는 것처럼 보였다. 회의를 왜 하는지, 운영위원은 무엇 때문에 있는지 의아스럽기만 했다. 내가 너무 많은 기대를 했던 것일까? 이런 운영위원회를 통해 학교를 변화시킬 수 있을지 회의감이 많이 들었다. 그럴수록 더 이성적으로 대처해야 하는데 감정을 앞세우게 되고, 그러다 왜 내가 이런 일을 하면서 힘들어하는지 다 그만두고 싶은 마음이 들기도 했다. 그러나 참교육학부모회를 통해 좋은 사례를 만들어내는 다른 학교 이야기를 들어보면 우리 아이가 다니는 학교도, 우리 울산 지역도 그렇게 되었으면 싶었다.

더디 가도
여럿의 힘으로

희망의 끈을 놓아서는 안 되겠다고 마음을 다잡곤 했지만 몸도 마음도 지쳐갔다. 더구나 많은 지지를 받고 운영위원으로 당선되니, 다들 기대에 찬 눈으로 나를 바라보는 것 같았고 은근히 부담스럽기도 했다. 자리에 있을 때 뭔가 치적을 남기고 싶어 하는 심리를 알 것 같기도 했다. 더욱이 내가 참교육학부모회 지부장이란 직책에 있다 보니 함께 하는 사람들도 많은 것을 기대하는 것 같았다. 올해는 눈에 띄는 성과를 내야 한다는 부담감을 스스로 짐 지우면서 자유롭지도 행복하지도 않았다. 당선되던 날의 기쁨은 아주 짧은 순간이었고 압박감이 무겁게 나를 짓눌렀다. 학교운영위원의 역할이나 해야 하는 일에 대해 아는 것이 많아질수록 부담과 압박은 더 커져갔다. 아는 것이 힘이 아니라 괴로움으로 변했다. 그러면서 나는 유연성을 잃고 경직되어갔다.

외부의 시선과 기대로 인한 부담감도 있었지만 내 안에도 '빨리빨리' '뭔가 보여줘야 한다'는 성과 위주의 습성이 자리 잡고 있었던 것이다. 더불어 지나친 책임감에 더 많이 부담스럽고 힘들어했던 것 같다. 성과 위주의 전시 행정을 펼치는 학교를 비판하며 교육운동을 한다는 나 역시도, 과정을 중요하게 여기기보다는 결과와 성과를 중심에 두고 있었던 셈이다. 자신뿐 아니라 타인을 평가하는 잣대도 여기서 벗어나지 못했다. 그러다 보니 같이 교육운동을 한다는 사람들끼리도 활동의 어려움을 서로 이해하고 감싸기보다는 성과 위주로 활동하고 평가를 당하면서 서로 상처를 주고 받았다.

아이를 키우면서 부모들이 아이 문제를 떠맡아 안고 해결한답시고 아이 스스로 해결하려는 의지를 잃어버리게 만드는 실수를 자주 범한다. 그것처럼 학교 문제, 교육 문제를 많은 학부모들이 스스로 인식하고 해결해보려는 힘을 키우게 돕기보다는 내가 나서서 해결해주려는 영웅심리 같은 것도 내 안에 있는 듯했다. 이 영웅심리를 벗어던지는 것이 결코 쉽지는 않았다. 학부모단체를 통해 사회운동을 배워가면서 일하는 방식이 내 안에서 마치 학교의 '관례' 처럼 굳어지고 있음을 느끼곤 한다. 어느 틈엔가 몸에 배어 바꾸기가 어려워진다. 아이들에게 유연한 사고를 기대하듯이 우리도 굳어진 습성을 벗고 늘 새로운 눈으로 세상과 소통하는 법을 배우지 못하면 쉽게 지치고 힘들어진다는 것을 뼈저리게 느낀다.

어떤 일에 뜻을 품고 살다보면 초심을 잃고 그 일 자체에 욕심을 부리는 경우가 많다. 뜻있고 중요하고 바람직한 일일지라도 일을 앞세우다 보면 지치고, 자칫 사람보다 일의 결과나 성과를 더 중하게 여기는 실수를 범하곤 한다. 좋은 일이든 나쁜 일이든 욕심을 부린다고 되는 일이 아닌데 그동안 잠시 잊었던 것은 아닌가 싶다. 몇 년 동안 학교운영위원, 참교육학부모회 회원, 또 지부장으로 활동했던 시간을 돌아보니 앞으로 꾸준하게 해야 할, 꼭 필요한 일이 바로 학부모 교육이라는 생각이 들었다.

그 동안 학교활동을 하면서 학교가 바로서지 못하고 우리 교육이 점점 더 수렁에 빠지는 것이 무엇보다 학부모가 중심을 잡지 못하기 때문이란 생각이 많이 들었다. 학부모인 내가 교사를 변화시킬 수는 없는 노릇이고 학교 행정을 뜯어고치는 것도 불가능하지만, 적어도 나와 같은 학부모를 한 명이라도 변화시키는 일은 가능하지 않겠나. 그 학부모가 다시 다른 이들을 바꾸어내는 일이 점점 늘어난다면 조금이나마 우리 교육이 나아지고 아이들이 행복해질 거라는 믿음을 품었고 거기서 희망을 키워보자고 마음먹었다.

그렇지만 내가 아무리 좋은 대안을 가지고 있더라도 다수의 학부모가 관심이 없거나 내 의견에 찬성해주지 않는다면 아무런 소용이 없는 일이다. 나 혼자 혹은 몇몇이 뭔가를 하려고 노력하는 것이 아무것도 하지 않는 것보다는 낫겠지만 우리 교육을 바로 서게 하기 위해서는 더 많은 학부모들이 힘을 합해야만 한다. 아이 성적과 사교육에만 관심 있고 바람직한 학교 교육에는 별 관심이 없는 다수의 학부모들이 조금이라도 학교에 관심을 갖도록 교육하는 일이 정말 필요하다 싶었다.

나는 그 후 아이가 학교를 그만두어 더 이상 운영위원 활동이나 학교 참여 활동을 하지 못했지만 참교육학부모회 울산지부장으로 활동하면서 많은 학부모들을 만나고, 함께 공부하는 모임을 꾸렸다. 아직은 운영위원회나 학교 참여를 두려워하는 분위기가 대세이고, 어떻게 하면 내 아이를 더 잘 교육시킬까 고민하는 부모들이 대부분이지만, 이 바탕 위에서 자녀교육에 중심을 잡을 수 있도록 도와주는 학부모 교육을 마련했다. 자기 아이만 바라보며 전전긍긍하던 학부모들이 차츰 주변의 아이들과 교육 환경에 관심을 갖고 걱정하는 학부모들로 변해갔다. 방학이면 학원 한 군데 더 보내기보다는 마음껏 뛰어놀고 탐구할 수 있게 프로그램을 만들고 주변 아이들과 나누는 행사를 직접 진행하기도 했다. 더 나아가서 학교운영위원이나 도서관 도우미 활동, 상담 자원봉사도 하는 등 주체적인 학부모로 성장하기도 했다. 물론 이 역시도 조급한 마음으로 바라보면 아직도 소수이고, 그래봤자 학교가 별반 달라지지 않는다고 생각할 수도 있다. 그러나 조금이라도 뜻을 같이하는 부모들이 하나둘 모여들면서 그 기쁨에 힘든 것도 잊고 희망을 품게 되었다.

3

일상에서 단단하게 키우기

아이와 함께한 책 읽기의 즐거움 | 용돈 얼마나 줘야 하나요? | 바람직하게 벌고 행복하게 쓰는 아이로 키우자 | 미디어와 좋은 관계 맺기 | 일찌감치 잡는 게 낫다? | 어른들은 학벌주의, 아이들은 레벨주의

아이와 함께한 책 읽기의 즐거움

독서교육의 중요성과 필요성에 대해서는 두말하면 잔소리이니 그 이야기는 그만두자. 그냥 내가 했던 솔빛이의 독서교육에 대해 이야기를 할까 한다. 나는 솔직히 체계적인 독서지도를 했다기보다 그냥 몇 가지 원칙을 가지고 있었을 뿐이다. 영어교육도 그랬지만 그 원칙도 처음부터 이렇게 해야지 마음먹고 한 것은 아니다. 하다 보니 그렇게 된 것일 뿐.

**책 고르고 구입하는
　　　　　즐거움에서부터 시작하다**　　솔빛이를 낳고 나니 주변에 책 외판하는 분들이 엄청 찾아와서 온갖 전집들을 권했다. 0세부터 봐야 한다는 책부터 이런저런 좋다는 책들…. 나는 솔직히 무식하다는 소리 듣더라도 그런 책을 구입하지 않았다. 책을 볼 때가 되면 아이가 원하는 책을 구입해줘야 한다고 생각했다. 책을 권하는 분들은 아기가 색채나 형태 같은 시각적인 감각을 키워야 한다고 했지만, 미술을 전공한 나로서는 그런 감각을 책이라는 간접 매체로 접하기보다 일상과 자연에서 접하는 것이 더 바람직하다고 생각했다.

아무튼 그래서 아이가 책을 보기보다는 입에 넣고 빨거나 찢고 싶어 하는 시절엔 그냥 빨고 찢기 쉬운 물건(그냥 빨아도 되고 버려도 되는 것)을 줬다. 그런 다음 솔빛이가 아장아장 걷고 책은 입에 넣거나 찢는 것이 아니라 보는 것이란 걸 알게 될 즈음에 가까운 동네서점에 함께 갔다. 어린이 전문서점도 대형서점도 아닌, 그냥 참고서가 더 많고 얄궂은 명작동화책이 서가를 채우고 있는 그런 동네서점이다. 그곳에서 얄궂든 어떻든 그냥 솔빛이가 고른 책을 딱 한 권만 사주었다. 이것이 솔빛이에게는 최초의 자기 책이었다.

그 후 솔빛이는 서점을 지날 때면 책을 사달라고 졸랐다. 다른 아이들은 장난감 가게 앞에서 떼를 쓰는데 솔빛이는 서점 앞에서 책을 사달라고 떼를 썼다. 그리고 자기가 고르고 산 책을 엄청 아끼고 사랑했다. 거의 낙서를 하거나 찢거나 하지 않았고, 책을 보고 또 보았다.

그렇게 책을 고르고 구입하고 보는 것(읽는 것이 아님)이 익숙해졌을 무렵부터는 이왕이면 더 좋은 책을 찾아 조금 멀리 있는 전문서점 나들이도 했다(아이의 성장에 맞춰서 조금 더 먼 곳으로도 갔다). 그리고 더 커서, 그러니까 내 것, 남의 것, 함께하는 것을 구별할 만한 나이가 되었을 때부터는 도서관을 찾았다.

요즘 독서교육을 많이 강조하지만, 집에 앉아서 누군가 알아서 골라다 갖다 주는 책을 읽기만 하거나, 많은 책을 집에 무더기로 쌓아놓고 기계적으로 읽는 경우가 많은 것 같아 좀 안타깝다. 그리고 엄마 욕심에 좋은 책 찾아 아이 나이에 맞지 않게 먼 곳까지 힘들게 끌고 다니는 것도 좀 그렇고. 지난번에 파주어린이책잔치에 가서 어른들을 따라 이리저리 끌려다니면서 짜증을 부리다가 혼나는 아이들을 종종 목격했는데, 너무 힘들어서 애들이 오히려 책을 더 싫어하게 되지 않을까 싶었다.

잠자리에 들 때 책을 읽어준다

잠자리에 들기 전에는 하루에 있었던 일에 대해 이야기하거나 솔빛이가 들고 온 책을 읽어주었다. 구연동화를 하듯이 읽어주는 것은 왠지 성격에도 맞지 않았고, 또 그렇게 읽어주기 위해서는 미리 읽고 연습을 해야 할 텐데 그 역시도 시간이나 에너지, 혹은 정성 부족인지 힘들어서 아무튼 그냥 읽어줬다. 그래도 아이가 행복해하고 재미있어했다.

그런데 책을 읽어주면 잠이 들 줄 알았는데 아이가 더 듣고 싶다면서 잠도 들지 않고 다른 책을 들고 오기도 하고, 어떤 날엔 아예 여러 권 들고 오기도 했다. 다 읽어달라면서 말이다. 하지만 나는 아이가 원한다고 다 읽어주지 않고 아이와 의논해서 내가 읽어줄 수 있는 만큼만 읽어주었다. "오늘은 엄마가 몹시 피곤하거든. 솔빛이가 이해를 해주면 고맙겠다. 엄마가 좀 더 힘이 있는 날 한 권 더 읽어줄게. 미안해." 하면 아이가 떼를 쓰지 않았다.

요즘 독서교육이 중요하다, 또 독서교육으로 아이를 영재나 천재로 키울 수 있다 하여 책 읽어주기 경쟁도 하며 너무 욕심을 내는 엄마 아빠들을 주변에서 볼 수 있다. 독서로 영재가 되었다는 한 아이와 그 엄마 아빠의 독서교육 노하우를 들어보니, 그 엄마는 새벽 두세 시까지 때로는 아이가 원하면 밤을 새워가면서 읽어줬다고 한다. 물론 그분들은 그리 하는 것이 행복했고 또 가능했으니 그리 했을 것이다.

하지만 나는 부모가 즐겁지 않다면 그렇게 하지 않는 것이 더 좋다고 생각한다. 부모도 사람이고 힘이 드는데 어떻게 아이가 원한다고 다 해줄 수 있을까? 또 아이가 원한다고 다 해주는 것이 바람직한 것은 아니라고 본다. 그래서 내 아이가 천재나 영재가 되지 못했는지는 모르지만, 나는 그저 책을 좋아하는 아이면 만족하기에 그렇게까지 하지 않기를 잘했다고 생각한다.

요즘 에너지가 넘치는 부모들의 교육방식을 흉내 내려다 도리어 아이와 관계가 나빠지거나 행복하지 못한 분들이 있다면 먼저 부모와 아이의 능력과 에너지를 잘 파악한 다음에 뭐든 하시라고 꼭 이야기해주고 싶다. 부모의 에너지가 더 강해서 아이에게 억지로 시키면서 서로 갈등하거나, 반대로 에너지 넘치는 아이 뒷바라지하느라 부모의 행복을 반납하고 살면서 힘들어하지 말자.

누가 일방적으로 희생하는 것은 진정한 사랑이 아니라고 생각한다. 또 아이가 원하지도 않는데 그리 하는 것은 사랑이 아니라 스토킹이 아닐까. 어떤 집에서 뭘 어떻게 하든 우리 집 상황에 맞게 하는 것이 현명한 방법이라고 믿는다. 하루에 몇 권을 읽어주는 것보다 그 시간에 부모와 아이가 행복한가 그렇지 않은가가 더 중요하지 않을까?

책을 읽게 하기보다 그냥 보게 한다

나는 그 당시 참 바쁜 엄마였다. 전교조 활동으로 해직된 남편 대신 생계를 책임진 상태였고, 사실 책 읽어주기도 벅찼다. 애가 이해를 했는지 무슨 생각을 하는지 점검하고 독후 활동을 할 여유가 없었다. 묻지 않으니 아이가 이야기를 해주기 시작했다. 그냥 솔빛이는 그림만 보면서 제 맘대로 마구마구 이야기를 해주었다. 내가 그전에 읽어줬던 내용을 기억하기도 하고 거기에 좀더 덧붙이고 바꿔서 얼마나 이야기를 잘 꾸며대는지 정말 신기하고 재미있었다. 가끔은 사람들이 아이의 그런 모습을 보면서 "애가 글을 참 잘 읽네요." 할 정도로 글씨를 알고 읽는 것처럼 천연덕스럽게 제 맘대로 읽었다.

한글은 학교 가기 전에 겨우 읽을 수 있게 되었으니 그때까지 솔빛이는 책을 보기만 했다. 그림책을 많이 보았다. 나는 그렇게 글을 늦게-나는 늦었다고 전혀 생각하지 않지만-읽게 된 것이 지금 생각해도 참 잘된 일이라 생각한다. 글을 몰랐기 때문에 그림책을 자기 나름대로 보면서 많은 상상력을 키우고 유추능력이 자랐다고 보기 때문이다. 솔빛이가 외국어를 잘하게 된 것도 그런 상상력과 유추능력 덕분이 아닌가 싶다.

그림책의 그림을 찬찬히 보면 구석구석 재미있는 이야기가 숨어 있는 것을 알 수 있다. 글로 다 표현할 수 없는 것들을 그림으로 잘 표현해놓은 것이 많다. 그림책은 그런 점이 장점이고 특징이 아닐까 싶은데, 글씨만 읽고 누가 뭘 했는지, 어떤 교훈이 담겨 있는지를 알려주고 싶어 하는 어른들이 아이들의 즐거운 책보기를 방해하는 것이 아닌가 싶을 때가 많다. 글을 몰라도 그림만 보면서 상상하고 내용을 이해하는 능력이 자라나는 소중한 시기를 어른들의 욕심으로 빼앗고 있는 것은 아닌지 깊이 생각해보았으면 좋겠다.

부모들 중에 뭐든 남들보다 더 잘하고 빨리 하게 하려고 조기교육을 시키면서 아이가 글을 읽게 되는 시기를 두고 경쟁하는 것을 보면 참 안타깝다. 나중에도 얼마든지 잘할 수 있는 일이고 지겹도록 해야 할 것을 그렇게 미리 당겨서 할 필요가 있나 싶기도 하다. 그렇게 앞서 살아버리면 나중에 아이들은 무슨 재미를 느끼면서 살까.

좋은 것도 절제가 필요하다

돈이 많았다면 엄마 욕심에 책을 많이 구입해서 솔빛이를 질리게 했을지도 모르는데, 야금야금 감칠 맛 나게 구입한 덕분에 솔빛이가 책을 소중하게 여기게 된 것 같다. 책에 대한 애정과 욕심이 생기니 솔빛이도 나도 마구마구 책을 사고 싶을 때가 많았다. 그래서 서점에 가서 책을 구경하면서 구입하고 싶은 책을 수첩에 적게 했다. 그리고 그중에 특히 사고 싶은 것, 도서관에 없는 것, 소장가치가 있다고 생각되는 것을 우선순위를 정해 한 번에 몇 권씩 사곤 했다.

간혹 엄마는 구입해주고 싶지 않은데 솔빛이가 꼭 가지고 싶어하는 책(만화책, 환타지 소설)은 용돈을 모아 사게 했다. 이렇게 구입할 책 목록을 작성해서 구입하는 방법은 경제교육의 밑바탕이 되어 무엇이든 필요하면 품목을 정해 계획적으로 사는 습관을 키우는 데 아주 도움이 되었다. 뭘 사기에 앞서 신중하게 생각하고 예산에 맞춰 계획을 세우는 것이 몸에 배어, 홈스쿨링을 하고 또 지금 서울에서 유학하며 자취 생활로 발전하는 과정들로 이어지고 있다.

뭐든 풍요로운 것이 좋은 것은 아니라 생각한다. 책 읽기가 학습에 도움이 된다고 욕심껏 책을 사놓고는 본전 생각에 아이를 닦달하는 것보다는 아쉬운 듯 사주는 것이 책을 더 좋아하게 만드는 효과도 있다고 본다.

　　아이의 수준도 생각하지 못했고, 책을 끝까지 다 읽는지 신경을 쓰지도 못했다. 어렵거나 덜 흥미로우면 그만 보고, 나중에 다시 읽기도 하고, 글씨를 몰라도 화보가 훌륭한 책들은 그림책처럼 보기도 하고 글씨를 알아도 그냥 그림만 있는 책을 보기도 하고…. 영어로 써 있거나 한글로 써 있거나 상관없었다. 그렇게 자유롭게 책을 보는 과정 속에서 아이는 즐거움을 더 느낀 것 같다. 그렇다고 난삽한 책을 보는 것을 방치하자는 말은 물론 아니다. 아이 주변에 놓여 있는 책 자체가 기본적으로 걸러져 있어 무엇을 보든 문제가 되지 않을 것들이었으니까.

그런데 아이가 크고 학교를 다니면서 상황이 좀 달라졌다. 친구들이 많이 보는 만화랑 환타지 소설을 솔빛이도 보려고 했다. 그런 책을 보는 것에 대해 서로 의견이 많이 달라서 말다툼을 하기도 했다. 솔직히 그전에 나는 다른 집 큰 아이들을 보면서 독서교육을 잘못해서 그런 질 낮은 책을 보게 된다고 자만했던 적이 있었다. 그런데 솔빛이도 똑같이 그렇게 변하자 처음엔 몹시 당황스럽고 실망스러웠던 것이 사실이다. 내 아이만 청정지역에서 키울 수 없다는 것, 교육 환경이란 것이 그래서 참 중요하다는 것을 새삼 느꼈다.

시간이 지나면서 우리 아이들이 처해 있는 상황이 그렇다는 것, 그리고 더 이상 내 울타리 안에서만 아이가 클 수 없다는 것, 친구들과 주변 환경의 영향을 더 많이 받는 시기에 접어들었다는 것을 인정하고 아이를 이해해야겠다는 생각을 하게 되었다(하지만 아직도 나는 환타지 소설의 재미를 알지 못한다). 가끔은 서로의 의견이 달라 언성을 높이기도 했지만 이 부분에 대해 많은 이야기를 나눴다. 솔빛이는 자기 또래 아이들이 왜 그런 것에 열광하는지 내게 알려주려 했고, 나는 어른들이 왜 그렇게 우려하는지 전달하려 애를 썼다. 그리고 차츰 서로의 생각을 조금씩 수용하면서 이해하는 힘이 생긴 것 같다. 나는 만화책이나 환타지 소설책 구입에 동의하진 않았지만 아이가 용돈을 모아서 원하는 책을 사는 것은 묵인해주었다. 그리고 솔빛이가 주로 보는 일본 만화를 일본어판으로, 영어 환타지 소설을 영어판으로 보도록 유도했다. 만화랑 환타지 소설은 외국어 교육에 대한 흥미를 유지하는 데 아주 효과적이었다.

부모가 책을 보면 아이도 본다

너무나 당연한 이야기다. 거기다 아이와 함께 읽으면 더욱 좋다. 사실 나는 솔빛이랑 그림책 읽기 말고는 같이 책을 읽지는 못했다. 그림책은 읽어주는 과정에서 나도 읽게 되었지만 아이가 혼자 책을 잘 보게 되면서부터는 책을 같이 읽는 일은 거의 없었다. 좀더 열정이 있었다면 혹은 내가 그런 취향이었다면 솔빛이가 읽은 책을 같이 봤겠지만, 아이가 자라면서 취향이 차츰 달라져 같은 책을 읽는 경우는 별로 없었다. 아이가 환타지 소설에 빠지고 『드래곤볼』 같은 만화책을 볼 때 검열하듯 책을 살펴보긴 했지만 도무지 흥미롭지 않아서 같이 읽을 수가 없었다. 그 대신 나는 나대로 그냥 내가 보고 싶은 책을 읽었다. 교육 관련 책을 보기도 하고, 인간의 심리나 관계에 대한 책을 관심 있게 읽었다.

종종 도서관에 함께 가서 따로 책을 보다가 약속한 시간이 되면 만나서 저마다 보고 싶은 책을 빌려서 집에 돌아오곤 했다. 돌아오는 길에 각자 읽었던 책에 대해 이야기하면서 재미있다고 읽어보라고 권하기도 했다. 실제로 그렇게 이야기를 듣다보면 읽고 싶어져서 읽게 되는 경우도 종종 있었다. 그러는 과정에서 아이가 나보다 훨씬 더 많은 것을 알고, 느끼고 있다는 사실에 놀라곤 했다. 때론 같은 책을 읽고 다른 견해를 보여서 논쟁도 하면서 아이에게서 새로운 세계를 배우게 되는 것이 큰 기쁨이었다. 요즘도 서울에서 유학 생활하는 솔빛이를 만나면 그 동안 배운 것이나 알게 된 것을 서로서로 열심히 이야기한다. 읽어본 책을 권해주기도 하고. 그런데 이젠 솔빛이가 권해주는 책은 어려워서 읽기가 힘들어져 그냥 쉽게 이야기해주는 솔빛이의 설명을 듣는 것이 더 좋다.

도서관과 서점에 자주 데리고 간다

주말에 집에만 있으면서 텔레비전을 보려는 아빠를 피해서 솔빛이와 함께 도서관에 자주 갔다. 여름이면 시원하고 겨울엔 따뜻하고, 어느 곳보다 조용하고 안전하면서 사람도 덜 모이는 곳이라서 일단 지내기가 참 좋기 때문이다. 아이들을 유혹하는 먹을거리나 장난감 같은 것을 파는 곳도 주변에 별로 없어 주머니가 얇은 엄마에게 도서관은 참 고마운 곳이었다. 집에서 멀어 힘들게 가야 했지만 소풍간다 생각하고 갔다.

도서관에서는 돈 들이지 않고도 책뿐만 아니라 영화도 보고, 비싸고 구하기 힘든 어학 교재와 학습용 시디롬도 볼 수 있었다. 요즘은 도서관에서 이런저런 문화 행사도 많이 열어서 더 좋아진 것 같다(요즘 어린이도서관을 보면 아이를 다시 낳아서 키우고 싶다는 생각이 들 정도다).

아이가 홈스쿨링을 하면서부터는 도서관을 더 자주 이용하게 되었고 그러다 보니 자연스럽게 두서관에서 자원봉사도 하게 되었다. 그냥 이용만 할 때보다는 자원봉사를 하면서 책 분류번호에도 더 익숙해지고 도서관 구조를 이해하게 되니 도서관을 더 가깝게 느끼는 것 같았다. 그리고 지금 대학에 다니면서는 도서관 근로장학생으로 용돈을 벌고 있다. 도서관은 참 좋은 곳이다.

그리고 초등학교 고학년이 되면서부터는 방학 때면 꼭 대도시의 큰 서점을 방문하는 일정을 빠뜨리지 않으려 노력했다. 이런저런 사교육, 캠프나 체험학습은 못하더라도 서점 방문은 꼭 일정에 넣었다. 울산엔 대형 서점이 없기 때문에 가까운 부산의 서점에 가거나 서울 외갓집에 갈 때 꼭 하루 일정을 잡아 종일을 서점에서 보내곤 했다. 몇 시에 어디서 만나기로 약속을 하고는 각자 편안하게 보고 싶은 책을 보다가 같이 점심 먹고 다시 헤어져서 책을 보고, 목록을 작성했다가 다시 만나 책을 구입하고 택배로 집에 부쳐놓았다. 가끔은 서울에서 며칠 더 머물다가 오면 책이 먼저 도착해 있어서 우리를 기쁘게 하기도 했다.

책이 많은 곳에서 책 읽는 사람을 많이 보는 것만큼 좋은 독서교육은 없다고 생각한다. 아이들 앞에서는 물도 함부로 못 마신다고 했고, 아이들은 본 대로 배운다고 하지 않는가. 그래서 도서관 이용은 참으로 중요한 교육이라 생각한다. 도서관을 잘 활용하는 것이 우리가 서로를 살리는 삶을 사는 방법 중 하나라고 생각한다.

우리가 지역의 공공도서관을 많이 이용하고 아끼고 관심을 가진다면 자치단체장이나 의원들도 도서관에 관심을 가지고 적절하게 예산이 집행되도록 노력을 기울이게 될 것이다. 그러면 다른 지역도 주민들의 표를 의식해서 도서관에 관심을 기울이지 않을까. 갈수록 교육의 질이 부모 능력에 따라 사는 지역에 따라 양극화된다고 하는데, 도서관이 제대로 기능한다면 그런 부분도 어느 정도 해소될 수 있지 않을까 싶다.

평생교육의 장으로 도서관보다 더 좋은 곳이 있을까? 우리 지역에 특목고를 세워 달라고 하기보다는 도서관을 세워 달라고 요청한다면 얼마나 좋을까. 교육 기회의 평등이란 것이 바로 도서관에서 출발하는 것이 아닌가 싶다.

얼마 전 울산 북구 기적의 도서관 사서 최진욱 님이 전해준 북스타트운동 자료 중에 도서관이 제 기능을 한다면 그것이 환경을 살리는 길이기도 하다는 이야기는 참 신선했다. 『지구를 살리는 7가지 불가사의한 물건들』에서 존 라이언은 여섯 번째로 공공도서관을 들었다. 아래에 그 내용을 일부 소개한다. 도서관을 열심히 이용하는 것만으로 우리가 사는 세상을 더 살기 좋은 곳으로 만들 수 있다니, 우리 모두 열심히 도서관을 드나들었으면 좋겠다.

"미국인은 평균 매년 8권의 책을 구입하며 도서관에서 6권을 빌려 읽는다. 캐나다인은 3권을 사고, 8권을 빌려 읽는다. 책을 빌려 읽으면 책을 제작하는 과정에 드는 경제적 환경적 비용을 줄일 수 있다. 미국의 도서관은 매년 장서를 2.4회 대출하며 캐나다의 도서관은 3.4회 대출한다.

만일 대출하는 책들의 수명이 4년이라면 한 사람이 그 책을 사서 혼자만 읽었을 때와 비교해 최소한 열 명이 그 책을 읽는 셈이 된다. 달리 말하면 도서관을 이용하는 사람은 직접 사서 보는 사람과 비교할 때 환경에 미치는 영향이 5분의 1 또는 10분의 1에 불과하다."

용돈 얼마나 줘야 하나요?

 사람들이 많이 모이고 특히 아이들이 많이 오는 유원지나 놀이공원에서는 조잡하고 쓸모 없으면서 비싸기만 한 장난감 따위를 많이 판다. 부모들은 사람 많은 데서 장난감 사달라고 떼쓰며 우는 아이가 창피하기도 하고, 다들 사주는 분위기에서 우리 애만 기죽이기도 싫으니 선심 쓰는 김에 팍팍 쓴다면서 못이기는 척 사주게 된다. 아이들은 이런 부모 마음을 용케 알고는 계속 떼를 쓰기도 한다.

우리 아이만 해도 뭔가 사기로 했다가 원하는 물건이 없어 그냥 가려고 하면 "엄마, 이거라도 사주세요." 하며 다른 것이라도 사고 싶어 했다. 그것이 꼭 필요하거나 좋아해서도 아니고, 물건을 사는 것 자체가 즐겁기 때문에 아이 어른 할 것 없이 충동구매를 하는 모양이다. 우리집은 형편도 넉넉치 않고 꼭 필요한 것이 아니거나 너무 비싸다 싶으면 아무리 떼를 써도 사지 않는 편이었다. 떼쓰기가 별로 통하지 않는 엄마를 만나 솔빛이는 물건 사는 재미를 덜 본 편이긴 하다. 그래도 기분전환 하려고 외출했다가 물건 사달라는 실랑이를 벌이다 도리어 기분이 상해 돌아올 때도 종종 있었다. 자꾸만 그런 일이 생기니 우리 모녀는 시장에 가거나 외출할 때는 가서 무엇을 살 것인지 수첩에 적어서 아이가 직접 물건 파는 곳을 찾아보게 했고, 가끔은 가격을 적어보게도 하면서 충동구매를 하지 않으려고 많이 노력했다.

사달라고 할 때마다 바로바로 사주지 않았지만 아이가 특별히 갖고 싶어 하는 게 있으면 생일이나 어린이날 같이 특별한 날에 선물을 하기도 하고, 가끔은 어느 정도 시간이 지난 후에 사주기로 약속하기도 했다. 참고 기다렸다가 받는 물건은 더 귀하게 여겼고 오히려 성취감도 더 크게 느꼈다. 또 기다리다 보면 아이들의 마음이 변해 그걸 살 필요가 없어지기도 하니, 사기 전에 약간 뜸을 들이는 것이 이래저래 엄마에겐 나쁘지 않았다. 간혹 비싼 선물을 원하면 아이 스스로 돈을 모으게 해서 원하는 걸 갖기 위해서는 노력해야 한다는 것을 알게 했다.

아이가 이것저것 사고 싶고 갖고 싶은 것이 많을 때는 종이에 목록을 적게 했다(글씨를 모를 때는 그림으로 표현하라고 했다). 그렇게 적은 메모를 보고 날을 잡아 정말 꼭 필요한 것인지 따져보게 했다. 그러면서 가장 필요한 물건부터 형편에 맞게 차례로 구입하게 했다. 학교에 들어가서 학교 준비물을 살 때는 아이가 미리 물건값을 정확하게 알아오면 그에 맞게 돈을 주고 사도록 했다. 시험 점수나 등수는 대충대충 넘기는 엄마였지만 돈 만큼은 분명하게 가르치려고 노력했다.

학년이 올라가면서는 적당하게 용돈을 주고 아이 스스로 돈을 쓰게 했다. 처음엔 이삼일에 한 번 정도 주었고, 어디에 썼는지 설명을 들었다. 4학년 올라가 학교에서 용돈기입장을 배우게 되었을 때 일주일 동안 쓸 분량을 한 번에 주고 기입장을 적게 했다. 용돈기입장 쓴 것을 보고 다시 다음 주 용돈을 주는 식으로 매주 검사를 했다. 문제집 풀이나 숙제 검사는 안 하더라도 용돈기입장 검사는 철저하게 했다. 용돈 주는 주기를 차츰 늘려 나가서 중학생이 되었을 땐 한 달에 한 번 용돈을 주고 기입장을 간단히 검사했다. 스스로 돈을 관리하는 습관이 붙으니 돈 쓰는 일에 관해서는 서로 믿게 되었다.

자녀의 용돈 교육 어떻게 할까

용돈은 아이들이 마음대로 쓸 수 있는 돈, 군것질하고 오락할 수 있는 돈이라고 생각하는 경우가 많다. 용돈이란 어른들의 월급처럼 정해진 기간마다 규칙적으로 받는 정해진 액수의 돈이다. 용돈을 준다는 것은 자녀들에게 돈의 사용을 스스로 결정할 수 있는 재량권과 함께 책임을 지우는 것으로 생각하는 것이 바람직하다. 따라서 용돈을 줄 때 액수보다 용돈의 사용처와 사용방법을 어떻게 정할지를 더 중요하게 여겨야 한다.

용돈 액수 정하기

1단계 평소 자녀의 소비생활을 점검한다. 이를 위해 한 달간 자녀의 소비생활을 함께 파악해보고, 부모가 자녀를 위해 쓰는 돈과 자녀가 직접 쓰는 돈을 모두 따져본다. (사교육비, 교재, 휴대폰 요금 따위도 포함)

2단계 소비생활 계획을 세워본다. 고정지출뿐 아니라 어버이날이나 친구 생일 선물 구입비, 저축, 기부금 같은 특별한 지출 항목과 날짜를 목록에 적어놓고 그날에 필요한 선물과 금액을 계산해본다. 한 달 혹은 6개월, 1년 단위의 장기 계획을 세워본다.

3단계 아이의 판단으로 지출 항목을 정한다. 1, 2단계를 통해 아이와 함께 자신의 용돈으로 해결 가능한 소비와 그렇지 않은 소비를 가려내어 용돈의 항목을 정해본다.

4단계 위의 내용과 가정의 경제형편을 고려해 합리적인 용돈 액수를 정한다. 용돈 액수와 어디에 어떻게 쓸지 아이와 충분히 이야기하고 합의한다.

용돈 규칙 만들기

용돈의 주기 형편에 따라 다르겠지만, 나이와 성향에 맞춰서 처음은 매일 그리고 차츰 일주일, 월 단위로 기간을 늘리는 게 좋다. 날마다 주거나 일주일마다 용돈을 주더라도 한 달 용돈을 정해놓고 나눠주는 게 바람직하다 (용돈이 제법 많다는 것을 이해시키는 것이 필요하다).

용돈 주는 날짜 주 단위로 지급할 경우엔 되도록 일요일 저녁이나 월요일 아침이 좋다. 주말의 과소비를 예방하고 한 주가 시작되기 전에 소비생활을 계획하기 위해서다.

그 밖의 규칙 정하기 예를 들어 용돈기입장을 성실하게 작성하지 않았을 때 어떻게 할 것인지, 또 다음 용돈을 받기도 전에 용돈을 다 써버렸을 때 어떻게 할 것인지에 대해서도 규칙을 정해두는 것이 좋다. 가불을 허용하면 용돈을 헤프게 쓸 우려가 있다. 그러나 특별한 경우를 생각해 가불 규칙을 정해두는 것도 필요하다. 용돈 이외의 부수입이 생겼을 때의 규칙도 정해두는 것이 좋겠다. 그리고 규칙을 어겼을 때 벌칙으로 용돈을 깎는 것도 규칙으로 만들어놓으면 편리하다.

위의 모든 사항을 결정할 때는 아이의 의견을 충분히 반영하고, 정확하게 문서로 만들어 아이와 함께 도장을 찍은 다음 한 장씩 소중히 보관하도록 한다. 이를 통해 아이들도 계약의 의미를 알게 되고, 약속을 더 성실히 지키게 된다.

예산과
  결산　솔빛이를 키우면서 용돈으로 경제교육을 했는데 아이가 자라고 이해하는 폭이 커지면서 자연스럽게 용돈교육도 발전했다.

그런데 중학생이 되면서 좋지 않은 버릇이 생겼다. 용돈으로 받은 돈은 무조건 아끼고, 필요한 것은 용돈이 아니라 엄마 아빠를 졸라서 얻으려고 하는 것이다. 아낀 용돈으로는 엄마가 싫어하는 만화책이나 게임시디 따위를 구입하려는 속셈이었다. 그래서 후불제를 도입해보았다. 그 동안 아이가 모아둔 돈으로 먼저 쓰게 하고, 쓴 만큼 용돈을 청구하게 했다. 가능한 한 영수증을 챙기게 하고, 너무 많이 쓰거나 불필요하게 쓴 것은 아이와 이야기하면서 주의시켰다. 지나치게 불필요한 소비를 했을 경우 쓴 만큼을 빼고 용돈을 주었다. 그렇게 했더니 어디에 어떻게 얼마나 쓰는지 정확하게 알게 되었고 경제관념이 생겼다.

고등학생 나이 무렵에는 예산을 짜서 제출하면 내가 검토하고 의논해서 용돈을 주었다. 다 쓴 다음에는 결산을 해서 예산과 결산을 비교하게끔 했다. 그리고 현금을 주지 않고 계좌이체를 해주었다. 혹시 용돈이 더 필요하게 되면 중간에 추경예산을 짜서 청구하라고 추경예산제도를 가르쳐주니 아이도 나도 편해졌고 별로 싸울 일이 없었다.

그러다 우연한 기회에 좀더 통 크게 용돈교육을 하신 분을 만나 나도 한 수 더 배우게 되었다. 그분은 고등학교 자녀에게 큰 단위의 용돈을 통째로 통장에 넣어준다고 했다. 학교에 내는 급식비부터 교재비, 수학여행비는 물론 다달이 나가는 사교육비도 아이 스스로 알아서 처리하도록 했다고 한다. 사교육비를 자기 손으로 내고 돈을 직접 관리하다 보니 사교육비 나가는 것이 아깝다면서 학원에 다니지 않고 혼자 공부를 했단다. 사교육비를 절약하여 주식에 투자하기도 했다는데, 그 아이는 투자에 소질이 있었는지 돈을 불리기도 했던 모양이었다. 주식투자를 해서 돈을 불리는 것이 목적은 아니지만 자기에게 필요한 사교육이든 교재든 자기가 알아서 쓴다는 것이 좋은 방법이란 생각이 들었다. 그런 경험을 통해 그 아이는 그쪽으로 흥미를 많이 느끼고 전공도 경제학이나 금융에 관계된 쪽으로 준비 중이라고 했다. 처음부터 이런 결과를 염두에 두고 한 일은 아니었다고 한다. 엄마는 직장 다니고 아이는 학교에서 맨날 늦게 오다 보니 만날 시간도 여유도 없는 상황인데 그나마 만나면 돈 이야기를 하는 것이 안타까워서 이런 방법을 썼다고 한다. 이렇게 했더니 편하게 된 것은 물론이고 아이가 스스로 얼마나 많은 돈을 쓰는지 알게 되어 부모의 고마움도 느끼고 경제관념이 확실하게 생기게 된 것이다.

이 이야기를 듣고 나도 솔빛이가 대학생이 되기 일 년 전부터는 통째로 돈을 통장에 넣어주고 알아서 쓰게 했다. 3개월 치, 6개월 치 목돈을 주니 생색도 나고 처음의 걱정과는 달리 차츰 더 계획적인 소비를 하게 되었다. 만일 그때 더 많은 목돈이 있다면 대학등록금부터 대학 다닐 동안 필요한 용돈을 한 번에 주고 싶었다. 이걸로 끝이니 대학을 가든 사업을 하든 스스로 결정하고, 대학 다니는 것이 낭비겠다 싶으면 다른 일을 찾아 이 돈을 밑천으로 살아가라고 독립시키고 싶었는데 그만한 목돈이 없어 실행에 옮겨보지는 못했다. 그래도 애쓴 만큼 경제관념이 생겼고, 장기적인 계획을 세우고 생활을 꾸려가게 되었다. 대학 입학 후 그간 아껴 쓰며 저축하고 아르바이트를 해서 모은 돈으로 첫 기숙사비를 냈는데 아이가 참 뿌듯해했다. 그러나 솔빛이는 돈을 저축하기는 해도 주식투자에는 관심이 없었다. 역시 부모를 닮는구나 싶다.

나를 위한 저축, 세상을 위한 저축

솔빛이는 용돈을 받으면 곧바로 다 써버리지 않고 아껴 모았다. 또 친척 분들이 주시거나 명절 때 생기는 부수입은 특히 잘 모았다가 엄마 아빠의 생일이나 집안 어른 생신, 친구 생일에 선물을 샀다. 때로는 온 가족이 사용하는 컴퓨터를 장만할 때 아이도 일부 금액을 보태는 등 집안 살림을 마련할 때 함께 동참하게 하니 솔빛이도 성취감을 느끼고 아주 뿌듯해했다.

더 나아가 용돈을 모아 의미 있는 곳에 기부를 하게 했다. 일주일 단위로 용돈을 받고 용돈기입장을 쓰기 시작했던 4학년 때 유니세프에 가입해 후원활동을 시작했다. 굶고 있는 다른 나라 어린이들을 돕고자, 단체에서 지로용지가 오면 한 달 동안 조금씩 모아두었던 돈을 직접 은행에 가서 냈다. 기부자 이름을 적는 칸에 자기 이름을 써내는 일을 솔빛이는 무척 뿌듯해했다.

"전번에도 내더니 이번에도 또 왔네. 니가 직접 모은 거야?"

"예, 용돈을 모았어요. 간식 사먹고 싶은 것을 참았어요. 굶고 있는 친구들에게 도움을 주려고요."

"어린아이가 참 기특하네."

갈 때마다 은행직원들에게 칭찬을 받으니 무척이나 좋았던 모양이다. 아이는 자기 이름으로 우편물이 오는 것도 무척 뿌듯해했다. 우편함엔 늘 엄마나 아빠 이름으로 오는 우편물만 있었는데 유니세프에서 자기 이름이 찍힌 지로용지와 소식지를 보내주니, 학교 갔다오는 길이면 우편함에 자기 앞으로 온 우편물이 있는지 살피는 것이 하루 일과가 되기도 했다.

오래된 일이라 확실하게 기억나진 않지만 단체 소식지에는 '2천 원이면 몇 명이 굶지 않은 양의 음식을 살 수 있고, 또 얼마면 몇 명이 치료를 받을 수 있다'는 내용이 적혀 있었다. 얼마 되지 않는 돈으로 그렇게 뜻 깊은 일을 할 수 있다는 데 어른인 나도 놀랐으니 초등학생이었던 솔빛이는 오죽했을까. 자기가 하는 일에 무척 자부심을 느끼는 것 같았다. 오백 원, 천 원 정도의 적은 돈이라도 여러 아이들을 도울 수 있다는 것을 알게 되니 아이는 더 함부로 돈을 쓰지 않게 되었다. 한 번은 친구들과 놀러가서 스티커 사진을 찍으려다가 그 돈이면 몇 명을 도울 수 있다는 생각에 그만두었다고 했다. 한 번의 재미에 돈은 순식간에 사라져 버린다고 생각하니 찍고 싶은 마음이 싹 사라지더라는 아이가 얼마나 대견하던지 많이 칭찬해주었던 기억이 난다. 중학교 가서도 제법 오랫동안 기부활동을 했고 요즘은 환경운동 시민단체에 후원을 하고 있다.

아이가 기부 활동을 하는 것을 지켜보니 남을 돕는다고 시작한 일인데 오히려 내 아이에게 더 도움이 되는 것 같았다. 얼마 안 되는 후원금이지만 교육적인 효과가 무척 높았다. 자기가 아껴서 천 원만 보내도 몇 명이 굶지 않는다니 아이는 이 일에 큰 책임감을 느끼는 모양이었다. 천 원의 가치가 얼마나 큰지 저절로 느꼈고, 우리 삶이 그 아이들과 비교하면 너무도 넉넉하다는 것을 깨닫기도 했다. 알뜰함을 특별히 가르치지 않아도 아이는 이미 실천하고 있었다. 그리고 차츰 주변 사람들에게 그런 자기의 활동을 홍보하고 도움을 받아 좀더 많은 후원금을 마련하여 기부하는 적극성도 보였다. 그렇게 서로 힘을 합하면 그 뜻이 더 커진다는 것을 배워가는 것 같아서 참으로 고마웠다. 그런 솔빛이를 보면서 나도 가끔 아이의 후원금에 보태기도 했다.

그리고 가끔은 내가 하는 봉사활동에도 솔빛이와 동행했는데 저소득층 공부방에 다녀온 날에 "엄마, 제가 너무 행복한 아이란 것이 미안했어요." 했다. 우리는 때론 자신이 얼마나 가진 것이 많은지 잊을 때가 있다. 자꾸 더 많이 가진 사람만 눈에 보이고 상대적인 빈곤감을 느끼기도 한다. 조급한 마음에 남과 비교하고 경쟁하면서 짜증과 욕심이 쌓일 때 우리의 불안한 마음을 치료해주는 좋은 신경안정제로 기부활동, 봉사활동을 추천하고 싶다. 이런 활동이야말로 내성이나 중독을 일으키지 않는 웰빙 안정제 아니겠는가. 자원봉사를 하는 것이 현실적으로 불가능하다면 의미 있는 활동을 하는 단체나 개인에게 후원금을 보내는 거나 후원행사에 참여해보는 것도 좋다. 내 마음을 안정시켜주는 것은 물론 우리가 살아가는 세상을 위한 의미 있는 저축이 될 것이다(후원하면 소득공제도 된다).

바람직하게 벌고 행복하게 쓰는 아이로 키우자

아이에게 일거리를 주자!　　퇴근하고 집에 돌아오니 시험을 앞둔 중학생 솔빛이가 컴퓨터 앞에서 열심히 뭔가를 하고 있었다. 공부를 하나 싶어 살펴보니 공부가 아니고 게임을 하고 있었다. 잔인한 게임은 아니지만 계속 막대기나 주먹으로 몬스터들을 때려잡고 있었다(내가 게임의 폭력성을 엄청 강조해서 폭력적인 게임은 가능한 한 자제했다). 그야말로 단순노동 그 자체였다. 그런 모습을 보면서 안타까움이 밀려들었다. 그 시간에 공부나 일을 그렇게 열심히 해보지, 쯧쯧.

그런데 그 모습을 보면서 문득 공부 외에 다른 일을 하고 싶은 욕구를 게임을 통해서라도 채우려고 하는 게 아닐까 생각이 들었다. 아이들에게 공부만 하라고 하지 다른 것은 다 못하게 하고 있으니, 아이들이 오죽 답답하겠는가. 내가 그 나이였을 때를 생각해보니 공부 말고 이런저런 집안일을 거들었던 기억이 난다. 도시에 살았기에 농촌에서 자란 사람들보다는 일을 덜하고 자랐지만 집에서 엄마가 하시는 부업을 도왔다. 봉재 인형에 옷 입히는 일, 목화솜을 실로 만드는 일, 삯바느질, 색실로 수놓기, 단추 달기 같은 여러 가지 부업을 했던 기억이 난다. 엄마와 언니, 동생이랑 그렇게 일해서 번 돈으로 장을 보고 엄마가 오랜만에 맛난 잡채도 해주고 쇠고기국도 끓여주던 추억이 있다.

그때를 떠올려보면 공부하는 것보다 그런 부업을 하는 게 더 재미있었던 것 같다. 비슷한 일을 하더라도 내가 열악한 환경에서 노동착취를 당하고 있었다면 재미있는 일을 하고 있다고 느끼지는 못했을 것이다. 우리집은 형편이 그리 넉넉하지는 못했어도 그나마 고등학교까지는 공부만 해도 되는 형편이었다. 아버지가 6.25 참전용사로 국가유공자이기에 학비가 거의 면제에 가까워, 일해서 집안 살림에 보태야 하는 상황이 아니라 공부만 잘하면 그런대로 인생이 피는 그런 부류에 속해 있었다. 그런 면에서는 요즘 아이들이 처한 환경과 비슷하다는 생각도 드는데, 그래서 요즘 아이들 심정이 더 잘 이해되기도 한다. 고생하며 살아오신 분들이 들으면 배부른 소리라고 야단하시겠지만 공부 말고 다른 것이 더 재미있게 보이고, 일이 하고 싶은 마음이 드는 것이 사실이었다.

지식을 암기하는 공부만 강요당하는 요즘 아이들은 이런저런 통로로 세상과 소통하기 위해 몸부림을 치고 있다는 생각이 든다. 공부만 해야 하고 다양한 경험이 막혀 있는 현실에 지쳐 단순노동을 하려 드는 것 같기도 하다. 초등학생만 해도 인터넷 게임을 통해 열심히 아이템을 만들어 사고팔기도 하면서 경제활동을 경험하려는 것이 아닐까. 인터넷 게임을 못하게 막는 차원에서만 생각했을 때는 아이와 싸울 일만 생겼는데, 게임에 빠져드는 아이의 입장에서 생각해보니 그 마음이 이해되고 아이를 위해 내가 어떻게 해야 할지 조금 알 것 같았다. 그래, 아이에게 일거리를 주자! 솔빛 아빠는 어려서 부모가 농사일을 자꾸만 시키니 일하기가 싫어서 공부를 했다는데, 공부하라고 잔소리하기보다는 일하라고 잔소리를 해봐야겠다는 생각이 들었다. 그러면 "공부가 제일 쉬웠어요!" 하는 말이 나오지 않을까 싶기도 했다.

아이에게 일거리를 찾아주자는 생각을 하고 나니 대안학교의 노작교육이 떠올랐다. 내가 한동안 심취했던 발도로프학교에서는 노작을 중요하게 여겼다. 아이들이 스스로 일하는 활동을 아이들의 성장 발달과정에 맞춰 체계적인 교육과정으로 만들어 머리와 가슴, 손발이 함께 성장하도록 배려했다. 건강하고 조화로운 심신을 가진 인간으로 자라기 위해서는 몸을 움직이는 노동교육이 빠져서는 안 될 것 같은데 우리 교육은 아이들의 손발을 묶어두려고 해서 문제인 것 같다. 이런저런 생각을 하다 보니 이왕이면 일을 해서 자기 용돈을 벌어 쓰게 하면 좋겠다 싶은데 마땅하게 청소년이 할 만한 일거리가 없었다. 집안일을 하면 용돈을 주는 집도 있지만 바람직하지 않은 처사인 것 같다. 집안일은 한 식구로 같이 살아가면서 마땅히 함께 해야 하는 일이지, 그걸 돈을 받고 할 수는 없지 않을까? 무슨 일을 시켜야 할까?

아르바이트 그리고

노동과 그 대가
요즘 아이들은 부모들이 사주고 싶지 않은 만화책이나 유희왕 카드부터 시작해서 게임 아이템, 캐시 충전, 고가의 핸드폰이나 닌텐도, MP3, 디지털 카메라, PSP, 컴퓨터 같은 디지털 기기들을 사고 싶어 한다. 갖고 싶은 것을 사달라고 부모님을 조르다 안 되면 스스로 돈을 벌어서라도 구입하려고 애를 쓴다. 아이에게 용돈을 어떻게 줘야 할까, 용돈 벌기 아르바이트를 어떻게 바라봐야 할까, 무슨 일을 시켜야 할까? 나뿐만 아니라 많은 부모들이 고민스러운가 보다. 부모들을 만나보면 조건 없이 용돈을 주는 것이 부모의 도리라고 생각하는 분도 있고, 공부만 잘한다면 뭐든 다 사줄 수 있다는 분도 있었다. 드물지만 일을 통해 용돈을 벌게 해야 한다고 생각하는 학부모들도 있었다. 그런 분들은 그나마 대개가 초등 학부모였고, 중고등 학부모들은 공부할 시간도 부족한데 일할 시간이 어디 있냐는 의견이 대부분이었다.

"용돈을 주자마자 유희왕 카드 사는 데 다 써버리고 또 용돈을 달라고 징징거려서 너무 짜증이 나더라구요. 그러더니 어제는 학교 갔다 와서 아르바이트를 하겠다고 하네요. 그래서 제가 무슨 아르바이트 할 거냐고 하니깐 엄마가 시키는 일을 하겠다고 합니다. 뭘 시켜야 할지, 아르바이트 비용을 얼마나 줘야 할지 고민이에요. 어떻게 하면 좋을까요?"

"저는 집안일 시키고 용돈 주는 건 반대하고 싶어요. 그거 잘 생각해서 시작하셔야 해요. 제가 그렇게 해봤는데 정말 신중해야 합니다. 집안일은 당연이 가족들이 나눠서 해야 할 일인데 그걸 돈으로 계산하다 보니 어릴 땐 괜찮았는데 아이가 크면서 심부름을 시키면 "얼마 주실 건데요?" 자기 방 청소를 하라고 하니 "청소하면 얼마 주는데요?" 그래요. 당연히 자기가 해야 할 일까지 그렇게 돈을 받으려고 하니 당황스럽더라구요."

"저희 아이도 어디서 들었는지 아르바이트를 할 테니 돈 달라고 하더군요. 그렇게 해줬더니 이젠 청소를 하거나 집안일을 돕고 돈 받는 일을 당연하게 여겨요. 어제 저녁엔 밥 먹다가 아빠가 물을 달라고 하니 "얼마 주실 거예요?" 하잖아요. 남편이 아이 교육을 어떻게 시킨 거냐고 하는데… 참,

아이가 너무 돈을 밝혀서 정말 걱정이에요.”

“용돈 벌겠다고 학원 빠지고 공부 안 하고 늦게까지 광고지 돌리고 그러는 꼴 보느니 차라리 공부 잘하면 사달라는 거 사주는 게 더 남는 거 같던데요. 굳이 아르바이트를 한다면 집안일 하고 용돈을 벌게 하는 것이 훨씬 시간낭비 안 하는 일 같네요.”

“맞아요. 공부할 시간도 없는데 뭔 아르바이트에요. 저는 방청소도 제가 다 해줘요. 공부하는 게 돈 버는 거라고 생각해요 저는.”

“그래도 아이 교육상 그러면 안 되는 거 아닌가요? 일을 하고 용돈을 직접 벌어보는 것은 자라는 아이들에게 좋은 경험이 될 거라 생각해요. 돈 벌기가 힘들다는 것을 통해서 돈의 소중함도 알게 되고, 스스로 돈을 벌고 원하는 데 쓰게 하면 돈의 가치를 알게 되잖아요.”

자기 방 정리, 밥 먹고 자기 그릇 치우기, 자기 물건 정리하기처럼 스스로 해야 할 일과 신문지 정리하기, 신발 정리하기, 가족들의 수저 놓기. 화분에 물주기 같이 한 식구로서 마땅히 나눠서 해야 할 일은 대가를 지불하지 않는 것이 바람직하다고 생각한다. 이런 집안일은 사람살이에서 당연히 배워야 하는 것이고, 함께 살아가는 데 꼭 필요한 일이기 때문이다.

그럼 진짜 아르바이트를 하면 문제가 해결될 것인가. 집 밖에서 아르바이트를 해서 용돈을 벌어보면 노동의 대가에 대해 뭔가를 배울 수 있겠지만, 입시공부하기 바빠 일할 시간이 없다(솔빛이는 그래도 홈스쿨링을 하는 바람에 글을 쓰거나 영상작업을 하는 아르바이트로 돈을 진짜 벌어볼 수 있었다). 그도 그렇지만 우리나라 현실에서는 청소년들이 혹 시간이 있더라도 할 만한 일거리가 없다. 대학을 다니거나 졸업한 청년들도 일자리가 없는데 무슨 청소년들 일자리가 있겠는가? 그러다 보니 청소년들이 나이를 속이고 유흥업소에서 일하거나, 키스 아르바이트, 원조교제 따위의 이상한 아르바이트가 생겨나기도 한다. 남자아이들은 그런 일도 못하니 온라인 게임을 열심히 해서 아이템을 팔거나 친구와 후배의 돈을 빼앗기도 한다. 그런가 하면 어렵게 아르바이트를 하더라도 나쁜 어른들에게 속아 제대로 돈을 받지 못하는 경우도 자주 있다. 상황이 이러니 일단은 집에서 아이들이 할 수 있는 일을 일거리로 주는 게 현실적인 방법이기도 하다.

만약 집안일을 일거리로 준다면 우선 일감에 대해 아이들과 분명한 약속을 맺는 것이 중요하다. 용돈의 쓰임을 정하는 것처럼 말이다. 부모는 돈을 지불하는 사람으로서 정식으로 아르바이트생을 구하듯이 자녀가 해야 할 일의 내용과 수준, 그에 대한 대가로 지불할 수 있는 금액을 알려주고 자녀가 생각하는 액수와 비교해서 적절한 수준을 정한다. 이때 일의 대가는 적절해야 한다. 일에 비해 돈이 너무 많으면 돈의 가치를 과소평가할 수 있고, 대가가 적으면 일을 하지 않으려고 하기 때문이다.

그리고 아이의 나이와 능력에 알맞은 일을 골라야 한다. 능력 이상의 일을 시키면 자녀는 제대로 일을 하지 못해 용돈을 받지 못할 수도 있고, 그러면 자녀들은 일에 대한 성취감과 자부심을 느끼기 어렵게 되기 때문이다. 또한 일을 끝내지 않았는데도 대가를 주는 일도 바람직하지 않다. 이런 과정을 통해 아이들은 일종의 초보적인 계약 행위를 배우고, 이런 원칙들이 지켜질 때 자녀들은 일을 통해 돈을 버는 과정에서 자긍심과 보람, 자신감을 함께 느끼게 될 것이다.

엄마! 돈 잘 버는
일이 뭐예요?　　어느 날 솔빛이가 심각한 듯 고민을 털어놓았다.

"내가 앞으로 뭘 하고 살아야 할지 모르겠어요."

"왜? 넌 하고 싶은 게 많잖아. 외국어도 잘하고, 만화 그리는 것도 좋아하잖아. 네가 잘하는 걸 활용하면 되지."

"그게 아니고 하고 싶은 건 많은데 그걸 하면서 먹고살 수 있을지가 걱정돼서요. 솔직히 돈을 잘 벌고 싶거든요. 고생 엄청 하는 건 싫어요. 돈을 잘 버는 직업이 뭘까?"

"돈을 많이 벌고 싶어?"

"많이 벌면 좋잖아요. 하고 싶은 것 맘대로 하면서 편하게 살 수도 있고…. 엄마는 뭘 하면 돈을 잘 벌 것 같아요? 만일 정했다가 아니면 어떡해요? 바꾸기도 어렵잖아요."

"야! 엄마가 그걸 알면 벌써 돈 많이 벌었겠다. 솔직히 엄마 아빠는 쉽게 돈 잘 버는 법은 모른다. 일한 만큼 벌고 주제넘지 않게 쓰는 법은 알지만…. 만약 돈과 상관없다면 뭘 하고 싶은데?"

"그렇다면 하고 싶은 게 너무 많아요. 그러다가 그걸로 돈을 벌 수 있을까 생각하면 다시 자신이 없고. 해본 적이 없으니 직접 해보면 너무 어렵지 않을까 걱정되고…. 어떤 날은 하고 싶은 것이 너무 많다가 다른 날엔 아무것도 할 수 없을 것 같아서 걱정되고 기분이 왔다갔다해요. 번역일이나 통역 같은 것도 괜찮을 것 같고 성우도 해보고 싶고, 애니메이션도 만들어보고 싶어요. 영화도. 그런데 영화 만드는 사람들은 수입이 정말 적대요. 인기 있는 연예인들은 수입이 많지만 스탭들을 완전 거지래. 좋아하는 일 열심히 하면서 돈도 잘 버는 그런 일을 찾고 싶어요."

구체적으로 진로를 고민하는 건 기특했는데 이렇게 돈을 중심으로 직업을 생각하는 것이 왠지 실망스러웠다. 십대의 꿈 많은 소녀가 돈타령을 하다니! 내가 용돈을 너무 조금 줘서 그런가? 부모의 경제적 능력을 보니 자기 장래가 걱정스러웠나? 내가 돈, 돈, 돈타령을 하지는 않았던 것 같은데 돈을 밝히고 현실만 따지는 아이로 키운 건가 싶어 속상했다.

솔빛이와 이야기를 나누고 나서 내 삶을 돌아보며 생각에 잠겼다. 자본주의 나라에서는 능력에 맞는 일을 찾아 열심히 하고 그 대가를 받고 싶은 것은 당연한 것인지도 모른다. 아이는 일에 대한 대가를 제대로 받고 싶다는 것을 이야기한 것인데 내가 그걸 돈독이 오른 것으로 오해한 것 같은 생각도 들었다.

그래, 돈을 미워하지도 저주하지도 말고, 돈의 노예도 되지 말자. 돈을 그냥 그 자체로 인정하고 자유로워지자. 물질이 전부는 아니라고 어른들이 아무리 가르치려고 해도 소비가 미덕이라 외치는 현란한 광고들이 이미 아이들의 눈과 마음을 현혹하고 있지 않은가. 아이들은 부동산 투기나 로또 복권으로 일확천금을 꿈꾸는 어른들을 보며 자라고 있다. 힘들게 일하기보다는 쉽게 돈을 벌고 싶어 하는 어른들이 숱하게 많은데 아이들이 보고 배운 대로 말하고 행동하는 것은 당연하다. 돈, 돈, 돈. 경제만 살리면 뭐든 상관없다는 것이 요즘 세태이건만 막상 돈 이야기가 나오면 아닌 척 하는 이중성을 보이는 건 아닌지 나 자신을 돌아보았다. 아닌 척 하지 말고 솔직해지자. 이런 생각을 하면서 내 가식이 한풀 벗겨지고 아이를 통해 또 한 수 배우게 되었다.

한동안 아이는 돈도 잘 벌고 자기와 맞는 일이 과연 무엇인지 아주 열심히 찾고 심각하게 고민을 거듭했다. 홈스쿨링을 하는 덕분에 시험문제 하나 더 풀고 점수 올리는 것에 연연해하지 않고 충분히 깊게 고민할 수 있었다. 대다수 아이들이 시험공부에 시달리느라 자기 미래에 대해 충분히 고민할 시간이 없다는 걸 생각하면 안타깝기 그지없다. 아무튼 솔빛이는 고민을 거듭하면서 돈보다 자기가 하고 싶은 일을 찾는 방향으로 차츰 가닥을 잡아가는 듯했다.

 "엄마, 내가 하고 싶은 일을 해볼 거야. 의사, 변호사가 되면 무조건 돈을 잘 버는 줄 알았는데 그렇지도 않나 봐. 통역이나 번역일도 많이 버는 사람도 있지만 아닌 경우도 있더라구요."

"그래? 그런 걸 어떻게 알았는데?"

"인터넷에서 직업별 평균 소득을 찾아봤거든요. 전문 분야가 단순노동보다는 수입이 높지만 같은 직업이라도 수입에 차이가 많이 나더라구요."

"그렇겠지. 그런데 솔빛아, 엄마가 살아보니 말이다. 돈은 벌려고 애쓴다고 되는 건 아니더라. 그리고 버는 것도 중요하지만 어떻게 쓰면서 살지가 더 중요한 거 같아. 엄마 생각엔 네가 하고 싶은 일을 하다 보면 돈은 좀 못 벌어도 행복하기도 하고 그럴 것 같은데…."

"정말 내가 하고 싶은 일을 하면서 살 수 있을까? 진짜 그러고 싶어요. 자유롭게 내가 하고 싶은 일을 하면서 살고 싶어요."

막상 아이가 하고 싶은 일을 하면서 자유롭게 살고 싶다고 하니 왠지 마음이 불편했다. 나의 이중성이 또다시 발동했다. 고상한 말로 하고 싶은 일을 하며 살아도 된다고 모범답안을 이야기했는데, 마음 한 구석에서는 혹시 아이가 돈을 못 벌고 고생할까봐 걱정스러웠다. 자유로운 예술가로 산다지만 실상은 궁상스러워(?) 보이는 선후배를 보면 내 아이가 그렇게 되는 것이 달갑진 않았다. 비정규직이 늘어나는 요즘 상황에서 솔빛이가 하고 싶어 하는 일이 대부분 불안정한 고용구조를 가진 일자리이다 보니 엄마로서 '그래, 잘했다. 하고 싶은 일 하면서 씩씩하게 살아라!' 이렇게 쉽게 말할 수 없었다. 아무 생각도 하지 말고 죽어라 공부해서 명문대 나오고 대기업에 취직하고 돈 잘 버는 자리에 가야 인생이 피는 거라고 가르쳤어야 하나 솔직히 혼란스럽기도 했다.

"당신이 사는 곳이 당신의 품격을 말해준다"고 속삭이는 광고, 가난한 집 자식과 결혼 못 시키겠다는 드라마, 어려운 역경을 딛고 일어나 결국 대박 신화로 결론 나는 이야기들이 텔레비전에 넘쳐난다. 새해 인사로 "부자 되세요!"가 유행하던 몇 년 전부터 '부자아빠 책'이 인기를 끌고 부자가 되는 노하우를 전하는 강좌가 쏟아져 나왔다. 문화센터마다 재테크 강좌들이 인기를 누리고, 부동산과 금융자산을 늘리는 일에 많은 사람들의 관심이 쏠려 있다. 너나 할 것 없이 더 많이 벌고 싶어 한다. 더 큰 집, 더 큰 자동차, 더 멋진 옷을 사고 소비하기 위해서 말이다. 거기에 교육비도 한몫을 차지한다. 더 많이 벌어서 아이들에게 더 가르치는 것이 요즘 소비의 미덕인 셈이다. 그런데 과연 소비가 미덕일까?

뉴스에서 대학생들이 부모 몰래 학자금을 대출받아서 다단계에 탕진했다거나 빚을 내서 게임비, 유흥비나 성형수술 자금으로 쓰고 그것을 갚기 위해 사채를 쓰다 인생을 망치는 일이 보도되기도 한다. 보통 심각한 문제가 아니다. 얼마 전에 성인이 된 자녀가 신용불량자로 낙인이 찍힐까봐 카드빚을 갚아주느라 허리가 휜 이웃 아저씨의 하소연을 듣기도 했다. 많이 버는 것에 앞서 잘 쓰는 것이 더 중요하다는 걸 뼈저리게 공감한다. 소비하기 위해 귀한 인생을 소비하고 있다는 생각에 슬퍼지기도 한다. 소비를 위해 더 많은 시간을 일하고 서로 경쟁하지만 과연 지금 행복한가?

일한 대가를 정당하게 인정받는 사회 만들기

경제에 대한 관심은 이렇게 뜨거운데 살림살이는 더 어려워지고 청년실업은 점점 더 심각한 지경에 이르고 있으니 참 이상하다. 심지어는 우리 아이들에게 88만원 세대라는 이름이 붙었다. 노동에 대한 정당한 대가를 받을 수 있는 정규직이 급격히 줄어들어, 앞으로 극소수를 빼고는 불안정한 비정규직으로 살아갈 세대라고 한다. 치열한 경쟁을 이기고 내 아이만큼은 안정된 직장에서 정규직으로 살아가길 바라는 마음에 부모는 과외 노동을 하며 아이들의 과외비를 벌기 위해 애쓴다. 내 아이의 더 나은 연봉을 위해 투자하는 마음으로 기러기 아빠들도 허리가 휘는 희생을 감수한다. 고액의 사교육비, 해외어학연수나 유학비, 심지어는 면접에서 좋은 점수를 얻기 위한 성형수술 비용까지 대준다. 비정규직으로 어렵게 번 돈으로 열심히 사교육을 시키면서 아이만은 정규직 일자리를 얻어 자기보다 더 나은 삶을 살기를 바라는 그 희망으로 하루 12시간이 넘는 노동을 견디는 부모들의 모습은 눈물겹기까지 하다.

그래서 그런지 많은 부모들이 아이만큼은 경제교육을 더 일찍부터 시켜야겠다고 마음을 먹는다. 그 수요에 힘입어 몇 년 전부터 경제 관련 아이들 책들이 서짐 흰 고너를 차지할 만큼 쏟아져 나왔다. 재테크 비법에 관한 책이 주류를 이룬다. 자본주의 국가에서 필요한 상식이긴 하겠지만, 노동의 대가로서의 돈은 이야기하지 않고 대부분 돈을 부풀리는 내용들이다. 건강한 노동을 통해 적절한 대가를 받고 바람직하게 소비하는 것이야말로 우리 아이들에게 필요한 경제교육이라고 생각하는데 방향이 이상하게 흘러간다는 느낌을 지울 수가 없다.

그냥 열심히 경제용어를 외우고, 가짜 돈으로 장사도 해보고 투자도 해보는 것이 과연 경제교육일까. 요즘은 아이들에게 직접 돈을 주고 주식투자를 하도록 하는 부모들도 있다. 그러나 정당한 노동의 대가를 받지 못하는 비정규직 문제에 대해 알려준다든가 하는 교육은 어디에서도 찾아볼 수가 없다. 부모 세대들이 아이들에게 노동자의 권리와 의무를 가르치는 것은 주저하며, 건강한 노동보다는 대박 신화를 가르치는 것을 경제교육이라고 착각하고 있는 것은 아닌지 모르겠다.

나는 솔빛이와 이런저런 이야기를 나누고 스스로를 되돌아보면서 그저 내 능력에 맞게 일한 댓가로 내 집이라도 마련하면서 돈 때문에 양심 파는 일이 없다는 것에 감사하게 생각하고 살아가자고 마음먹었다. 많이 쓰려면 더 많이 벌어야 하니, 덜 쓰고 덜 벌면서 살기로 결심한 우리 부부가 진짜 부자라고 믿기로 했다. 집값이 싼 동네에서 평수 작은 집에 살고, 사교육비 최대한 덜 들이고, 주변 사람들이 중형 자동차를 사도 작은 차를 타고, 양주 먹지 말고 소주 먹고, 명품 가방 들지 말고 길표 가방 들면 뭐 어떠랴. 그러면 더 벌기 위해 건강과 가족끼리의 행복한 시간을 빼앗기며 아등바등할 필요가 없지 않나. 그것이 나름 자본으로부터 구속을 덜 받는 방법이라고 생각했다.

이제 더 많은 돈을 벌고 그 돈으로 소비하기에 앞서 일하는 우리와 미래를 살펴봐야 할 때이다. 이쯤에서 서로에게 노동에 대한 대가를 잘 치르고 있는지, 건강하게 소비하고 있는지 경제를 바라보는 관점을 바꿔야 한다. 더 나아가서 모든 이들이 일한 만큼 정당한 대가를 받고 행복하게 살 수 있는 사회를 만들기 위해 우리 힘을 보탰으면 좋겠다. 우리 아이들이 좀더 인간적으로 살아갈 수 있는 사회를 지금부터 만들어가야 한다. 아이들이 하고 싶은 일을 하면서 행복하게 살아가길 바란다면 말이다. 지금 서둘러서 우리가 관심 가져야 할 것은 사교육이나 펀드가 아니라 바로 이것이 아닌가 싶다.

미디어와 좋은 관계 맺기

애 봐주는 미디어들　　얼마 전 미용실에 갔다가 한 아이가 혼자 손바닥을 바라보면서 희죽희죽 웃는 것을 보고 한참 쳐다본 적이 있다. 알고 보니 휴대폰으로 동영상을 보고 있었다. 아이가 까불거나 장난치지 않고 집중해서 휴대폰을 쳐다보고 있는 사이 엄마는 머리를 예쁘게 단장했다. 참으로 고마운 DMB 서비스가 아닐 수가 없다. '애 봐주는 DMB 서비스' 라고 해야 할까.

몇 년 전에 진짜 '애 봐주는 비디오' 라는 제목의 비디오가 시중에 판매된 적이 있다. 그 비디오를 틀어놓으면 아이들이 엄마 없이도 잘 논다고 해서 그런 이름이 붙었다는데(애만 봐주는 게 아니라 지능과 감성개발에도 좋다고 홍보를 한다.) 비단 그 비디오가 아니더라도 비디오나 텔레비전을 틀어놓으면, 특히나 광고방송이 나올 때면 신기하게도 울던 애가 울음을 뚝 그치고 쳐다보는 것을 나도 솔빛이가 어릴 때 경험했다.

가끔 서울에 가면 지하철에서 휴대폰뿐 아니라 닌텐도 같은 소형 게임기를 정신없이 들여다보고 있는 청소년들과 어린이 심지어 유아들도 보게 된다. 지하철 안에서 책을 보는 사람들은 거의 볼 수 없다. 흔들리고 비좁은 지하철에서 책을 보는 것이 불편한 탓도 있지만 많은 사람들이 책 대신 휴대폰을 들여다보고 있다(아침이면 대개 공짜 신문들을 보지만). 그런가 하면 지하철 안에도 영상을 볼 수 있게 모니터가 설치되어 있다. 강연 때문에 전국을 돌아다니게 되는데, 고속버스나 택시 안에서도 텔레비전을 보게 되는 경우가 점점 더 많아진다.

이렇듯 원하든 원하지 않든 우리는 미디어에 둘러싸여 살고 있다. 텔레비전(비디오)은 대부분의 서민들이 바쁘고 피곤한 일상 속에서 쉽고 저렴하게 쉬면서 문화생활(?)을 할 수 있게 해준다. 이제는 애 봐주는 수준을 넘어 남녀노소 누구에게나 놀아주고 돌봐주는 역할을 하고 있다. 별로 웃을 일 없는 일상에서 웃을 일도 만들어주고 때론 감동적인 휴먼드라마로 눈물을 흘리게 만들기도 하고 새로운 지식을 주기도 한다.

애 망치는 미디어들

"우리 아이가 이상하게 말을 더듬어요. 왜 그렇게 말하냐고 하니까 요즘 인기 있는 노홍철이라는 연예인 말투를 따라하는 거랍니다. 우리 아이 이름이 노홍기거든요. 아이들이 노홍철이라고 별명을 붙여주니까 말투까지 따라하게 되었다는데, 정말 듣기 싫고 말투가 굳어져버릴까봐 걱정이에요."

"학교에서 학예회를 하는데 이이들이 무대에 올라서 하는 것들 중 반 이상이 연예인 흉내를 내는 거더라구요. 작은아이 유치원에서 하는 행사에도

'텔미 댄스'가 빠지지 않아요. 너무 못마땅한데 아이들 흥미를 끌려면 어쩔 수 없다고 선생님들이 그러시네요. 뭔가 아닌 것 같긴 한데, 분위기가 모두 그렇게 흘러가나 봐요."

간혹 초등 저학년 엄마들이 아이의 텔레비전 시청이나 컴퓨터 하는 시간을 엄하게 단속하고 있다고 자신만만하게 이야기하면 고학년 엄마들은 코웃음을 치며 조금 더 지나보라고 말한다. 품안에 자식이라고 아이가 자라 집 밖으로 나가는 시간이 점차 많아지면서 그런 통제가 더 이상 먹히지 않는다는 것을 느끼고 있기 때문이다.

"우리 아이는 텔레비전을 어려서부터 안 보여줘서 그런지 별 관심도 없고, 아무런 문제가 없었거든요. 그런데 초등학교에 들어가고 학년이 올라가면서 방송에 나오는 연예인이나 캐릭터 이름도 모른다고 아이들이 자기를 바보라고 놀린다네요. 심지어 수업시간에 선생님이 말한 유행어를 못 알아들어서 그냥 따라 웃기만 했답니다. 내 아이만 단속하는 것은 한계가 있어요. 그리고 왠지 우리 아이가 불쌍해 보이기도 하고, 그렇다고 일부러 텔레비전을 보여줘야 되는 건가 고민이에요. 학교를 안 보낼 수도 없고."

"맞아요. 집에서 단속해봐야 소용없다니까요. 우리 아이도 집에서 못 보는 거 친구집에 가서 보고 오더라구요. 요즘 직장 다니는 엄마들이 많아서 빈집으로 아이들이 몰려가서 컴퓨터도 하고 그런대요. 친구를 못 사귀게 할 수도 없고."

"저희 아이도 작년까진 전혀 게임을 하지 않았거든요. 그런데 올해 들어서 게임을 하겠다고 하는 거예요. 게임을 몰라서 아이들이 왕따를 시킨다고 울고불고 난리를 치는 바람에 할 수 없이 주말에만 하게 해줬거든요. 그런데 이젠 다른 아이들은 매일 게임을 하는데 왜 자기는 못하게 하느냐고 아이가 막 화를 내요. 자기만 레벨이 낮아서 아이들이랑 어울릴 수 없다면서. 그런데 도대체 하루에 얼마나 게임을 하게 해야 하나요?"

"정말 답답해요. 갈수록 애 키우기 어려운 환경이 되는 것 같아요."

학부모 모임에서 이런 이야기는 흔하게 오고간다. 다른 학부모들과 게임 개발업자까지 원망해보지만 이야기를 할수록 한숨만 나온다. 못 보게 하거나 집에서 텔레비전과 컴퓨터를 없앤다고 해서 문제가 해결되던 시절도 이젠 지났다. 무조건 막을 수도 없고, 내 아이만 그런 환경에서 떼어놓는 일도 불가능하다는 게 엄마들의 이야기다. 최대한 학교에 오래 잡아두거나 학원으로 돌리는 방법을 적극 활용하기도 하지만 휴대폰과 DMB 서비스 때문에 그것도 오래갈 것 같지는 않다.

미디어와 좋은
관계 맺기

정보화 세대. 영상 세대라 일컫는 요즘 아이들의 일상생활에서 미디어는 떼놓을 수 없다. 한 청소년기관에서 조사한 바에 따르면 부모와의 대화 시간은 하루 10분 이하인데 비해 텔레비전을 보거나 인터넷, 게임을 하는 시간은 열 배를 넘는다는 조사결과가 나왔다. 부모 얼굴보다 연예인 얼굴이나 게임 캐릭터가 더 친숙할 수밖에 없는 상황이다. 미디어는 아이들의 인성발달에 아주 많은 영향을 미치고 있고, 앞으로 더 그럴 것이다. 그래서 나는 학부모들을 만나면 무엇보다 미디어교육이 정말 중요하다고 강조한다. 학교에서도 가정에서도 영어교육보다 미디어교육에 더 신경을 써야 한다는 것이 내 생각이다.

아빠를 닮아 유난히 영상매체를 좋아하는 아이를 키우면서 나는 미디어교육에 가장 많이 신경썼다(세상에는 내가 영어교육을 열심히 한 것으로 알려져 있지만 사실 나는 미디어교육을 하던 중에 영어라는 두 마리 토끼를 잡은 셈이다).

사실 미디어를 통해 책보다 훨씬 더 실감나는 다큐멘터리를 볼 수도 있고, 직접 만나기 어려운 유명인사들이나 전문가의 강의나 토론을 접할 수도 있다. 또 영상매체가 아니라면 다른 나라의 예술작품이나 멋진 경관들을 어떻게 접할 수 있겠는가. 우리가 몸에 이로운 음식을 골라서 먹듯이 영상매체도 그렇게 활용하면 된다고 생각한다. 영상매체 때문에 선정적이거나 폭력적인 장면들을 접하게 되어 걱정스럽기도 하지만 그럴 때는 함께 보거나 다 보고 나서 성교육이나 인성교육을 하는 기회로 삼으면 그야말로 일석삼조이다. 사실 미디어 자체가 문제라기보다는 부모와 아이들 사이의 소통이 더 중요한 문제라고 본다. 미디어교육을 어떻게 하면 좋을지 내 나름의 경험을 통해 몇 가지 원칙을 이야기해보려고 한다.

텔레비전보다는 가까운 주변과 소통하도록

영유아기 때 느낀 감각이 평생 간다고 한다. 되도록 이 시기에는 아날로그 방식으로 아이들을 키우자고 부탁하고 싶다. 함께 있는 가족, 가까이 있는 자연, 그리고 조용히 자기 자신과 소통하는 시간을 소중하게 여겼으면 좋겠다. 아이가 차분하게 집중해서 놀 수 있게 주변의 자극적인 요소를 제거해주지는 못할망정, 요즘은 도리어 조기교육이다 뭐다 해서 요란한 교구나 교육 프로그램에 아이들을 너무 일찍 노출시키고 있어 걱정스럽다. 어린아기들에게 지나치게 자극을 준 나머지 아이들이 성장하면서 더 강한 자극이 아니면 집중하지도 흥미를 느끼지도 못하는 경향이 나타난다고 전문가들은 우려한다.

특히 어릴 때는 되도록 자극적인 영상매체에 노출되지 않게 해야 한다. 어릴 때일수록 부모의 울타리 안에서 환경을 조절할 수 있으니 그때까지만이라도 미디어를 덜 접하면 좋겠다. 전문가들의 연구 결과나 내가 직접 관찰한 사례를 보더라도 4세 이전에 미디어를 많이 접할 경우 아이들의 정서 발달에 문제가 생길 수 있다. 특히 만 2세 이전 아이들에게 학습용 비디오는 치명적일 수 있다. 4세 이후에 텔레비전을 시청할 때도 아이 혼자서 보게 하지 말고 부모가 함께 보면서 소통하는 것이 좋다. 미디어를 제대로 활용하면서 아이와 소통하다 보면 텔레비전이나 컴퓨터가 바보상자가 아니라 보물상자로 변할 수 있기 때문이다.

내 경우 아이가 어릴 때는 미디어를 되도록 덜 접하게 하고 책을 읽어주거나 이야기를 들려주었다. 그리고 조용하게 혼자 놀도록 유도(?)했다. 사실 일부러 의도했다기보다는 형편이 넉넉지 않아서 화려한 교구나 장난감 같은 것을 구입할 능력이 없었다. 더구나 조기교육기관에도 데리고 다닐 형편이 안 되었다. 또 내가 바쁘고 몸이 약해 아이와 많이 놀아줄 수가 없어 아이는 그냥 천천히 공터를 거닐면서 엄마 옆에서 혼자 놀았다. 지금 생각하면 오히려 잘된 일이라고 여겨진다. 유아기 때 요란한 자극에 노출이 덜 된 덕분에 아이가 혼자서 조용하게 놀면서 많은 상상을 했던 것이 참 다행이다 싶다.

텔레비전 녹화해서 보기

그러나 워낙에 솔빛 아빠가 텔레비전을 좋아해서 아이도 텔레비전을 자주 보게 되었다. 또 내가 일하는 엄마이고 건강이 좋지 않아 시어머니나 주변 분들이 아이를 돌봐주시기도 하고 놀이방에 맡기기도 했는데 그때 솔빛이는 텔레비전을 많이 보았다. 그 후 건강도 좋아지고 여유가 생기면서 참 교육학부모회에 참여하게 되었는데, 그때 텔레비전 시청교육이나 비디오교육의 중요성을 새삼 알게 되어 미디어교육에 관심을 갖게 되었다. 그 덕분에 다른 엄마들이 글자공부, 숫자공부를 열심히 할 때 나는 미디어교육을 열심히 했다.

아이가 초등학교를 가기 전까지는 내가 편성표를 보고 우리 아이에게 적합한 프로그램이 무엇인지 살펴서 녹화를 했다(날짜와 시간을 설정해놓으면 알아서 녹화해주는 기계 덕분에 그리 어렵지 않다). 그리고 녹화한 프로그램을 아이가 보고 싶어 할 때 조금씩 보여주었다. 초등학교에 들어가면서부터는 아이와 함께 편성표를 훑어보고, 볼 것을 정해 녹화한 다음 자기가 편한 시간에 보게 했다. 또는 그 시간에 맞춰서 그 프로만 보게 꾸준히 교육했다. 솔빛이는 아빠를 닮아서인지 그냥 두면 비디오나 텔레비전을 너무 보려고 하는 경향이 있었기에 수학 문제집을 푸는 것보다 미디어교육에 더 신경 써서 키웠다.

그렇게 초등 3학년까지 녹화하고 시간을 정해서 보는 습관을 들이고 조절하는 능력을 키워주었다. 그러면서 영상매체보다는 책을 더 즐기게 도와주었더니 솔빛이는 책도 많이 읽고, 나이에 맞지 않는 프로그램은 보지 않는 것을 당연하게 여기게 되었다. 그리고 4학년이 되면서 영어비디오 시청과 영어방송을 이용한 영어습득 훈련을 시작해서 놀라운 결과를 얻기도 했다. 애니메이션이나 영상물 보는 것을 좋아하는 아이의 성향을 잘 활용했더니 영어와 일본어까지 익히게 되었다. 부모들이 텔레비전을 무조건 애물단지나 바보상자로 치부할 것이 아니라 적절하게 잘 활용하여 보물상자로 만들기를 바라며 몇 가지 원칙을 권한다.

① 텔레비전 편성표를 보고 꼭 봐야 할 프로그램만 보기

② 시청 규칙을 정하기 – 시청 거리, 시청 시간, 녹화해서 보기

③ 시청일기 쓰기 – 시청 느낌 표현해보기, 시청 습관 점검하기

④ 텔레비전 안 보는 날을 정하기(매일 보면 중독되기가 더 쉽다.)

⑤ 건강한 시청자가 될 수 있도록 비평 능력을 키워주기

미디어 문화 소비자로서 권리와 의무 그리고 비평의식 키우기

앞에서도 이야기했지만 내 아이만 통제해서 될 일이 아니라는 것을 솔빛이가 초등학교 고학년, 중학생이 되면서 점점 더 강하게 느꼈다. 그래서 주변 엄마들을 설득하고 뜻을 같이하는 학부모들과 미디어 바로 보기 교육을 준비했다. 처음 시작할 때는 욕심을 내어 당장에 텔레비전을 딱 끊고 열심히 공부하는 아이로 변하기를 기대했지만 끊는 것보다 미디어를 바로 볼 수 있는 힘을 키우는 것이 더 중요하다는 사실을 깨닫게 되었다.

텔레비전 시청교육을 하면서 비판적으로 보는 비평의식까지는 아니더라도 과제를 주고 텔레비전을 보게 하면 아이들이 덜 재미있어 하더라는 반응이 나왔다. 예를 들면 드라마를 시청하면서 등장인물이 누구누구였는지 기록하게 하거나, 입고 나온 옷이나 장소, 소품을 기록하게 한다. 그러면 아이들은 과제를 염두에 두면서 보니 덜 몰입하고 그 프로그램을 객관적으로 보는 자세를 갖게 된다. 비평의식을 키우는 활동으로 발전시킬 수도 있다. 쇼 프로그램의 출연자들이 하는 말 중에 은어라든가 타인의 기분을 상하게 하는 말을 기록하면서 보게 하는 것이다. 그냥 듣거나 웃으며 즐길 때는 느끼지 못했던 것을 기록하고 서로 발표하면서 객관적으로 바라보는 시각이 생기게 된다.

학교나 동아리 같은 기관에서 이런 식으로 텔레비전 시청교육을 해보면 혼자 집에서 텔레비전을 보면서 생기는 여러 문제점들을 보완할 수 있다. 또 같은 프로그램을 본 뒤 토론을 하게 하면 다른 시각을 배울 수 있는 좋은 교육의 장이 되기도 한다. 또 시청자 참여 게시판에 글을 남기는 활동이나 제작자들에게 편지를 보내는 활동으로 발전시키면 시청자 권리와 참여에 대한 시민의식을 기르는 기회도 될 것이다.

학교나 동아리에서 이루어지는 것도 좋지만 일상 속에서 가족들이 이런 주제로 대화를 나누는 것이 정말 중요하다. 미디어는 가정에서 접하는 경우가 더 많기 때문이다. 그래서 아이들보다 부모들이 먼저 미디어교육을 받아야 한다고 본다. 우리 부모 세대들이 미디어에 대해 모른다면 비평의식과 주관을 키워주기는커녕 아이들과 대화조차도 힘들어진다. 그러나 수학, 영어 선행학습에는 관심 있는 부모들이 많아도 미디어를 활용하고 조절하는 능력을 키우는 교육은 소홀히 여기는 것 같아 안타깝다.

미디어 문화 소비자에서 생산자로 발전하기

어떻게 하면 아이와 함께 컴퓨터를 유익하게 활용할 수 있을지 이야기도 해보고 직접 활용도 해본다. 아이와 메일 주고받기, 박물관 유적지 등 여행 정보, 각종 행사 정보 활용, 학습용 CD 사용, 온라인 학습 활용 등 유익한 활동에 활용하는 것을 넘어 가족 앨범 만들기, 가족 홈페이지 만들기, 미니영화나 UCC를 만들어 공모전에 참여해보는 것도 가능하다.

요즘은 그런 활동을 하다가 자기의 소질을 발견하는 경우도 종종 있다. 실제로 인터넷에 소설을 올리다가 진짜 책을 낸 사람, 인터넷을 통해 유명해진 요리 전문가, 모델과 가수도 있다. 솔직히 나도 인터넷 동호회에 올린

글을 모아 『엄마표 영어연수』라는 책을 냈다. 그리고 솔빛이도 미디어를 이용해 이런저런 창작활동을 하고 그런 것이 인정을 받아 한국예술종합학에 들어갈 수 있었다.

컴퓨터와 인터넷 사용 수칙 정하기

수동적인 소비자로 미디어의 노예가 되어 살아가기보다는 비평의식을 가진 능동적이고 적극적인 소비자로 자라게 우리 아이들을 키워야 한다. 그리고 한 단계 더 뛰어넘어 새로운 문화의 창작자, 생산자로 성장하는 아이들이 되었으면 좋겠다. 이를 위해 컴퓨터와 인터넷 이용과 관련해 몇 가지 원칙을 정해두고 실천해보자.

게임하는 요일 정하기

게임을 날마다 하지 않도록 계획하는 것이 중요하다. 아무리 그날 할 일을 다 하더라도 매일 하면 중독될 가능성이 많다. 게임하는 날을 일주일에 3일 이하로 정해서 아이와 잘 협상하자. 하지 않는 날이 하는 날보다 많으면 자제력을 키워 중독을 예방하게 되고, 성취감을 맛볼 수 있다.

시간 정하기

게임을 하는 날에도 맘대로 하는 것이 아니고 하루 2시간은 넘지 않도록 시간을 정한다. 만일 일주일에 게임 시간이 6시간을 넘는다면 차츰 줄여가도록 천천히 지도해야 한다. 초등학교 저학년이라면 되도록 요일도 시간도 최소로 줄이는 것이 최선이다. 단 이른들이 너무 일방적으로 끌고가면 관계가 깨어지니 아이 의견을 존중하며 협상하는 지혜를 발휘해야 한다.

그리고 시간을 정할 때 게임하는 시간을 구체적으로 정하는 것이 좋다. 예를 들면 토요일 오후 4시부터 5시까지. 아무 때나 하고 싶다고 마구 하다 보면 중독이 될 수 있기 때문이다. 경우에 따라서는 쿠폰이나 포인트 점수를 주어 게임시간을 조절하도록 당근을 쓰는 것도 한 방법이다. 참고 기다리면 더 큰 것을 얻게 된다는 사실을 느끼게 해준다.

무엇을 할 것인가 내용 정하기

시간과 요일만 중요한 것이 아니다. 인터넷으로 무엇을 할 것인지, 무슨 게임을 하는지 내용을 살펴서 정한다. 나이에 맞지 않는 게임을 하고 있다면 조절해야 하고 캐시 충전이나 비용에 대한 부분도 약속을 정해놓는다. 그렇게 하려면 부모가 어느 정도 그런 내용을 알고 있어야 한다. 사실 사교육과 학원 정보보다 이런 것이 더 중요하다. 이와 관련한 학부모 교육을 받으면 도움을 받을 수 있다.

게임하지 않는 시간에 대체 활동을 정하기

게임을 못 하게 하면 자꾸만 징징거리고 엄마를 못살게 굴거나 손님이 오시면 더욱더 귀찮게 해서 게임을 허락받는 아이들이 많다. 그럴 경우를 대비한 약속을 정해두는 것이 필요하다. 게임 시간을 주는 포인트를 깎는 벌칙을 정하는 것도 좋지만 그보다는 게임이 하고 싶어질 때 대신 할 수 있는 활동이나 놀이를 아이와 의논하여 다양하게 마련해놓는 것이 좋다.

약속을 지켰을 때와 어겼을 때 규칙 정하기

나쁜 습관을 없앤다는 생각보다는 좋은 습관을 들인다는 마음으로 지속적으로 약속을 점검하고 다시 수정 보완하면서 꾸준하게 훈련하는 것이 필요하다. 약속을 잘 지켰을 때와 그렇지 못했을 때를 대비하여 보상과 대가를 정한다. 정한 약속을 잘 보이는 곳에 붙여놓고 온 가족이 알게 하고, 약속을 지키지 못했을 경우 벌에 대해서도 기록하여 함께 알 수 있게 한다. 약속을 어겼을 경우 되도록이면 게임을 못하는 쪽으로 벌을 정하는 것이 좋고, 약속을 잘 지켰을 경우 적절한 보상을 해주는 것이 필요하다. 그러나 게임 시간을 늘려주는 쪽으로 보상하기보다는 다른 방향으로 보상하고, 혹시라도 게임으로 보상을 하게 될 경우 게임 시간보다는 게임에 필요한 다른 것으로 보상해주는 것이 좋다. 예를 들면 캐시 충전 같은 것.

미디어 비평의식 갖추기

또한 매체에 끌려 다니는 노예가 아니라 스스로 조절하는 주인이 될 수 있도록 비평의식을 키우는 것이 필요하다. 현실과 온라인 세계를 혼동하고 따라하다가 문제를 일으킨 아이들, 게임을 하다가 과다한 요금이 나와 자살한 경우 등 인터넷 중독의 위험성에 대해 토론도 해보고 문제점을 찾아보면서 스스로 보호하는 힘을 키운다. 혹시 문제점을 발견하면 그냥 있지 말고 관계 부서에 알려 시정하도록 하자.(시민 감시활동)

바람직한 정보공유의 원칙

요즘은 음악이나 동영상, 영화 등을 쉽게 인터넷을 통해 다운 받아서 즐길 수 있다. 사실 그런 것은 도둑질이나 다를 바 없는 행위인데 나를 비롯한 대부분의 사람들이 저작권에 대한 인식이 낮다 보니 그렇게 공짜로(?) 다운로드 받는 일을 아무렇지 않게 여기는 경향이 있다. 우리 쉰세대들은 사실 능력이 부족하여 그렇게 다운로드를 잘 받지 못하지만 요즘 아이들은 어른들보다 훨씬 그런 것을 빨리 배우고 실행한다. 그러다 보니 그것이 문제가 되어 저작권 문제로 고발을 당하고 놀라서 자살하는 일까지 일어나는 지경이다. 물론 어린 아이들에게 책임을 떠넘기는 업체들도 문제이지만 불법 다운로드를 묵인하고 있는 우리도 반성해야 한다. 우리나라가 저작권에 대한 법이 약하기에 망정이지 만일 선진국의 저작권법을 잣대로 삼는다면 문제는 더욱 커질 거라는 것이 전문가들의 말이다. 앞으로 이런 측면에서 저작권자들의 권리 주장이 더 커지면 커지지 작아지지는 않을 것이 확실하고, 그렇게 되는 것이 문화예술 발전 측면에서 필요하기도 하다. 따라서 우리 아이들이 서로를 위해 지킬 것은 지키는 자세를 갖도록 우리 어른들이 나서서 솔선수범하는 모습을 보여주는 것이 필요하다. 우리가 애써서 만들어낸 문화 콘텐츠를 적정한 돈으로 지불하지 않고 슬쩍슬쩍 몰래 즐긴다면 앞으로 우리는 더 훌륭한 문화 콘텐츠들을 만나지 못하게 될지도 모른다. 불법 다운로드는 결코 정당한 정보의 공유라기보다는 일종의 도둑질이라는 것을 빨리 인식하고 아이들에게도 불미스러운 일을 당하지 않도록 당부해두는 것이 좋겠다. 그리고 더 나아가서 우리 사회 전체가 바람직한 정보 공유에 관하여 원칙을 바로 세울 수 있도록 하는 역할 또한 우리 아이들과 우리가 해야 할 일이 아닌가 싶다.

<h1 style="text-align:right">일찌감치 잡는 게 낫다?</h1>

**군대는 짬밥순,
학부모는 아이 성적순**   "이번 시험에서 영철이는 올백 맞았다면서요. 좋겠다. 우리 아이는 투백(두 과목이 백점이란 뜻)이야. 다 아는 걸 덤벙거리다가 틀렸더라고, 애고 속상해!"

"우리 애는 쓰리백이야. 저번보다는 조금 올랐네. 역시 학원을 옮기길 잘했어!"

"솔빛이는 몇 점이예요?"

"어어… 언제 시험 봤어요?"

내 대답에 분위기는 썰렁해졌다. 언제 시험이 있었는지조차 모르는 내 반응에 모두들 황당한 표정이다. 같은 반 엄마들이 모인 자리에 앉아 있으면 나는 언제나 외계에서 온 사람 취급 받는다. 나 역시도 대화에 끼어들 수 없음에 늘 답답함을 느끼고.

"영철이는 뭐 시키는데 그렇게 잘해요?"

"어느 학원 보내요? 혼자만 그러지 말고 공부시키는 법 좀 가르쳐줘요."

"저번엔 수학대회에서도 상을 받았다면서요? 어쩌면 그리도 잘할까."

역시나 이번 시험에 올백을 맞았다는 영철엄마에게 모든 시선이 쏠리고 비결을 알고 싶어하는 엄마들의 질문이 쏟아진다.

"뭐, 하는 것 별로 없어요."

겸손하게 시작했지만 역시 영철엄마의 아이 자랑과 교육철학, 공부시키기 노하우는 화려하게 펼쳐진다. 하는 게 별로 없다더니 국어, 수학, 사회, 과학, 음악, 미술, 체육… 안 하는 게 없다.

"와글와글, 자글자글…"

자녀교육을 위한 엄마들의 건설적인(?) 수다는 끝날 줄을 모른다.

'어, 그런 것도 있었어? 대단한 아이들이군, 그걸 다 하다니…'

내겐 온통 처음 듣는 소리투성이다. 올백은 아니라도 쓰리백, 투백의 엄마들도 한마디씩 거들다보면 공부 못하는 아이를 둔 엄마들은 조용히 듣기만 해야 한다. 나도 교육 하면 제법 할 말 많은 사람인데 얘기해봤자 아무도 귀 기울여 들어주지 않으니 말할 맛이 안 나서 조용히 있는다.

군대에선 짬밥순이라면 학부모들 사이에선 아이 성적순으로 서열이 형성되어 있다고나 할까. 으메, 기죽어. 그렇게 엄마들과 시간을 보내고 집에 돌아온 날이면 평소엔 멀쩡하게만 보이던 솔빛이가 어딘지 부족해보이고 밉기까지 했다. 그래서 공연히 아이에게 짜증을 부리고 남편에게까지 불똥이 튀기도 한다. 나도 저렇게 시켜야 하나? 이렇게 공부를 안 시켜서 큰일 나는 거 아닐까? 견디기 힘든 불안과 갈등이 치솟곤 했다. 그래서 학교 엄마들을 만나는 게 정말 무서웠다. 듣지 말고 보지도 말자. 이 나라에서 학부모로 산다는 건 정말 고행이다, 고행.

　　"솔빛이는 공부 잘하죠?"

"뭐, 그냥 그렇지요."

"솔빛이는 어느 학원 보내요?"

"학원 안 보내는데요."

"아니, 어쩌려고 그래요?"

나중에 후회하지 말고 미리미리 아이를 단련(?)시켜야 한다는 진심 어린 조언을 듣는 건 고행이었다. 너무나 확신에 차서 조언을 해주는데 무시할 수도 없고 그렇다고 고맙다고 할 수도 없고, 맞장구치며 얘기를 더 하고 싶은 상황은 더더욱 아니니 죽을 맛이다.

이웃집 엄마를 만나도, 학교 엄마들을 만나도 나오는 얘기는 주로 아이 성적, 아이에게 뭘 얼마나 시키는지, 어느 학원을 보내는지, 누가 어디서 무슨 상을 받았으며, 이번엔 누가 일등인지, 이런 얘기가 대부분이다(때론 학교에 뭔가 갖다 줬다는 얘기도 추가되곤 한다). 나는 아줌마들의 대화에 끼지를 못하니 늘 물 위에 뜬 기름처럼 지내곤 했다.

'교육은 그런 게 아니잖아. 성적이 다가 아니잖아. 이건 아닌데.' 싶었지만 제대로 된 교육이 뭔지도 잘 모르겠고, 뭘 어떻게 해야 하는지도 알 수가 없었다. 고민을 함께 나눌 사람이 있다면 좋겠는데 대체 말이 통하는 사람이 있어야지.

뜻이 있는 곳에 길이 있다고, 직접 나서서 알아보니 나랑 비슷한 생각을 가진 사람들이 아주 없는 건 아니었다. 울산의 한 시민단체에서 연 윤구병 선생님 초청강연에 참석했다가 관심이 비슷한 사람들을 만나게 되었는데, 학부모 강연이나 행사에서 다시 우연하게 만나 우리는 아예 작은 소모임을 만들었다.

　우리는 정기적으로 만나서 교육이 뭔지, 무엇이 제대로 된 교육인지 함께 고민하며 시간가는 줄 모르게 얘기를 나누곤 했다. 또 『실험학교 이야기』, 『작은 학교가 아름답다』 같은 책을 읽고 토론하기도 했다. 그 동안의 외로움도 해소하고 우리가 생각하는 진정한 교육을 실현하기 위해 이런저런 실천을 하면서 기쁨을 느꼈다. 아이가 싫어하는데 억지로 학원에 보내서 주입식으로 공부시키지는 않으리라 단단히 결심하면서 산으로 들로 다니고 신나게 뛰어놀 수 있는 환경을 만들어주려 노력했다. 아이들의 욕구를 꺾지 않으려 이야기를 충분히 들어주고, 창의적인 발상을 존중하자고 다짐하곤 했다.

　그런데 그것도 잠시, 모임에서 이상하게도 고학년 선배 엄마들이 하나둘 사라지기 시작하더니 이젠 같은 학년의 동료 엄마들도 점점 보이질 않았다. 그리고 차츰 저학년 엄마들과 아기를 안은 엄마들이 나타나기 시작했다. 모임은 어느새 유치부 엄마들이나 초등 저학년 엄마들의 모임이 되어가고 있었다. 어라, 다들 어디 갔지?

**진작에
잡을 걸!**　　아이가 초등 고학년이 되면서 이웃 엄마들은 말했다. 선행학습으로 최소한 한 학기는 당겨서 미리 공부시켜야 한다고. 그렇게 하지 않으면 중학교 가서 수업을 따라갈 수 없다고. 진짜일까? 정말 궁금했다. 그렇게 다들 미리 배우고 학교에 가니 선생님들이 수업하기도 힘들고, 아이들도 재미가 없는 것 아니냐고 하니 모르는 소리 하지 말라고 한다. 학교 선생님들도 자기 자식 다 그렇게 시키면서 학부모들에겐 학교수업만으로 가능하다고 말하는 거라나 뭐라나. 누구 말을 믿어야 할지. 그러던 차에 전에 교육모임을 함께 했던, 이제는 아이가 중고생이 된 선배들을 만나게 되었다.

"아이가 나를 막 원망해. 왜 자기한테 미리미리 사교육도 시키고 공부를 시키지 않았냐고. 학교가 원래 그런 곳이고, 세상이 성적순이란 걸 왜 미리 가르쳐주지 않았냐고 따지는 거야. 친구들은 미리미리 해서 다 아는 걸 자기는 이제야 하면서 힘들다고. 잘하고 싶지만 기초가 부족해서 못하겠다면서 동생에겐 미리 가르치라고 큰아이가 얼마나 잔소리하는지 몰라."

오랜만에 만난 선배는 아이가 '기초를 잡아주지 않은' 엄마를 탓하며 짜증을 낸다고 했다. 엄마가 잘 몰라서 미리 챙겨주지 못한 것이 정말 미안하고 후회가 되고 그런 아이를 바라보는 것도 힘들다고 했다. 그렇다고 학교에 안 보낼 수도 없고, 세상이 크게 달라지는 것도 아니니 정말 힘들다고 했다. 요즘엔 대안학교를 보낼까 신중하게 고민하고 있다는 선배에게 다른 선배가 말을 자르며 이야기를 시작한다.

"쓸데없는 생각 하지 말아요. 대안학교니 대안교육이니 그런 꿈 깨고 미리미리 준비하는 게 좋을 거야."

"현실을 무시할 수가 없더라구. 나중엔 다들 대학 가야 하잖아. 진작에 남들처럼 미리미리 학원도 보내고 학습지도 시키고 그럴 걸, 너무 후회스러워! 지금 시키려니 반항이 이만저만 아니야. 진작에 잡았어야 하는 건데. 다른 집 애들보다 적게 시키는데도 난리를 치니 정말 걱정이야."

그 선배는 아이들이 어릴 때 지나친 자유를 준 것 같다면서 후회했다. 일단 성적이 생각처럼 잘 나오지노 않고, 의견을 너무 존중해주며 키웠더니 입만 살아서 시키는 대로 하지 않는다는 것이다. 게다가 학교에 대한 불만,

선생님에 대한 불평만 늘어놓고 자기 할 일은 열심히 하지도 않는다고 했다. 어려서부터 단련시켰으면 당연하다고 할 텐데, 다른 집 아이보다 많이 시키는 것도 아닌데 힘들어하고 하기 싫어해서 매일같이 싸우는 게 일이란다.

선배들의 이야기를 들으니 학교에서, 이웃에서 만났던 엄마들의 충고와 다르지 않아 무척 혼란스러웠다. 성적보다는 아이들의 행복을, 경쟁보다는 협력을, 강제보다는 아이들의 자발성을 말하던 사람들이었는데 완전 달라진 그 모습에 충격을 받았다. 그것이 현실일까? 정말 두려웠다.

열 살 성적이 평생 간다고?

인터넷 게임은 게임오버해도 다시 시작하면 되지만 자식 키우는 일은 실패하면 돌이킬 수도 없다. 그래서 좀더 확실한 공략법이 있다면 그걸로 애 한번 확실하게 키워보고 싶은 게 부모들의 욕심 아닐까 싶다. 그래서 우리 주변엔 그 어떤 인터넷 육성게임보다 더 스릴 있는 실제 아이 키우기 공략법과 노하우가 넘쳐난다. 요즘은 자녀를 명문대에 진학시킨 학부모들을 학원가에서 섭외해 후배 학부모들을 상담하도록 하고 있는데, 이름난 학자의 교육이론보다는 실제 아이 육성게임에 성공한 (여기서 말하는 성공은 '명문대 입학') 학부모의 노하우와 '썰'이 더 강하게 어필하기 때문이다(교육청이나 학교에서 하는 학부모 교육에는 부모들이 안 와서 학교에서 반강제로 동원하는 반면 학원에서 하는 입시설명회엔 발 디딜 틈이 없다).

전에는 고1 성적이 수능 성적 된다 하더니 조금 있다간 중학교 1학년 1학기 중간고사 성적이 고3 성적 된다고 하고, 이제는 열 살 성적이 평생 간다고 한다. 그것도 모자라 서점엔 일곱 살 때부터 서울대 입시를 준비하는 책도 나와 있다. 일찌감치 기선을 제압해야 한다면서 미리미리 아이들에게 입시준비를 시키는 게 요즘 분위기인 것 같다. 그뿐 아니다. 게임에서 이기려면 이런저런 무기와 아이템, 경험치가 필요하듯 아이들의 '성공적인' 인생살이에 필요하다는 뭔 레벨이나 등급, 급수 따위를 챙겨줘야 한다고 난리다. 그게 없으면 큰일날 것 같고, 부모들은 혹시나 내가 뭘 놓쳐서 나중에 우리 아이가 경쟁에서 지거나 손해를 보지는 않을지 전전긍긍하며 심한 경우엔 불안증에 시달리기까지 한다. 이렇게 교육해야 더 좋을까 저렇게 교육해야 더 좋을까? 어떤 아이템을 구입해줘야 하고, 어떤 무기를 준비해줘야 할까? 이 구간에선 어떤 포인트를 따고 가는 게 이익일까? 부모 노릇 힘들어서 못해먹겠다는 소리가 나온다.

그러다 보니 이젠 돈만 주면 부모 대신 자녀육성 게임을 진행시켜주는 신종직업이 등장했다. 일종의 매니저 같은 것으로 아이의 학습시간과 적합한 사교육 기관을 관리해준다고 한다. 거기에 그치지 않고 일부 부모들은 좀더 나은 캐릭터로 자녀를 키우기 위해 비싼 값을 치르는 유전자 검사를 이용한다. 시행착오 없이 확실한 맞춤교육을 위해서라나? 아이의 적성을 미리 알아내는 것이 가능하다고 생각하다니, 참 대단한 부모들이다.

그까이 꺼, 못할 것도 없지

어차피 나와 교육관이 달랐던 엄마들의 행보는 그러려니 할 수 있었지만 교육관이 같다고 생각했던 대안교육, 참교육을 말하던 사람들조차도 아이들을 밤늦게까지 학원에 보내고, 그 동안 아이를 방치(?)했다고 후회하는 모습을 보면서 두려움과 함께 오기가 밀려왔다.

"그래, 나는 내 방식으로 사교육 없이 해볼 거야!" 결심했다. 게다가 학교에서 반 대표와 운영위원 활동을 시작한 나를 둘러싸고 들려오는 소리는 한층 더 나를 비장하게 만들었다.

"저 엄마 애는 공부 잘한데요?"

학부모들은 그렇게 수군거렸고 교장과 교무주임은 이렇게 말했다.

"학교 일은 우리가 알아서 합니다. 그리고 학부모들은 선생님의 사기를 올려주는 역할을 하시면 됩니다. 학교 일은 전문가인 우리에게 맡겨두시고, 어머니는 아이 교육에나 신경 쓰세요. 참, 솔빛이 이번 시험은 잘 쳤나요?"

학부모가 학교의 불합리한 점을 건의하고 시정을 요구하는데 아이 공부가 무슨 상관인지 아이 성적을 들먹거리는 게 몹시 불쾌했다. 그래, 성적이 그리도 중요하단 말이야? 좋아, 한번 해보자. 그까이 꺼, 못할 것도 없지. 두고 보라지.

오기도 있었지만 워낙에 교육에 관심이 많아 그 동안 접했던 교육이론과 학습법 같은 것을 직접 실천해보기로 마음먹었다. 더 나은 대안교육, 참교육을 찾아 토론하고 연구한다고 이곳저곳 헤매느라 정작 실천은 뒤로 미루고 밖으로만 돌았던 내 관심을 이젠 아이와 나의 관계에 집중시켰다. 또 주위에서 들려오는 이런저런 소리에서 자유로워지기 위해 불필요한 만남을 자제했다. 지레 걱정부터 하면서 뚜렷한 목적과 이유도 모른 채 남들 따라 사교육 기관을 찾아 나서기보다는 상황을 좀더 제대로 알아보려고 애썼다. 점수만으로 판단하기보다는 아이의 학교생활과 학습상황을 새삼스런 눈으로 바라보고, 아이와 더 많은 대화를 나누려고 시간을 만들었다. 조금 더 일하고, 돈을 더 벌어 아이 교육비에 투자하기보다는 돈은 덜 벌고 아이와 시간을 가지려고 노력했다.

　그러면서 그 동안 내가 가장 잘 안다고 생각했던 내 딸을 잘못 알고 내 나름대로 판단한 것들이 참 많았다는 사실을 깨달았다. 아이를 있는 그대로 본다는 것이 얼마나 어려운 것인지 새삼 느꼈다. 매 순간 깨어 있으려 노력하고 의식하지 않으면 늘 내 잣대로, 내 기준으로 아이를 판단해버리곤 했다. 시간을 내어 아이와 함께 지내니 진짜 아이가 좋아하는 게 뭐고, 하고 싶은 게 뭐며, 어떤 과목의 어떤 부분을 힘들어하는지 차츰 알 수 있었다. 다행스럽게도 아이는 잘 자란 듯했다. 시험을 백점 맞진 못했지만 학교수업도 이해하는 것 같았고, 무엇보다 학습에 대한 흥미와 잘하고 싶은 욕구가 있는 것이 희망이라 생각했다.

후퇴
학습　준비는 잘 되어 있는 셈이었다. 여기에 내적 혹은 외적인 동기가 부여된다면 잘 해나갈 것이라는 생각이 들었다. 그러던 중 솔빛이가 수학을 60점 맞고 스스로 충격을 받았는지 공부를 좀 해야겠다고 했다. 아이와 어떻게 해볼까 의논도 해보고, 주변의 조언도 구해서 후퇴학습을 진행하기로 했는데 기대했던 것 이상의 성과를 얻을 수 있었다. 후퇴학습은 말 그대로 뒤로 후퇴해 공부하는 것이다. 6학년인 솔빛이가 4학년 수학으로 후퇴해서 혼자 공부하더니 6학년 과정까지 좇아왔다. 앞으로 가기보다는 뒤에서 되돌아오는 과정에서 스스로 여러 개념을 이해했던 것 같다.

　여전히 백점을 받거나 일등을 하진 못했지만 중학교에 가서도 스스로 공부했고 그런대로 만족스러운 성적을 받으며 솔빛이는 점점 더 학습에 흥미와 자신감을 찾아갔다. 그러나 정해진 속도와 진도에 맞춰서 공부하고 평가받아야 하는 구조 속에서는 자기 속도에 맞는 학습을 하기가 어려워 도리어 학습에 대한 흥미가 떨어졌다. 이미 다 알고 있는 것을 학교에서 다시 배울 땐 다소 지루하긴 해도 그리 힘들진 않지만 모르는 것을 그냥 묻어둔 상태에서 진도만 나가고 평가받는 것은 아이를 무척 힘들게 했다.

우리는 학교가 맞지 않다는 결론을 내리고 결국엔 홈스쿨링을 선택하게 되었다. 중학교 2학년 때였다.

목표
학습　　아이의 발달과 흥미에 상관 없이 정해진 기준에 맞추어 학습을 해야 한다는 학교교육의 고정관념이 무엇보다도 문제가 아닌가 하는 생각이 들었다. 홈스쿨링을 시작하면서 우린 학교를 집으로 고스란히 옮겨놓은 듯 하루에 이 과목 저 과목 시간표를 정해놓고 공부해야 하지 않을까, 이런 생각에 잠시 빠져 있기도 했다. 그러다 우리 모녀는 목표학습을 진행하기로 했다. 목표에 맞게 학습을 하자는 것이다.

먼저 검정고시를 보기로 했다. 고졸 자격까지 받고 나면 다시는 학교로 돌아가지 않아도 된다는 것을 알아차린 솔빛이가 검정고시 통과를 목표로 삼았다. 그래서 중졸, 고졸 검정고시 공부를 했다. 광범위한 인생 공부도 아니고 그냥 검정고시라는 시험을 통과하기 위한 목표만 염두에 두고 거기에 걸맞은 학습을 진행했다. 더도 덜도 말고, 뭔가 의미도 부여하지 않고, 고득점을 받기 위해 노력하지도 않았다(속으로 신문에 날 법한 기록을 세워줄까, 이런 기대를 하지 않았다면 거짓말이다. 왜 이렇게 자꾸만 욕심이 생기는 것인지 내가 생각해도 이해가 가지 않지만 사실이었다).

포기
학습   우리는 아니, 나는 홈스쿨링을 하면서 하나 둘 포기하는 학습을 하기 시작했다. 지금 생각해보면 포기는 아닌데 당장엔 '포기'라고 강조해야 했다. 검정고시를 통과하고 나더니 솔빛이는 도무지 학습(학교 교육과정)을 하지 않았다. 빈둥거리며 시간을 낭비하는 듯한 모습을 보니 엄마로서는 아주 죽을 맛이었다. 그때가 홈스쿨링을 선택하고 첫 번째 큰 고비가 아니었나 싶다(솔빛이는 이때를 자기 인생 최악의 백수시기라고 표현했다).

학교 다니는 아이들은 하루도 빠짐없이 저렇게 진도를 나가고 학습을 하는데, 저러다 뒤쳐지고 영원히 회복 불가능한 상황이 오면 어떻게 하나, 무척 걱정이 되었다. 늦게 가더라도 앞으로 가긴 가야 하는데 아예 가려고도 하지 않는 아이를 바라보는 일은 정말 고도의 수련이었다.

"그래, 학교나 학원 다니며 그렇게 학습을 한다고 해서 알게 된 것이 뭐 그리도 많은가? 어차피 모르는 것은 있게 마련이고 답지에 번호 잘 적어서 몇 개 더 맞추는 것이 뭐 그리 대수인가? 내가 지금 고등학교 시험문제 풀어보면 몇 점이나 맞겠나? 지식은 자기가 필요로 할 때 배우고 익히면 되는 거지!"

포기 아닌 포기를 하면서 나름의 깨달음 같은 것이 있었다. 이 시기에 우리 모녀는 갈등도 많고 힘들었지만 그때 둘 다 한껏 자란 것 같다. 아니, 솔직히 엄마인 내가 많이 컸다. 포기하고 버릴 일이 어찌 그뿐일까. 살아가면서 앞으로 또 포기하고 버려야 하는 일은 또 얼마나 많을까. '포기학습' 효과는 오늘도 계속되고 있다.

그렇게 포기과정을 거치고 나니 아이도 한결 즐거워했다. 솔빛이는 자기가 하고 싶어하는 것을 하루가 다르게 찾아갔다. 물론 그것은 어른들이 좋아하는 학습이나 학교교과와는 거리가 멀었다. 특별활동이나 취미생활 같은 것이었다. 여행, 봉사활동, 독서, 자기가 좋아하는 외국어 공부를 하면서 나름대로 재미있게 살았다.

처음엔 공부가 아닌 취미활동만 잔뜩 하는 것 같아서 불만스럽기도 하고 걱정도 되었는데 그 안에서 뭔가를 배워가는 아이를 보면서 이게 진짜로 공부구나 그런 생각이 들었다. 그렇게 시작된 자기주도 학습은 점점 더 빛을 발휘했다. 살아 있는 체험, 내적 동기와 필요에 의한 학습이다 보니 결국 자기가 원하는 진로를 찾아가는 데 큰 힘이 되었다.

대학이 목표는 아니지만 대학으로 평정되다

솔빛이는 한국예술종합학교 영상원에 입학했다. 홈스쿨 과정에서도 미디어, 영상 제작에 관심을 보이고 여기저기 드나든 게 큰 밑천이었다. 대학이 인생의 목표가 아니기에 솔빛이의 대학 입학이란 화려한(?) 카드를 꺼내 보이는 것이 몹시 불편하다. 처음부터 워낙 똑똑한 아이라 가능했던 게 아니냐는 말도 많이 듣기에 그 역시 계속 마음에 걸린다.

"니 아이 잘났다! 그래, 대학 잘 들어갔다 그거지?"

이렇게 불쾌해하실 분들도 있을지 모르겠다. 솔직히 나도 아이가 원하는 대학에 들어가길 바랐다. 그리고 그 학교가 이왕이면 남들이 부러워하는 이름난 대학이길 바랐다. 그런 것까지 뛰어넘을 만큼의 수준이 아닌 나를 솔직히 드러내면서 그냥 나와 비슷한 상황에 놓여 있는 사람들과 내 마음을 나누고 싶다. 이렇게 솔직하게 털어놓을 때 그 문제로부터 자유로워질 수 있다는 것을 경험을 통해 배웠기 때문이다.

또 한 가지, 우리나라에서는 그놈의 대학 때문에 진작부터 애를 잡고 있으니 솔빛이가 공교육도 사교육도 없이 그냥 가정교육과 사회교육으로 원하는 대학에 갔다는 사실을 다른 학부모들에게 보여주고 싶기도 했다. 물론 더 많은 뭔가를 했다면 더 대단한 명문대, 또는 아이비리그 같은 외국 명문대에 입학할 수 있었을지 모를 일이다. 내가 진작 더 밀어붙이고, 일찌감치 애를 잡았더라면 말이다. 그러나 우리 모녀가 지금처럼 행복하지는 않았을 것이다. 우리는 우리가 처한 상황에서 가장 행복한 상태로 지내려 노력했다. 그래서 지난 시간들이 행복했고 지금도 행복하다. 그리고 앞으로도 우리는 성과보다 행복한 쪽으로 선택하며 살아가려고 한다.

웃기고 씁쓸하기까지 한 이야기지만 솔빛이 대학에 들어가고 나니 주변의 걱정 섞인 조언들은 흔적 없이 사라졌다. 모든 게 평정된 셈이다.

누구를 위한, 무엇을 위한 교육일까?

그런데 가만 보면 경제형편이 좋으면 좋을수록, 부모가 학력이 높으면 높을수록, 한마디로 가진 게 더 많은 사람일수록 자식문제에 더 많이 불안해하고 걱정하고 더 호들갑을 떠는 듯하다. 대학 나오고 먹물 좀 먹었다는 사람들이 조기교육, 주입식 교육, 참교육, 대안교육, 좋은 교육, 나쁜 교육 따지면서 유난을 떤다. 물론 내가 통계학자도 아니고 설문조사를 한 것도 아니니 정확하게 분석한 결과는 아니지만 내 가까운 사람들을 보면 그렇다.

그런 점에서 초등학교만 졸업하고 공장 다니면서 남동생들을 다 공부시키고 결혼해서 잘 살고 있는 우리 손위 시누이의 경우는 내게 좋은 본이 된다. 시누이는 대안교육이나 참교육에 대해 힘주어 얘기하지 않았지만 아이에게 억지로 공부하라고 강요하지 않았고, 자유로운 분위기에서 자란 조카들은 자기 개성을 펼치며 잘 살아가고 있다. 공부시킨답시고 난리치고 유난 떨던 내 주변 어떤 사람들보다 시누이는 자녀들과 관계가 좋고, 지금도 소박하고 행복하게 살고 있다. 대단한 학벌이나 특출한 능력이 있는 것도, 고소득을 올리는 것도 아니지만 자기 몫을 충분히 하며 행복하게 살아가는 모습을 보며 나는 지금도 안정을 찾는다.

세계적인 명문대에 아이를 입학시켰다는 대단한 엄마들이나, 교육이론을 많이 알고 있는 교육학자들, 주장이 강한 그 어떤 교육운동가들보다도 시누이 부부의 평범하지만 소박하고 정직한 삶이 홈스쿨링을 하는 내게 교과서가 된 것 같다. 대단한 경쟁력을 갖췄다는 사람들과 비교하면서 마음이 힘들어지고 불안해질 때 난 시누이의 삶을 떠올리며 반성하곤 한다. 다른 사람들과 어울려 사는 법을 알고 남의 것을 빼앗지 않으며 욕심내지 않고 살아가는 시누이의 모습이 조화로워 보이기 때문이다.

솔빛이가 다른 아이들에게 뒤처지거나 세상에서 낙오될까 불안해질 때마다, 그래서 솔빛이에게 자꾸만 뭔가를 더 시켜야겠다는 욕심이 올라올 때마다 되뇌곤 한다.

"솔빛이가 학교를 그만두고 학벌도 동문도 없이 살아간다면, 시누이처럼 그렇게 산다면 무엇이 문제가 될까? 그래, 그렇게 살면 되지."

하지만 그러는 과정에서도 그놈의 욕심은 끝도 없이 올라와서 늘 자신과 싸움을 해야 했다. 홈스쿨링 역시 아이가 행복하길 바라는 마음으로 선택했다고 말은 하지만 왠지 학교 다니는 아이들보다 더 나은 결과를 얻으리라는 기대가 마음 깊은 곳엔 늘 숨어 있었다. 남들 앞에선 아이가 행복하기만 하면 나도 만족한다고 말하지만, 내 잣대로 아이의 인생을 설계하고 있는 내 자신을 문득문득 발견하곤 했다. 끝없이 아이를 비교하고 평가해야 안심할 수가 있고, 내가 이루지 못한 것을 아이가 대신 이뤄주길 바라면서 뭔가를 강요하곤 했다. 아직도 나는 욕심을 버리지 못했다. 노력은 하지만 참 어려운 일이다. 그래서 오늘도 내 욕심을 들여다보며 아이를 위한 교육이 뭘까 고민한다. 좋은 교육이든 나쁜 교육이든, 참교육이든 거짓교육이든 내가 지금 말하고 실천하고 있는 교육이 과연 누구를 위한 교육인지, 무엇을 위한 교육인지 생각하고 또 생각한다.

어른들은 학벌주의, 아이들은 레벨주의

 우리 집은 이제 전쟁이 끝났지만, 컴퓨터 게임 때문에 전쟁이 오래도록 지속되던 시절이 있었다. 아마도 솔빛이가 5학년 때부터 전쟁을 시작했던 것 같다. 솔빛이는 스타크래프트라는 컴퓨터 게임에서 전쟁을 하면서 엄마와도 전쟁을 벌였다. 그 후엔 캐릭터를 키우느라 또 전쟁을 치러야 했다.

요즘 가만히 보면 이집저집 컴퓨터로 전쟁을 치르지 않는 집이 별로 없는 것 같다. 솔빛이에 비하면 요즘 아이들은 더 빨리 컴퓨터를 만나면서 더 많이 친하기에 아이 키우기가 너무 힘들다고 학부모들마다 입을 모은다.

"아주 미치겠어요!"

"아이가 집에만 오면 컴퓨터 게임만 하려고 해서 컴퓨터를 없앴는데, 그랬더니 피시방에서 살더라구요."

"얼마 전부터 제가 외출하면 자꾸만 전화를 하더라구요. 언제 오냐구요.

애가 날 기다리는 줄 알았는데 그게 아니고 내가 오는 시간에 맞춰서 컴퓨터 끄고 안 한 척 하려고 하는 거였다니까요. 요즘은 집에 들어가면 컴퓨터를 손으로 만져 봐요. 아주 따끈따끈하게 데워져 있지만 아이는 절대 안 했다고 시치미를 뗀다니깐요."

어른들은 컴퓨터를 못하게 하려고 하지만 아이들은 점점 더 컴퓨터를 좋아한다. 컴퓨터는 요즘 아이들의 가장 좋아하는 친구가 아닌가 싶다. 진짜 친구들은 다들 학원 다닌다고 바쁘고, 만나서 노는 것을 부모들이 허용치 않으니 컴퓨터가 아이들 친구가 되는 것이 어쩌면 당연할지도 모르겠다.

"아니, 아이가 친구 만나야 한다고 해서 그래라 했더니 컴퓨터를 켜더라구요. 온라인 게임 안에서 만나는 거였어요."

"맞아요. 게임하는 곳에서 만나더라구요. 거기에 오지 않는 아이는 왕따가 되기도 한데요. 울며 겨자 먹기로 할 수 없이 하게 해요."

"그러게나 말이예요. 저번에 딸아이가 전화 끊으면서 쎄이에서 만나, 이러더라구요. 전 어디 쎄이라는 장소에서 만나는 줄 알았는데 그게 아니고 인터넷에 세이클럽이란 곳이 있더라구요."

"우리 애도 세이클럽인가 뭔가 가입해야 한다고 엄마만 그런 것 못하게 한다고 얼마나 투덜거리는지 몰라요. 언제까지 못하게 막을 수 있을지 모르겠네요. 아주 맨날 전쟁이예요."

"애고! 말도 마세요. 우리 아이는 미니홈피를 만든다고 맨날 얼짱 각도로 사진 찍어서 올리고 친구들 미니홈피에 들어가서 글 남기고 공부라고는 하질 않아요."

인터넷 중독에 뻐진 아들을 할 수 없이 호주로 유학을 보냈다는 이야기를 들은 적도 있다. 이 나라에 있는 한 컴퓨터로부터 자유로울 수 없기에

어쩔 수 없이 그런 선택을 했다고 한다. 그도 그럴 것이 우리나라는 어디가
나 컴퓨터가 없는 곳이 없고 인터넷이 연결되지 않은 곳이 없다. 학교나 집
은 물론이고 거리마다 피시방이 있고, 청소년 문화의 집 같은 공간엔 컴퓨
터와 인터넷이 필수품이다. 내 아이만 어떻게 집에서 컴퓨터를 금지한다고
문제가 해결되지 않는 상황이다 보니 이 나라를 떠나는 것 말고는 대안이
없었다는 이야기다.

뛰는 어른 위에
나는 아이 있다

엄마들은 아예 키보드를 빼서 들고 다니기도
하고 마우스를 숨기기도 하면서 아이들과 숨바꼭질을 한다. 게임을 못하게
학원을 보내서 시간을 때우게 하는 부모들도 있다. 전문가들은 컴퓨터를
아이방에 두지 말고 거실에서 사용하라고 조언한다. 그러나 그런 방법도
앞으론 별로 쓸모가 있을 것 같지 않다.

뛰는 놈 위에 나는 놈 있다고, 2007년부터 휴대폰으로 초고속 유선 인터
넷에 버금가는 속도로 인터넷을 이용할 수 있게 되었다. 참여정부가 차세
대 성장 동력으로 추진한 '와이브로(Wireless Broadband Internet)' 덕분
에 이제 아이들은 그 동안 컴퓨터로 즐기던 모든 것을 손 안에 든 핸드폰으
로 즐길 수 있게 되었다. 손 안에서 지금보다 100배 빠른 인터넷이 돌아가
는 마당에, 보충수업을 시키고 학원을 보내는 것이 무슨 소용이 있을까.
SKT에서는 현재 유료채널을 포함해 오디오, 비디오 채널 37개를 서비스하
고 있는데, 조만간 100개 채널로 늘리겠다며 1조 원을 투자했다고 한다.
우리의 첨단산업을 육성하기 위해 청소년들이 열심히 휴대폰으로 텔레비
전도 보고 게임도 해줘야 하지 않겠는가? 이미 50퍼센트가 넘는 아이들이

학교 수업 시간에 휴대폰을 사용한 경험이 있다는 설문 결과를 보면 앞으로 우리 아이들은 스스로 알아서 때와 장소를 가리지 않고 우리나라 IT산업 육성에 기여할 것이 확실하다.

게임에서도
빈익빈 부익부

어디 그뿐인가. 요즘 캐시를 충전해달라는 아이들 등살에 시달리는 엄마들도 적지 않다. 그전엔 손동작만 빠르면 승리할 수 있었지만 이젠 좋은 아이템을 갖고 있지 않으면 싸움을 해보기도 전에 지기 때문에 아이들은 아이템 구매에 많은 유혹을 받는다. 게임은 공짜지만 캐시를 충전해서 아이템을 구입하지 않으면 제대로 즐길 수가 없으니 아이들은 생일선물로도 캐시를 더 좋아한다고 한다. 거기다 게임 회사들이 캐시 결제 방법을 아주 다양하고 쉽게 만들어서(집 전화, 휴대폰, 도서상품권 등) 엄청난 수익을 올리고 있다(초등학생이 많이 이용한다는 액션게임 '겟앰프드'는 아이템 판매 수익만 한 해 6백억 원이었다고 한다).

그렇다 보니 게임 세계에서도 빈익빈 부익부 현상이 나타난다. 형편이 좋은 아이들은 비싼 아이템을 구입해서 게임을 즐기는 반면 그렇지 못한 아이들은 아이템을 얻기 위해 노가다를 해야 한다(시간을 많이 투자해서 몬스터를 잡거나 해서 아이템을 구해야 한다). 후진 아이템을 들고 다니면 친구들 사이에서 놀림감이 된다. 그래서 아이들은 부모를 속이고서 아이템을 구입했다가 전화요금이 너무 많이 나와 야단을 맞기도 하고 자살을 하기도 한다. 때로 경제력 있는 부모는 아이더러 게임을 효과적으로 즐기고 공부할 시간을 확보하라는 차원에서 강력한 아이템을 선물하기도 한다. 그야말로 공부도 잘하고 게임도 잘하는 인기짱이 되는 것이다. 그런가 하면 남의 캐릭터를 키워주거나 노가다로 아이템을 장만해서는 그걸 팔아서 살아가는 저소득층 가출 청소년들 이야기가 전해지기도 한다. 어디 그뿐인가. 아이템을 사고팔면서 사기를 치거나 당하기도 하고, PK(Player-Kill의 줄임말. 인터넷 게임에서 서로 싸워 죽이는 행위)로 빼앗긴 아이템을 찾기 위해 진짜 폭력을 휘두른 사건이 보도되기도 한다. 이런 걸 아이들은 '현피'라고 한다(현피는 현실의 '현' 자와 인터넷 게임에서 플레이어를 죽인다(player killing)는 용어 가운데 영문자 'p'의 발음 '피'를 합쳐 만든 속어다).

그전엔 힘센 아이, 공부 잘하는 아이가 교실의 짱이었다면 이젠 게임 잘하는 아이, 레벨 높은 아이가 짱이 된다고 한다. 심지어는 레벨이 높은 초등학생에게 중고등학생도 깍듯이 대우를 하는 것이 게임의 세계라고 한다. 그리고 보면 어른들은 학벌 지상주의에 빠져서 정신 없고 아이들은 레벨 지상주의에 빠져서 정신이 없는 것 같다. 부모들은 아이의 성적과 대학 간판에 목숨을 건다면, 아이들은 자기가 키운 캐릭터의 레벨에 목숨을 건다. 어쩐지 닮은꼴이다.

학습노동과 게임노동으로 삶을 잃어가는 아이들

성적 때문에 잠을 제대로 못 자는 아이들도 많지만, 학업 스트레스를 해소하기 위해, 또 자기도 모르게 게임 산업 육성에 이바지하고자 잠 못 드는 아이들도 적지 않다(공부가 좋아서 잠도 자지 않고 스스로 공부하는 아이들도 있지만, 대다수는 공교육과 사교육 종사자들을 먹여 살리기 위해 잠도 자지 않고 학습노동을 해주는 것이 아닌가 싶다). 물론 인터넷 게임은 워낙 재미있어서 진짜로 자기가 좋아서 밤새워 하는 경우가 많다. 잠만 못 자는 것이 아니고 밥도 제대로 먹지 못한다. 컵라면으로 끼니를 때우면서 칸칸이 나뉜 공간에서 쉴 새 없이 컴퓨터 자판을 두드리는 모습은 어쩐지 과거 봉제공장에서 밤을 새워가며 미싱을 돌리던 장면을 떠올리게 한다(비좁고 열악한 작업공간에서 노동착취를 당하면서 일했던 그들이 있어 오늘날 우리가 이만큼 먹고 살게 되었다고 해도 틀린 말은 아닐 것이다).

아무튼 우리 아이들은 이래저래 잠을 충분히 자지 못한다. 물론 아무도 강제로 컴퓨터 자판을 두드리라고 강요하진 않는다. 도리어 너무 많이 하지 말라고 걱정하고 야단을 친다. 하지만 너무나 재미있게 만들어진 게임은 중독성이 있어서 강제로 시키는 것보다 더 교묘하게 아이들의 노동을 착취하고 있는지도 모른다. 이젠 임금조차 받지 못하고 오히려 돈을 내면서 게임 산업에 이바지하고 있는 셈이다. 나이가 어려서 못하는 게임은 부모님의 주민등록번호까지 도용하는 위장취업(?)도 불사한다. 가끔 아이템을 팔아서 수입을 얻기도 하고 게임 대회에 나가서 상금을 받기도 하지만, 대부분은 무임금으로 일한다. 그것도 몰래몰래 열심히. 그렇게 열심히 일하다가 작년에는 과로로 7명이나 숨졌다고 한다. 정보통신부와 인터넷진흥원의 2007년 조사에 따르면 만 3~5세 아이의 인터넷 사용률이 51.6%나 된다.

만약 아이들이 모두 학원을 가지 않겠다고 하거나 게임을 하지 않게 된다면 우리나라 경제는 어떻게 될까? 다 너희들 위해서 공부하라고 하는 거다 말하지만 과연 그럴까. 그렇게 질리도록 공부를 하고 또 그 스트레스 해소를 위해 불철주야 인터넷 게임을 하는 아이들, 우린 지금 이 아이들의 삶을 담보로 해서 먹고살고 있는 것이 아닐까.

가라　공부에 지친, 또는 공부에 흥미가 없거나 어른들 잔소리에 질린 아이들은 어른들이 잘 몰라서 참견하지 못하는 인터넷 세상에서 자기들의 새로운 세상을 만들어가는 것이 아닌가 싶다. 어찌 보면 너무 자연스런 현상인데 그걸 상업적으로 철저하게 이용하는 어른들이 문제라면 문제다. 아이들의 그런 심리를 이용하여 돈을 벌려는 사람들의 사업 전략에 아이들이 병들어가고 있고, 아이들은 그것도 모르고 빠져들어 중독이 되는 것이리라.

이런 이야기를 두리뭉실하게 하면서 컴퓨터를 자제하도록 솔빛이에게 말해보았지만 솔빛이는 엄마가 과잉으로 우려하는 것이고 뭘 몰라서 하는 소리라고 심하게 반발했다. 아이를 설득하기 위해서라도 내가 그 방면에 대해 좀더 알아야겠다는 생각이 들었다. 그래서 솔빛이가 게임을 할 때나 동호회에 들어갔을 때 옆에서 말없이 구경을 하거나 참견을 하면서 관심을 가져보니 아이들이 재미있어하는 이유를 너무 잘 알게 되었다.

게임 속엔 아이의 분신이 들어 있었다. 그 게임 속의 캐릭터는 아이의 의지대로 움직이고 살아가고 진화를 해갔다. 가상의 세계지만 게임 안에도 사회가 존재했고, 그 사회 안에서 아이들은 나름의 문화를 만들어가고 있었다. 솔빛이처럼 많은 아이들이 같은 시간에 그 공간에 접속해 있었다. 어제 만난 사람을 오늘 또 만나서 기쁘게 인사를 나누기도 하고, 협동해서 같이 몬스터를 잡기도 하고, 이런저런 계획을 세워 게임을 진행하기도 하고, 심지어는 진짜 학교 친구를 만나기도 했다. 진짜 세상과 별 다를 바 없이, 아니 오히려 더 활발하게 사람들을 만나는 것 같았다.

현실에서 지위, 외모, 성적 따위와는 관계없이 새로운 자기를 탄생시켜

세상을 살아간다는 것은 얼마나 흥미진진한 일인가. 특히 현실이 만족스럽지 못했던 아이들에게는 그런 인터넷 세계가 더욱더 매력적으로 느껴질 것이다. 새로운 세계에서 새로운 자신의 캐릭터가 사람들에게 인정을 받고 인기가 있다면 점점 더 그곳에 가고 싶어지는 것은 당연한 일 아닐까?

그래서
어쩌란 말이냐

학부모들은 만나 이런저런 이야기를 하면 다들 이렇게 반문한다. 그래서 게임을 하게 허용을 하라는 거냐 뭐냐, 뭐 어쩌란 말이냐고. 당장에 아이에게 게임을 못하게 하고 싶은데 그 방법을 내놓으라고 채근하듯 묻는다. 그런 획기적인 방법은 없다고 답하면 여기저기서 한숨 소리가 들려온다.

대안학교나 홈스쿨링을 하는 가정에서도 컴퓨터가 새로운 복병으로 등장했다. 산골 마을에도 마을회관 같은 곳에 인터넷이 연결되어 있고, 전화와 전기가 들어오는 곳은 어디나 안전하지 못하다. 이런 상황에서 우리 아이만 청정지역에서 살게 할 방법은 별로 없어 보인다. 며칠 전 기사를 보니 공부하지 않고 게임만 한다고 야단을 맞은 여학생이 아파트 베란다에서 뛰어내려 죽었다고 한다. 이젠 더 이상 혼내고 막는 것으론 문제를 해결할 수 없다는 것을 어른들은 빨리 깨달아야 한다. 그리고 근본적으로 접근하여 문제를 총체적으로 바라봐야 한다.

물론 게임 등급에 대한 철저한 법적 규제 같은 제도적인 해결책도 강화해야 한다. 하지만 제도에 비해 세상이 너무 빠르게 변화하고 있기에 스스로 내공을 키우는 것이 중요하다. 사회 제도를 바꾸는 일보다는 한 사람 한 사람이 자기 의지로 자기를 바꾸는 일이 더 쉬운 일인데도 현실은 그것이 더 힘든 것 같다. 자신을 바꾸지 못하면서 세상이 바뀌길 바라는 것이 우리의 큰 오류가 아닌가 싶다.

조사에 의하면 상대적으로 부모와 자녀 관계가 좋고 대화를 많이 하는 가정의 아이들일수록, 자기 정체성이 확립되어 있고, 미래에 대한 꿈과 희망을 가진 아이들일수록 게임 중독이나 각종 유해 환경에서 자기를 지키는 힘이 강하다고 한다. 어찌 보면 이미 다 알고 있는 이야기이지만 너무 당연하기에 쉽게 잊고 어려움을 겪는 것 같다. 그리고는 문제를 해결한다면서 불필요한 에너지를 소비하곤 한다.

아이들은 자기의 존재를 인정받고 싶어 몸부림을 치고 있는데 어른들은 공부만 강조하는 것은 아닌지? 아이들이 현실 세계에서 자기 존재를 인정받을 수 있는 다양한 길을 열어주는 것이야말로 사이버 중독을 예방하는 가장 확실한 길이 아닐까?

마지막으로 놀이미디어교육센터의 권장희 소장의 강의록 중에 나오는 인도의 한 정신병원 이야기를 소개하면서 이야기를 마무리한다(혹시 게임 때문에 지금 전쟁 중이라면 놀이미디어센터 gamemedia.or.kr나 보건복지가족부 아동청소년정책실 youth.go.kr 홈페이지를 방문해보시기 바란다).

인도의 정신병원에서는 치료 중인 환자들에게 국자를 하나씩 주고는 수도꼭지에서 물이 쏟아지고 있는 양동이의 물을 모두 비우라는 과업을 준다고 합니다. 치료가 다 된 환자는 물을 퍼내기 전에 수도꼭지부터 잠그지만, 치료가 덜 된 환자들은 수도꼭지에는 관심이 없고 열심히 물만 퍼낸다고 합니다. 그러면 병원에서는 이런 환자들을 좀더 치료를 한다는 것입니다. 정신질환이란 전체를 보지 못하고 주어진 것에만 집착하는 것이기 때문입니다. 유해하고 오염된 가치들이 우리 아이들에게 쏟아지고 있는 것에는 별 관심이 없이, 언어와 행동이 망가지는 모습에만 혀를 차는 것은 이와 같은 일이라고 봅니다.

가정은 사이버 공간에 빠져드는 아이들을 건져내는 유일한 백신이라는 말이 있습니다. 가정에서 아이들이 스스로를 지켜가도록 훈련시키지 못한다면, 아무리 많은 사회적 비용을 지불한다고 해도 아이들은 욕망의 늪에서 헤어나기 어려울 것입니다. 홍수를 예방하기 위해 나무를 심고 댐을 만드는 것처럼 아이들이 내면에서 스스로 조절하고 분별하며 주도적인 역량을 키워갈 수 있도록 돕는 것이 부모가 자녀들에게 주어야 할 중요한 유산이 되어야 합니다.

4

아이와 부모 함께 성장하기

엄마표, 아빠표, 부부합작표 교육 | 빨리 가려면 혼자 가고 멀리 가려면 함께 가라 | 사춘기,
아이와 함께 겪는 성장통 | 아이와 함께 배우며 성장하다 | 새로운 세상을 만나게 해준 홈스쿨링

엄마표, 아빠표, 부부합작표 교육

　요즘 부모들의 자녀교육 노하우를 다룬
책들이 서점에서 한 공간을 차지할 만큼 부모들이 쓴 교육서나 학습서들이
눈에 많이 띈다. 처음엔 엄마표 교육들이 주를 이루더니 몇 년 전부터는 아
빠표 교육이 새로운 흐름으로 자리 잡아가고 있는 듯하다. 그런가 하면 바
짓바람이라는 것이 교육현장에 불기 시작했고, 치맛바람보다 바짓바람이
더 무섭다는 이야기가 들려오기도 한다(엄마들의 봉투는 가볍고 말이 많지
만 아빠들의 봉투는 무겁고 말도 없다는). 아이를 보호하기 위해 변장을 하
고 하루 종일 종횡무진하는 아빠 모습이 학습지 광고에 등장하는 걸 보면,
우리나라 교육의 흐름 속에서 엄마 못지않게 아빠도 단단히 한몫하고 있는
것만은 확실해 보인다.

　만화가이자 장인인 반쪽이 아저씨 최정현 님 같은 자상한 아빠를 비롯하
여, '아무리 바빠도 아버지 노릇을 하라' 는 서정홍 님 같은 소박한 아빠도

계시지만, 그런 아빠보다 요즘 세간의 주목을 끄는 아빠는 확실하게 눈에 보이는 성과를 낸 경쟁력 있는 아빠들이다. 아이가 태어나기도 전부터 열심히 책을 읽어줘서 영재로 키웠다거나, 어린 나이에 대학에 합격시켰다는 아빠, 또 평범한 아이를 직접 공부시켜서 미국 명문대에 합격시켰다는 아빠, 이렇게 나름대로 자녀교육에 성공한(?) 아빠들 이야기가 전해지면서 이렇게 아이를 키워야겠다고 마음먹는 신세대 아빠들이 적지 않게 나타나고 있고, 남편을 그런 아빠로 만들기 위해 노력하는 엄마들은 더욱 많은 것 같다.

그런가 하면 스스로 기러기 아빠를 자처해서 아내와 아이를 외국에 보내놓고 열심히 돈 벌어 뒷바라지를 하는 희생적인 아빠들도 적지 않다. 자녀를 사랑한다면 최소한 이런 희생은 당연한 것이 아닌가 하는 그런 분들의 이야기를 듣고 있노라면 우리네 같은 이들의 자식사랑은 사랑도 아닌 것 같은 느낌에 순간 위축이 되곤 한다.

그런 아빠들의 성과는 때론 이 땅의 부모들에게 희망과 긍정적인 자극을 주기도 하지만 그분들의 의도와 상관 없이 지나친 자녀교육열을 부추기는 부정적인 자극을 주는 면도 없지 않다(나 또한 '엄마표 영어연수' 라는 바람을 불러일으키면서 이런 이야기를 하자니 도둑이 제발 저린 심정이다). 부모, 특히 아빠가 자녀교육에 적극 참여하는 현상을 좋게 평가하고 바람직하게 바라보기도 하지만 지나치게 학습 성과 위주로 자녀교육을 바라보는 아빠들도 있어 우려하지 않을 수 없다.

과거에 엄마들이 아이를 못살게 구는 역할을 맡았던 반면, 아빠들은 아이들이 많이 뛰어 놀아야 한다고 주장하는 사람이었다. 그러나 이제 엄마 아빠 모두 나서서 극성을 떤다면 이는 아이들에게 분명 더 큰 스트레스로 작용할 것이다. 그렇지 않아도 지나치게 자식 교육에 올인하고 자녀를 익애(溺愛)하는 부모들로 말미암아 고통받는 아이들이 적지 않은데….

바짓바람에
날아가는 아빠들　그럼에도 내심 부러운 것이 사실이다. 부끄럽지만 그런대로 참교육을 생각하고 고민한다고 자부하는 나 역시도 그런 책이나 기사를 보거나 그런 아빠들을 만나고 나면 아이를 다 키운 지금도 왠지 남편에 대한 섭섭함이 밀려들곤 한다. 나도 엄마표로 아이 잘 키웠다고 사람들 앞에서 잘난 척 하는 사람 중 하나지만 자식이 좀더 잘났으면 싶은 욕심이 없을 리 없으니, 남편이 좀더 교육열이 높은 아빠였다면, 엄마표+아빠표로 키웠다면 지금보다 훨씬 솔빛이를 잘 키울 수 있지 않았을까 그런 생각이 드는 것이 사실이다(사람의 욕심은 참으로 끝이 없다). 나 같이 아이 다 키운 엄마도 그런 생각이 드는데, 아이를 영재로 키웠다는 아빠의 강연을 듣고 와서 남편하고 부부싸움만 하게 되었다는 한 엄마의 하소연에 공감이 간다.

"그렇지 않아도 남편에게 불만이 많았는데 강의를 듣고 나니 남편이 너무 한심해 보이는 거예요. 휴일이면 소파에 껌처럼 들러붙어서 하루 종일 리모콘만 사랑하는 남편을 보니 그런 아빠들과 너무나 비교가 되어 속상하고 화가 나서 참을 수가 없더라구요. 아이에게 책을 읽어주지는 못할망정 책보는 모습이라도 보여주라고 하니, 도리어 아이더러 텔레비전 같이 보자고 하더라구요. 차라리 아빠가 집에 늦게 오는 게 아이들 교육에 도움이 될 것 같아요."

"그래요. 도움이 되지 않으려면 차라리 늦게 오는 편이 나아요. 어젠 아이 학원 데려다주려고 나가는데 저녁 안 먹었다고 밥 차리라더라구요. 자기 어렸을 땐 학원 안 다녀도 대학만 잘 갔다면서 갈 필요 없다는데 정말 기가 막혀서 할 말이 없더라구요. 아니 요즘하고 옛날하고 어떻게 같아요. 애들 교육에 관심 많은 아빠들이 정말 부러워요.”

그래도 우리 부부가 아이를 키울 때는 상대적으로 아이 교육에 무관심한 아빠들이 많았던 때라 솔빛아빠는 그런대로 묻어갔다지만 이젠 엄마 혼자서 아이를 키워서는 경쟁력이 없다는 것이 대세(?)가 되어가고 있다는데, 그런 분위기를 파악하기는커녕 아직도 방해만 하는 아빠들은 집에 오면 찬밥 신세가 되기 십상이다. 그렇다고 아빠가 발 벗고 나서서 아이를 업고 뛰라고 이야기하려는 것은 아니다. 나는 개인적으로 경쟁력이란 말을 좋아하지 않는다. 그게 사는 데 약이 되기보다는 독이 되는 수가 많다고 보기 때문이다. 경쟁력을 떠나서 아빠가 찬밥 신세가 되는 것이 걱정되어 이 이야기를 하고 싶은 것이다.

이 땅에 불기 시작한 아빠표 바람이, 도리어 부부싸움을 일으키고 아빠들이 가정에서 설 자리를 더 잃게 만드는 결과를 낳지 않고 바람직한 교육 참여로 잘 이어져서 우리 아이들이 건강하게 자라나길 바라는 마음에, 내 나름대로 아이를 키우면서 솔빛아빠에게 아쉬웠던 점이나 좋았다고 생각되는 아빠의 역할에 대해 이야기해볼까 한다.

아빠의 텔레비전
사랑을 멈춰주세요　　“속상해 죽겠어요. 아이아빠 때문에….
아이가 내일 시험이라서 공부하고 있는데 거실에서 텔레비전을 있는 대로 크게 틀어놓고 낄낄거리고 있잖아요. 그래서 뭐라 한마디 했더니 도리어 화를 내더라구요. 아니 이 집의 상전이 아이들이냐구 그러면서, 내 집에 내가 들어와서 왜 내 맘대로 하지도 못하냐면서 막 화를 내더라구요. 애들이 문제가 아니고 남편이 더 문제예요. 애고 속상해서…. 아빠가 늦게 들어오기를 기도한다니까요.”

이렇듯 엄마들의 하소연 속에 등장하는 아빠들의 텔레비전 사랑 이야기는 빠지지 않는 단골 메뉴 중 하나인데, 이런 하소연을 들으면 바로 과거의 우리집을 보는 듯하다. 아빠의 텔레비전 사랑에 대해서는 나도 참 할 말이 많다. 솔빛이 아빠의 텔레비전 사랑도 만만찮았기 때문이다. 텔레비전하고 산다고 해도 과언이 아닐 정도로 집에 들어오기 무섭게 틀고, 분명 자는 것 같아서 끄면 눈을 번쩍 뜨고는 왜 끄냐고 화를 낼 정도로 밤낮을 가리지 않고 텔레비전을 틀어놓곤 했다. 그래서 나 역시도 아빠를 아이 교육의 방해자로 생각했던 적이 있었다. 불행 중 다행이라고 해야 할지 몰라도, 그나마 아빠가 늦게 귀가했기에 망정이지 하마터면 솔빛이가 텔레비전 중독이 될 뻔했다.

요즘은 케이블 방송이니 위성방송이니 하는 것 때문에 24시간 방송이 나오다 보니 상황이 더 심각한 것 같다. 거기다가 설상가상으로 컴퓨터 사랑까지 추가되기도 한다.

“우리는 아빠가 맨날 집에서 인터넷으로 컴퓨터 게임을 해요. 그러니 애들도 같이 게임을 하죠. 그래 놓고는 나중에 아이들 성적이 나쁘면 내 탓을 해요. 애들이 뭘 보고 배우라고 그러냐고 하면 아이들에게 게임하지 말라고 야단을 치고서 자기는 또 해요. 그러니 애들이 아빠 말을 어디 듣겠어요. 그런데 또 아이들이 말을 듣지 않으면 내가 그렇게 가르쳐서 그렇다고 난리친다니까요.”

아빠도 사람이고 취미란 것이 있으니 뭐라 할 수는 없다. 그러나 텔레비전이나 컴퓨터는 정말 집에서만큼은 사용을 자제해주길 간절하게 부탁하고 싶다. 지금의 20, 30대들이 자라던 시절엔 그런 매체들이 지금처럼 발달되지도 않았고 아주 어려서부터 접할 기회도 없었지만 지금은 상황이 다르다. 과거에 비해 훨씬 자극적이고 중독성이 강해지고 있어 아이들의 정신 건강에 엄청난 피해를 줄 수 있다는 점을 잊지 말았으면 좋겠다. 특히 미취학 아동을 키우는 아빠들은 더 주의해야 한다. 텔레비전과 컴퓨터 자체가 안고 있는 문제도 있지만 그 때문에 대화가 부족해진다는 점을 주목했으면 좋겠다. 조사에 의하면 부모와 청소년 자녀와의 대화 시간이 하루 평균 10분에 불과하다고 한다. 여기서 그 부모에 해당되는 사람도 아빠가 아니라 엄마이고 보면 아빠와 아이들이 대화를 나누는 시간은 과연 얼마일지 짐작이 갈 것이다.

아이가 제일 많이 했던 말 "아빠 언제 와?"

솔빛이가 말을 제법 하고부터 "엄마, 아빠는 언제 와?" 이 말을 가장 많이 하지 않았나 싶다. 때론 아빠에게 전화를 걸어서 언제 오는지 스스로 확인하려 들기까지 했다.

"아빠 언제 와?"

"지금 아빠 바쁘거든. 끊어! 뚜….'"

아이는 아직도 그때를 기억하고 아빠에게 섭섭한 마음을 갖고 있다. 교사인 솔빛이 아빠는 전국교직원노동조합에 가입해서 활동하고 있었고, 솔빛이가 돌이 되기 전에 학교에서 해직되었다. 아이가 기억하는 아빠는 밤늦게 만취해서 나타나 쓰러져 자는 모습이었다. 그래도 본능인지 뭔지 아이는 끊임없이 아빠를 찾았다. 솔직히 말해 아빠가 잘해주는 것도 없는데 아이가 아빠를 찾는 것을 보면서 피는 못 속이는구나 싶었다. 그 당시 우리 부부의 관계는 최악이었다고 기억한다. 생계를 비롯해서 아이 양육까지 모두 다 내게 떠맡기고는 교육운동 한다는 핑계로 술만 마시면서 다니는 것 같은(당연히 교육운동을 하면서 술을 마셨겠지만) 남편이 너무 무책임하게 느껴졌고 정말 미웠다. 그러니 남편에게 늘 화를 내고 싸우게 되었다.

이쯤 이야기하면 솔빛아빠가 완전 폐인으로 비칠 것 같아 구제의 손길을 보내지 않을 수 없는데, 그 전엔 집안일도 잘하고 솔빛이 우유도 먹이고 기저귀도 갈아주고, 목욕도 잘 시켜주는 자상한 아빠였다. 해직과 더불어 힘겹고 불규칙한 생활로 남편도 극도로 신경이 날카로워졌던 것 같다. 그 당시 내 눈에 비친 모습이 그러했다는 것이지, 솔빛아빠는 이 땅에 얼마 되지 않는 양심 지키며 살고 싶어 하는 교사이고, 학생들에게 인기 있고 존경받는 선생님인 건 틀림없다. 그 점은 이제 나도 솔빛이도 인정한다(그렇게 인정을 하기까지 좀 긴 시간이 필요했지만).

그 사이에서 아이는 몹시 불안한 유년기를 보내게 되었다. 지금 생각해 보면 그 기간이 아이 성장 과정 중에서 인간과 세상에 대해 신뢰감을 형성하는 참 중요한 시기였는데, 남편과 내가 좀더 성숙하게 그 시간을 보내지 못한 것이 정말 안타깝다. 아이만 낳았다고 부모가 되는 것은 아닌데 우리 부부는 준비도 제대로 안 된 상태에서 부모가 되어 부모 역할을 제대로 못 하는 전형적인 모습을 보여줬던 것 같아 솔빛이에게 부끄럽고 미안한 마음이 든다. 아이가 뭐 대단한 것을 바랐던 것은 아니었을 텐데, 그냥 사이좋은 엄마 아빠의 모습을 보고 싶었을 텐데 말이다. 서로 존중하고 사랑하는 부모 모습, 그 이상의 자녀교육은 없을 것 같다. 이것도 너무 흔한 이야긴가? 그런데 우리 부부는 그것이 참 어려웠다. 물론 지금은 사이좋게 살고 있지만 많은 노력과 시간이 필요했다.

우리도 저런 아빠로 바꾸면 안돼?

어느 날 공원에서 아이들과 함께 노는 아빠를 보더니 솔빛이 그랬다.

"엄마… 우리도 저런 아빠로 바꾸면 안돼? 엄마는 왜 아빠랑 결혼했어?"

아빠가 복직한 후 솔빛이는 아빠 얼굴은 그런대로 자주 보았지만, 드라마에 나오는 매너 좋은 멋진 아빠처럼 놀이공원에서 맛있는 것도 사주고 놀이기구도 태워주기를 기대했다. 같이 쇼핑하면서 예쁜 인형도 사주고, 책도 읽어주고, 같이 놀아도 주는 그런 아빠랑 결혼하지 않은 엄마는 바보라고 했다. 그렇지 않아도 부시시한 머리에 허름한 옷차림, 멋진 레스토랑보다는 허름한 포장마차나 국밥집을 더 좋아하는 아빠가 세상이 만들어놓은 화려한 아빠상 덕분에 더욱 형편없는 아빠로 전락하게 된 것이다.

그러고 보면 아버지의 사랑조차도 이젠 상품이 되어버린 듯하다. "엄마는 왜 아빠하고 결혼했어?" "있어 보이니깐." 이런 대화를 나누는 애니메이션 광고가 아이들의 눈길을 끈다. 남녀 간의 사랑도 장미와 초콜릿, 사탕 따위로 상품화되었듯이 말이다. 이젠 가족을 사랑한다면 이 정도의 아파트에서 살게 해주라고, 해맑은 아이들이 그런 아파트에서 뛰어노는 광고를 보면서 아빠의 사랑도 언젠가부터 그렇게 규정되어가고 있는 듯하다. 신선한 공기가 나오는 공기청정 기능이 있는 커다란 아파트 거실에서 아이와 함께 영어책을 읽고, 넓은 잔디밭에서 공놀이를 하는 잘생긴 아빠. 멋진 캠핑카에 가족을 태우고 푸른 바다를 향해 달려가면서 미소짓는 아빠. 해외에서 공부하는 딸에게 카드로 바로 돈을 부쳐주는 정도는 되어야 이 시대에 능력 있는 아빠인 것 같다. 요즘 아빠들은 특별히 잘못한 것이 없더라도 누군가 정해놓은 이런 아빠상에 비교당하면서 상대적으로 나쁜 아빠, 후진 아빠로 전락해버리기 딱 좋은 상황이다.

이런 면에서 나는 솔빛아빠를 칭찬하고 싶다. 물론 지금도 솔빛아빠는 여전히 변하지 않았다. 그러나 솔빛이가 아빠를 바라보는 눈이 달라졌다. 사회의 잘못된 잣대에 굴하지 않고, 화려한 것보다는 작고 소박한 것, 자연을 소중하게 여기는 아빠의 참모습을 깨닫게 된 것이다. 땀 흘려 일하고 당당하게 양심을 지키며 사는 아빠 모습을 보면서, 또 자식을 하나의 독립된 인격체로 존중하는 아빠를 느끼면서 아빠를 바라보는 눈이 달라졌다.

내 어린 시절을 생각해보면 나 역시도 아버지를 바꾸고 싶었던 적이 있었다. 아버지는 거의 평생을 건축 현장의 노동자로 전국을 돌면서 일을 하느라 어릴 때는 한 달에 한 번 집에 올까말까 했다. 아버지와 함께 했던 시간들이 너무 적어 늘 아버지가 가깝게 느껴지지 않았고, 물질적인 능력이 별로 없고 중학교 교육도 제대로 받지 못한 아버지가 부끄러웠다. 학교에서 배운 지식은 끊임없이 아버지의 삶을 하찮게 여기게 몰아갔고 자꾸만 더 나를 아버지와 멀어지게 만들었던 것 같다.

그런데 이제는 그런 아버지의 삶 자체가 교육이었다는 생각이 든다. 요즘 아빠들 같이 자녀교육을 한 건 아니지만, 사기치지 않고 성실하게 살아가는 삶 그 자체를 보여주셨다는 것을 부끄럽게도 마흔이 넘어서야 깨닫게 되었다. 평생을 6남매를 키우고 이젠 불편한 몸으로 노후를 살고 계신 아버지에게 정을 느낀 것은 얼마 되지 않는다. 그런 딸에게 섭섭하다는 말조차 하지 않으신 아버지…. 이젠 그 모습만으로 여전히 자식들에게 교육을 하고 계시다.

세상의 잣대가 부모와 자녀의 관계를 악화시키고 있는지도 모른다. 대치동 목동이니, 이 동네 저 동네 자녀교육법도 등장하면서 엄마 역할 이렇게 해라 저렇게 해라 말들이 많다. 이런 말들이 우리에게 자신의 삶과 동떨어진 부모 역할을 강요하고 있는 것은 아닌지 돌아볼 일이다. 아이들은 아이들대로 부모들은 부모들대로 누군가 만들어놓은 틀에 자신을 끼워 맞추려 아등바등 정신없이 살고 있는 것은 아닌지. 남의 평가에 맞추려 하기보다 우리 스스로 주체적인 부모로 거듭난다면 아이 또한 주체적인 인간으로 자라날 것이라 믿는다. 이 부분에서 솔빛아빠표에 나는 한 표를 던지고 싶다. 거침없는 하이킥!

참, 그러고 보니 칭찬할 것이 더 있다. 아이를 믿고 기다려주었던 점과 엄마인 나를 솔빛이가 전적으로 신뢰할 수 있도록 나를 존중해줬던 부분이다. 홈스쿨링도 하고, 영어교육으로 여기저기 방송이나 언론에 우리 가족이 소개되면서 요즘 솔빛아빠도 주변 사람들한테서 아이를 잘 키우려면 어떻게 해야 하느냐는 질문을 받는다고 한다. 그럴 때 자기는 이렇게 자신있게 대답한단다. "아이가 하는 대로, 마누라 하는 대로 그냥 두면 돼. 공연히 참견하지 말고." 이 이야기 속엔 솔빛아빠의 마음이 그대로 담겨 있다. 내가 아이에 대해 욕심을 부리거나 조급해할 때, 아이를 야단칠 때, 내가 혹시 틀렸더라도 나를 존중해줬고, 내가 하는 방식이 잘못되었더라도 솔빛이 앞에서는 그걸 지적하지 않았다. 시간이 지난 후 조용히 그 부분에 대해 이야기해주고 내가 느낄 때까지 기다려줬다. 그리고 나에게 그 어떤 것도 강요한 적이 없다. 내가 선택하도록 했을 뿐. 특히 아이를 믿는 강심장은 정말 존경할 만하다.

  요즘 직장생활을 하는 대부분의 아빠들은 일하는 모습은 보여주지 못하고 집에서 텔레비전 지킴이 노릇 또는 쇼핑하는 모습만 보여주게 되는 경우가 많다. 거기다 아이들이 학원에다 보충수업, 자율학습으로 같이 지낼 시간이 부족하다 보니 더욱 소통에 문제가 생긴다. 과거엔 삶과 일터가 분리되어 있지 않아서 아이들이 부모들의 일하는 모습과 살아가는 모습을 보면서 자랐다. 삶 자체가 자녀교육이 되었던 셈이다. 그것이 바로 미래에 부모가 될 아이들이 자연스럽게 부모 역할을 배우는 장이기도 했다. 실수하는 모습, 좌절하고 어려움을 극복하며 살아가는 모습을 가까이에서 지켜보면서 삶 그 자체를 배웠을 것이다. 그런데 언젠가부터 삶과 일터, 삶과 교육의 장이 따로따로 분리되면서 소통이 단절되어 부모 역할을 제대로 배우지 못한 채 부모가 되고, 그런 부모 밑에서 자란 아이들이 다시 또 미숙한 부모가 되는 악순환을 되풀이 하고 있는 것이 아닌가 싶다.

엄마표도 좋고 아빠표도 좋고, 부부합작표면 더 좋을 것이다. 하지만 그보다 더 중요한 것은 부모가 자신의 단점과 미숙함을 인정하고, 한계와 실패를 극복하며 살아가는 삶을 보여주는 것이 아닐까. 있는 그대로의 모습으로 자기가 선 자리에서 자기 방식에 맞게 사는 삶 자체가 곧 교육이 아닐까 싶다. 정말 아이들의 삶을 찾아주고 싶다면 먼저 우리 부모들의 삶부터 챙겨보는 것이 우선일 것 같다. 우리가 어디를 향하고 있는지, 서로를 살리는 삶을 살고 있는지 서로를 죽이는 삶을 살고 있는지 말이다.

빨리 가려면 혼자 가고, 멀리 가려면 함께 가라

마음을 나눌 친구가 그리웠어요 　"남편과 아이 없이 저 혼자 이렇게 멀리 외출한 건 처음인 것 같아요. 내가 어떻게 이런 용기를 냈는지 모르겠어요. 아마도 같은 생각을 하는 사람을 만나고 싶은 마음이 컸기 때문이겠지요."

2007년 초 서울역에서 전국에서 모인 비슷한 교육관을 가진 엄마들의 모임이 있었는데 그날 많은 엄마들이 했던 말이다. 평소에 뜻이 맞는 이웃을 만나기 힘들었기에 먼 거리를 마다하지 않고 모인 엄마들이다 보니 그날의 만남은 더없이 소중하다고 했다. 나 역시 아이를 키우면서 가까운 옆집에 마음을 나눌 수 있는 이웃을 찾기 힘든지라 마음과 생각을 나눌 수 있는 사람을 만나러 먼 길 마다 않고 달려갔던 기억이 난다.

울산이란 낯선 곳에서 신혼살림을 꾸리고 아이를 키우면서 나 혼자 세상에 남겨진 것처럼 막막하고 외롭고 힘들었다. 형편도 어렵고 몸도 힘들었지만 마음을 터놓고 이야기할 수 있는 사람도, 기회도 없다는 것이 가장 힘들게 느껴졌다. 아이를 데리고 외출해서 누구를 만나더라도 잠시도 가만히 있지 않는 아이를 돌보느라 정신이 없으니 차라리 아무도 만나지 않고 외출도 하지 않는 게 더 편했다. 가끔 시어머님이나 남편에게 아이를 맡겨두고 밖에 나가는 게 마음 편치 않았고, 우는 아이를 떼어놓고 나가더라도 마땅히 갈 곳도 없었다.

그래도 솔빛이가 어려서는 시어머님과 주변 어른들의 도움으로 그럭저럭 넘어갔는데, 유치원과 학교에 아이를 보내면서부터는 도움을 받을 만한 곳이 없어 눈앞이 캄캄한 적이 많았다. 또 아이와 갈등이 생겼을 때도 어떻게 해결해야 할지 조언을 구할 수 없다 보니 시행착오를 반복해야 했다(친정 형제와 부모의 도움을 받고 싶었지만 타향에서 고생한다고 걱정하실까봐 차마 입이 떨어지지 않았다).

아이를 키우면서 힘들고 외로울 때 서로 공감해주고 위로해줄 친구를 만나고 싶어 유치원이나 학교의 학부모모임에도 나가보았지만 모임에 다녀오면 더 가슴이 답답해지고 혼란스러웠다. 학부모모임에 나가면 누가 몇 점을 받았고, 무슨 상을 받았다는 이야기가 오가거나 선생님께 뭘 해줄지를 의논하는 자리가 되었다. 그리고 조금 더 얼굴을 익히면 어떤 학원이 좋고 어떤 과외 선생님이 실력이 있는지 정보를 주고받기도 했고, 어떤 사교육을 같이 시킬지를 의논했다. 그러다가 서로 더 신뢰감이 생기면 담임선생님의 성향이 어떻다는 둥, 촌지는 얼마나 하는 것이 좋고, 선물을 이 정도는 해야 할 것 같다는 비밀스런 정보를 나누기도 한다.

나는 엄마들을 만나거나 선생님을 만나고 돌아올 때면 눈치를 살피며 마음이 불편했고, 없던 경쟁심이나 불안한 감정이 생겨서 더 외로웠다. 그 사람들이 중요하게 여기는 선생님의 도시락과 간식, 각종 상장, 문제집, 성적 따위가 나는 그리 중요하지 않았고, 내가 중요하게 여기는 학급문고, 아이들의 개성과 창의성, 자율과 자발성 등을 그 사람들은 그리 중요하게 여기지 않는 것 같았다(나의 착각이었을지도 모르지만).

그러다보니 차라리 만나지 않는 것이 더 속편하다는 생각이 들어 혼자 이상적인 교육을 꿈꾸며 관련 책을 읽고 나만의 생각에 빠져 지내곤 했다. 나와 비슷한 생각을 가진 사람들을 만나 이야기도 나누고 뭔가 함께 하고 싶었지만 아무리 둘러봐도 내 주변에서는 찾을 수가 없어서 안타까웠다. 그래도 책을 통해 나와 생각이 같은 사람들이 있다는 사실에 위안을 받았다. 가끔이나마 내가 공감하는 책을 쓴 작가의 강연이라도 들을 수 있다는 것이 더 없이 행복하게 여겨져 먼 거리도 마다 않고 찾아가 강연을 듣기도 했다. 그러면서 내 이상과 현실은 너무도 멀다는 사실에 좌절하기도 했다.

하나가 둘 되고
둘이 셋 되고

외롭게 시작한 좌충우돌 학부모 노릇도 시간이 지나니 차츰 익숙해지고, 남들이 뭐라 하든 내 스타일대로 아이를 키우면서 자신감도 생겨났다. 거기다가 솔빛이가 반장이 되고 내가 학교운영위원 활동을 하면서 대부분의 학부모회 간부들과는 다르게 행동하고 말하는 덕에 주변 사람들이 나를 눈여겨보게 되었다. 그 동안은 아무리 이야기를 해도 듣는 둥 마는 둥 하던 이들이 내 교육관에 관심을 보였고, 이를 계기로 뜻맞는 사람들과 자연스럽게 만나기 시작했다. 만난 지 얼마 되지 않았어도 말이 잘 통했고, 시간 가는 줄 모르고 이야기를 나눴다. 우리들은 외로움을 하소연하고 공감하고 위로해주면서 오래된 친구 사이처럼 친해졌다.

한두 명씩 사람들이 더 늘어나다 보니 막연히 하소연하고 수다만 떨다

끝낼 것이 아니라 좀더 깊이 있는 만남으로 발전하는 것이 어떻겠냐는 의견이 나왔다. 그렇게 모인 우리들은 과거는 물론이요 지금도 학교가 너무 권위적이고 비교육적이라는 것에 동의했고, 이상적인 교육에 관심이 많았다. 그러다 보니 자연스럽게 대안교육에 대해 함께 공부해보자고 뜻이 모아졌다. 그때 우리가 처음으로 함께 공부했던 책이 『작은 학교가 아름답다』라는 책이었다. 그리고 『민들레』와 『우리교육』을 함께 읽기도 했다. 그때 마침 참교육학부모회에서도 같은 관심을 가진 사람들이 모여 있어서 자연스럽게 정기적으로 모이게 되었다. 도토리가 커다란 참나무가 되듯이, 모임도 우리 자신도 아이들도 크게 성장하길 바라는 마음에서 '도토리 모임'이라는 이름을 우리끼리 붙였다.

마음 맞는 사람들끼리 모여 책을 읽고 토론도 하고 수다 떠는 일은 참으로 즐거웠다. 일주일에 한 번 모이는데 항상 정해진 시간을 훌쩍 넘기곤 했다. 하나둘 이웃의 엄마들도 참여하기 시작했고 모임은 한동안 꾸준하게 이어졌다. 구성원 중에 좀더 적극적인 사람들은 함께 간디학교를 방문해보기도 하고, 1박2일 집을 떠나 엄마들만의 시간을 갖기도 했다. 남편과 아이들을 챙기느라 지친 아줌마들이 집을 떠나 1박2일을 함께한다는 것 자체가 무척이나 설레는 일이었다.

시간이 지나면서 같이 책을 읽고 토론하는 것만으로는 배움에 대한 욕구를 채울 수 없어 좀더 적극적으로 배움의 장을 만들어갔다. 부모교육 프로그램이나 강좌들을 서로 알아보고 우리가 참여할 수 있는 것들을 찾아 적극적으로 참여했다. 혼자 찾을 때보다 여럿이 찾아서 나누니 울산에도 도움을 받을 수 있는 강좌들이 제법 있었다. 간혹 꾀가 날 때도 그곳에서 만날 사람들이 생각나서 가게 되고, 사정이 있어 결석하게 되면 전화로 물어주고 걱정해주고, 그날 배운 것을 챙겨주는 사람들이 있으니 행복했다. 혼자 배우러 다닐 때는 배우는 게 좋아도 끝까지 하지 못하고 흐지부지되었는데 함께하면서는 모두가 끝까지 공부하는 경우가 많았다. 그리고 기본과정을 배우고 나서 심화과정을 더 배우고 싶다고 건의하여 새롭게 강의가 개설되기도 했다. 흔히 사람이 모이지 않아서 강좌가 폐강되기도 하는데 같이 들으니 그럴 일이 없어서 좋았다. '부모 역할 훈련'을 통해 자녀와 대화하는 기법을 배웠어도 제대로 실천하지 못했는데 서로 도와가며 연습을 하다 보니 차츰 아이들에게도 적용하게 되었다. 하루하루가 행복했고 공부하러 가는 날이나 모임이 있는 날은 다들 더 행복하다고 했다.

행복해하고 즐거워하는 우리들을 보며 주변에서도 관심을 보이기 시작했고, 함께하고 싶어 하는 이들이 늘어났다. 우리 힘으로 배움의 장을 만들어가는 재미는 배우는 재미 그 이상이었다. 처음엔 장소가 마땅치 않아 동네 성당에 도움을 받아 모임을 꾸려갔는데, 차츰 강의실이 있는 장소를 마련해 더 많은 사람들과 함께하고, 강의 내용도 다양하고 깊이 있게 만들어갔다. 그러는 사이 나는 얼떨결에 참교육학부모회 울산지부장이 되었고, 함께 하는 시간이 많아지면서 함께하면 무엇이든 할 수 있을 것 같은 용기와 자신감이 생겼다. 자신감을 갖게 된 우리는 모여서 학교나 교사에 대한 불만을 토로하거나 이론적인 공부만 하는 것을 뛰어넘어 대안을 찾고 실천하는 것이 필요하다는 것을 느꼈다. 무조건 학교에 아이를 맡기기만 해서도 안 되고, 내 아이에게 맞는 교육을 찾아 적정한 대가를 지불하는 소비자로 전락하는 것도 바람직한 것은 아니다 싶었다. 모임을 꾸려나가면서 교육의 주체로서 교육의 중심에 서야 한다는 것을 받아들이기 시작했다고나 할까?

학교나 다른 기관에서 누군가 다 만들어놓은 행사나 프로그램에 참여하면서 불만도 많았고 아쉬움도 컸기에 우리는 우리 입맛(?)에 맞게 역사기행, 어린이날 행사, 방학 캠프 따위의 프로그램을 직접 만들어보기로 뜻을 모았다. 계획을 세우는 단계에서 벌써 모든 것을 이룬 것처럼 기뻤고 희망에 부풀어서 우리는 에너지가 넘쳐났다. 열정과 신념을 갖고 우리 스스로 배움의 장을 만들고 아이들을 초대하여 함께 즐기고 성장하는 기쁨을 누릴 수 있었다.

아프리카 속담 중에 "빨리 가려면 혼자 가고 멀리 가려면 함께 가라"는 말이 있다. 교육은 무엇보다 멀리 보고 멀리 가야 하는 길이기에 특히나 마음을 같이 하는 사람들끼리 함께하는 것이 필요하다. 함께하는 사람들이 있었기에 내가 지금 이렇게 서 있을 수 있지 않나 싶다. 저 속담의 의미를 잘 담고 있는 이야기가 있어 소개한다.

아프리카 동부의 어느 마을에서 추장이 성인식을 치루기 위해 모인 소년들에게 이렇게 말했다.

"여러분은 저기 보이는 산을 넘어가서 강물을 물통에 담아 와야 합니다. 사람마다 걸음걸이가 다르겠지만 나흘 안에 도착할 경우만 어른으로 인정하겠습니다."

추장의 말이 끝나자마자 소년들은 다투어 산을 향해 떠났다. 대부분의 소년들은 가장 먼저 다녀오고자 뛰기 시작했고 그에 따라 순식간에 소년들이 한 줄로 늘어선 모양이 되었다. 간혹 한 소년이 다른 소년을 앞지르면 뒤따르던 소년이 더 빨리 뛰이 다시 앞지르는 경쟁을 벌이기도 했다. 그렇지만 맨 뒤의 두 소년만큼은 뛰지 않고 나란히 걸었다. 가끔씩 대화를 나누기도 하면서 즐겁게 부지런히 걸어갔다.

어느덧 밤이 되었을 때 열심히 달린 소년들은 산꼭대기에 먼저 도착했다. 하지만 깜깜한 곳에서 잠을 자려니 맹수의 공격을 받을까 무서워서 거의 뜬눈으로 밤을 새야만 했다. 때문에 그들은 다음 날 아침 매우 피곤한 몸으로 졸면서 걷다가 뛰다가 졸기를 반복했다. 한편 함께 걸어온 두 소년은 교대로 보초를 서면서 잠을 자 아침이 되어도 그다지 피곤하지 않았다. 첫날에는 뒤처졌지만 이튿날에는 소년들 중 중간 무리에 들었고, 돌아오는 날에도 교대로 잠을 자며 서로 도와가면서 속도를 냈다. 그 결과 두 소년이 강물을 물통에 담아 가장 먼저 마을로 돌아올 수 있었다.

사춘기, 아이와 함께 겪는 성장통

"엄마, 구나병에 걸렸어요?" 솔빛이가 중학생이 된 어느 날이었다. 갑자기 아이 방에서 희한한 소리가 들려서 가보니 책을 여기저기 던져놓고는 씩씩거리고 있다.

"왜 그러니? 무슨 일이야?"

"뭘요!"

"엄마는 지금 놀라고 걱정이 되는**구나**!"

"엄마랑 상관없는 일이니 그냥 모른 척 하세요."

"무슨 일이 있었**구나**? 엄마에게 이야기해봐."

"아무 일도 없다니까요. 그냥 짜증나서 그래요."

"짜증이 났**구나**!"

"엄마가 그러니끼 더 짜증나. 뭘 자꾸만 **구나 구나** 해요? 엄마, 구나병에 걸렸어요?"

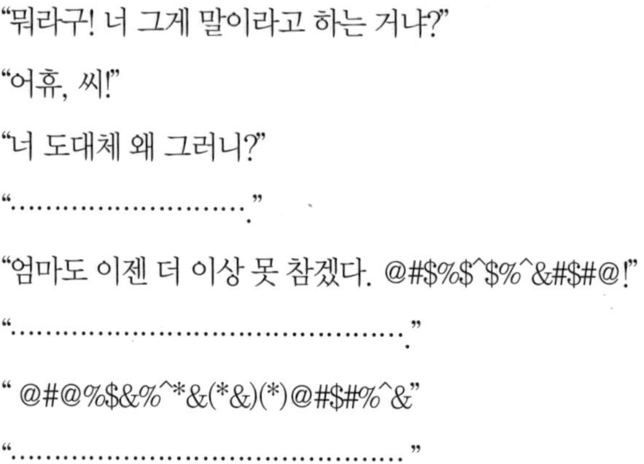

"뭐라구! 너 그게 말이라고 하는 거냐?"

"어휴, 씨!"

"너 도대체 왜 그러니?"

"·····························."

"엄마도 이젠 더 이상 못 참겠다. @#$%$^$%^&#$#@!"

"·······································."

" @#@%$&%^*&(*&)(*)@#$#%^&"

"···."

나는 잔소리를 있는 대로 길게 늘어놓고 솔빛이는 침묵으로 시위를 했다. 언젠가부터 아이에게 "너 도대체 왜 그러니?"라는 질문 아닌 질문, 아니 짜증스런 잔소리를 하는 날이 많아졌다. 도무지 왜 그러는지 알 수 없는 행동을 하는 아이를 보고 있자니 참을 수가 없었다. 그래도 나름대로 배우고 익혔던 대화 기법을 활용하여 '나-전달'도 하고 "그랬구나!" 하면서 '반영적 경청'도 하려고 애를 써보지만 번번이 실패하고, 아이보다 내가 한술 더 떠서 짜증을 내고 소리를 지르곤 했다.

솔빛이가 중학생이 되면서부터 내 기준으로는 도저히 이해하기 힘든 행동을 하는 횟수가 많아졌다. 때론 이유 없이 짜증을 부리고 화를 내고, 그런가 하면 또 언제 그랬냐는 듯이 친한 척(?) 하고 능청스럽게 굴었다. 그러다가 뭔가를 결심했는지 뭘 준비해달라고 난리를 치더니만 막상 어렵게 준비해주면 언제 그랬냐는 듯 딴소리를 하거나 멍하니 허송세월을 보냈다. 특히 내가 견디기 힘든 것은 버릇없이 구는 행동을 하면서 비속어를 쓰고, 어른이 충고를 하는데 노골적으로 듣기 싫다는 표정을 짓는 거였다.

'정말 저렇게 그냥 뒀다가는 인간이 될 것 같지 않네, 혼을 내줘야지!'

'도저히 참을 수가 없어! 두고 보자 누가 이기나!'

아이를 이겨볼까 궁리도 했다. 그렇지만 결국에는 아이와 두는 바둑에서 한 수 두 수씩 계속 지고 있었다. 주변의 다른 집 아이들이 그런 행동을 했을 때 나는 속으로 버릇 없이 애를 키웠다고 부모를 흉보면서 이런 일은 남의 집에서나 일어나는 일이라고 여겼다. 아이를 비민주적으로 대하거나 방임하며 키운 부모 탓이라고 생각했다. 또 사춘기 아이와 싸우는 주변 엄마들을 보면서 사춘기 아이를 잘 이해하지 못할 뿐더러 자녀와의 대화 기법을 배우지 않아 그렇다고 생각하면서 저런 부모는 되지 말아야지 다짐하곤 했다. 나는 다른 부모들보다 상대적으로 아이 의견을 존중하며 대화를 나누고 있다고 자부했다. 자신을 공부, 공부 그러는 욕심쟁이 엄마가 아니라 민주적인 엄마로 여겼기에 우리 집에선 그런 일이 절대 일어나지 않을 거라 굳게 믿었다. 더구나 아이와의 갈등 상황을 대비해 일찌감치 부모교육을 비롯해 청소년 상담교육까지 받고 철저하게 준비했기에 자신만만해 했다. 그런데 이렇게 무너지다니!

아이의 기분이 좀 나아지고, 나 역시 마음이 편안한 시간에 그 동안의 일들에 대해 이야기 나누며 질문을 던져보았다. 그런데 아이의 대답은 나를 더 갑갑하게 만들었다. 아이는 자기가 왜 그렇게 행동하고 말하는지 모르겠다고 했다.

"정말 모르겠어요! 그냥 이유 없이 화가 나고 짜증이 나요."

참 나, 기가 막힐 노릇이다. 더구나 나는 자기 때문에 몹시 기분이 상해 있는데 언제 그랬냐는 듯이 친한 척 하는 아이를 보고 있노라면 속이 부글부글 끓었다. 심지어 감정의 기복이 심하게 오르내리는 아이를 보면서 혹시 정신적인 문제가 있는 건 아닌지, 우울증이 아닌지 걱정되기도 했다. 이런저런 책을 읽어보니 사춘기에 나타나는 반항은 어려서부터 쌓인 불만이 사춘기가 되어 터지는 것이라고 한다. 어려서부터 부모가 잘못 다룬 아이들은 더 거칠게 반항한다고 하는데 내가 아이를 잘못 키운 탓에 애가 이러나 싶어 몹시 불안했다. 거기다가 솔빛이는 학교 부적응(?) 증상까지 보이고 있었으니 때로는 밤잠을 설치며 속앓이를 했다.

갈등과 반항은
　　자연스러운 성장통이다

사춘기를 일컬어 흔히 '질풍노도의 시기'라고 말하는 것을 모르는 건 아니었다. 하지만 막상 아이의 사춘기를 맞닥뜨리니 이론으로 배운 것이 아무 소용이 없었다. 책이나 부모교육 강좌, 청소년 상담교육 따위를 열심히 쫓아다녀 사춘기 아이들이 어떻게 행동하는지 알고는 있었지만, 날마다 눈뜨면 마주치는 아이와의 갈등은 이론만으로는 극복하기 힘든 부분이 많았다. 더구나 배운 대로 기준을 적용해 보면 남편과 나는 너무도 문제가 많은 부모이고 아이를 제대로 기를 만한 인격이 모자란 사람들이었다. 솔직히 내 눈엔 남편이 더 문제가 많은 사람으로 보여 남편 탓을 하다 보면, 도리어 집안 분위기는 더 험악해지곤 했다. 아무리 교육을 받고 책을 읽어도 상황이 좋아지지 않으니 부모 노릇을 포기하고 싶기도 했다.

내 나름대로 노력하는데도 솔빛이의 사춘기 열병은 나아지기는커녕 더욱 심해져만 갔다. 관심을 갖고 이야기하다 보면 싸움이 되고, 무관심하게 내버려두면 무관심하다면서 화를 내는 아이를 도대체 어떻게 대해야 할지 두려워지기까지 했다. 도대체 뭘 어쩌란 말인가?

'상담치료를 받도록 해볼까? 아니야, 멀쩡한 아이를 내가 너무 지나치게 생각하는 거야! 사춘기라서 그렇겠지. 시간이 지나면 좋아질 거야!'

하루에도 몇 차례 이런 생각, 저런 생각으로 마음의 혼란을 겪었다. 지금 생각해보면 여기저기서 주워들은 지식이 너무 많은 것이 오히려 걸림돌이 되었던 것 같다. 아는 것이 병이 된 셈이다. 제대로 알지도 못하면서 얄팍한 지식으로 아이를 속단하다 보니 불안에 휩싸여 내 눈엔 아이가 비정상으로 보였다. 지나고 나서 생각해보면, 솔직히 남 앞에서 교육운동 한다고 잘난 척 하고, 은근히 자식 자랑을 많이 했던 나였기에 더욱 그 상황을 받아들이기가 힘들었던 것 같다. 특히나 솔빛이는 영어학습법으로 유명(?)해지면서 사람들의 이목을 받고 있는 아이인데 뭔가를 멋지게 보여주기는커녕 버릇 없고 성격이 괴팍한 아이가 되어가니, 뒷걸음치는 것만 같아 초조했고 불안했던 것이다.

자식을 낳아봐야 부모 마음을 안다고 하더니 우리 엄마는 우리 여섯 남매를 어찌 키우셨을까? 엄마에게 물어보니 내가 형제 중에 사춘기 때 제일 못되게 굴었다고 한다(애고, 역시 피는 못 속이네, 나를 닮았구나).

"옛날엔 그러거나 말거나 지금 너희들처럼 아이에게 신경을 쓰진 못했지. 요즘 부모들은 아이가 하나라서 그런가 너무 유난스럽게 굴어. 너 어른 되라고 호되게 한다 생각해라!" 하시는 친정어머님의 말씀에 고개를 끄덕이게 되었다. 아이의 반항은 너무 당연한 것이고 그렇게 해야 진정한 성인으로 자란다는 걸 믿어보자고 다짐했다. 아이가 성장하는 데 필요한 통과의례를 겪고 있다고 생각하니 여유가 생기기도 했다.

아이가 심한 혼란 상태에 있을 때는 논쟁하지 말고 가만히 기다리고 지켜보는 게 제일 좋은 방법이라는 생각이 들어 일부러 내 생활을 더 바쁘게 만들었다. 그리고 자잘한 일에는 간섭하지 않으려고 노력했다. 위험하고 나쁜 일이 아니라면 내가 먼저 나서서 막아주기보다는 내버려두면서 시행착오를 거치도록 했다.

사춘기 때는 어른의 도움을 간섭으로 여기고, 반대로 내버려두면 자기에게 무관심하다고 불평하기도 한다. 그래서 무관심하다거나 방치되었다고 느끼지 않도록 지켜보고 있다가 아이가 도움을 청할 때 도와주는 방법을 택했다. 그러나 아이 자신도 자신이 진정으로 무엇을 원하는지 알지 못하고 혼란스러워하면서 갈등이 계속되니 아이와 관계 맺기는 늘 나를 긴장시켰다. 어른도 아이도 아닌 상태에서 간섭받기는 싫지만 아직도 의지하고 싶어 하는 마음을 헤아리려고 노력하면서 차츰 갈등도 줄어들었다.

그럼에도 나를 여전히 힘들게 하는 것은 아이의 말투였다. 틀린 말을 하진 않지만 나를 비난하고 우습게 여기는 말투로 어른이고 엄마인 나를 무시하는 태도를 보일 때면 분노가 폭발하곤 했다. 그렇게 감정을 폭발시키고 나서 돌아서서 생각해보면 아이에게 미안한 일들이 많았다. 미안한 마음이 들면 내가 먼저 사과를 했고, 그러면 아이도 사과를 하고 그러면서 쌓인 감정의 응어리를 조금씩 풀어갔다.

만일 사춘기 자녀가 부모를 비난하고 지난 일까지 들먹이더라도 너무 자격지심을 갖지 말았으면 한다. 그 동안 마음속에 쌓인 감정찌꺼기를 쏟아내고 있는 것이지, 부모를 사랑하지 않는 것이 결코 아니기 때문이다. 그 동안 쌓인 감정의 응어리를 풀 수 있는 좋은 기회가 왔다고 생각하고 오히려 그 기회를 잘 활용하는 현명함이 필요하다. 예전에 부모로서 정말 잘못한 게 있다면 이 기회에 진정으로 사과를 하면서 아이를 받아주면 오히려 마음속에 쌓인 응어리가 풀어져 부모자녀 관계를 회복하고 아이와 함께 건강하게 성장하게 된다.

선가(禪家)에 줄탁동시(啐啄同時)라는 말이 있다. 어미 닭이 알을 품고 있다가 알이 부화될 때가 되면 알 속의 새끼가 먼저 안쪽에서 껍질을 톡톡 쪼는데 이것을 '줄(啐)'이라 하고, 그와 때를 같이하여 어미 닭이 바깥에서 껍질을 탁탁 쪼는 것을 '탁(啄)'이라 한다. 새끼가 안쪽에서 쪼는 '줄'과 어미가 바깥쪽에서 쪼는 '탁'이 만나 껍질이 깨지면서 새끼가 나온다. 이를 위해서는 새끼와 어미가 동시에 같은 곳을 쪼아야만 한다. 아이를 믿고 기다리라는 것은 아이를 방치하라는 것이 결코 아니다. 그러나 아이보다 앞서 알을 깨주는 것도 사랑은 아니다. 결국 서로가 노력해야 하는 것이다. 지나고 나서 생각해보니 아이의 반항과 나의 폭발이 자연스런 충돌 현상이고, 반갑고 소중한 과정으로 여겨진다. 아이가 신호를 보내고 부모가 반응을 하는 '줄탁동시'가 아니었나 싶다. 좀 요란스럽기는 했지만 서로의 사랑을 확인하는 과정이었다고나 할까?

지금은 번데기,
　　　　건드리지 마세요

그러던 중에 솔빛이는 중학교를 그만두었다. 학교를 그만둔 이후 갑자기 사춘기 증상이 사라진 듯했다. 사춘기 시절 근본을 부정해보고 싶은 욕구에 부모를 부정하고 공격하곤 했는데, 우리 부부는 솔빛이에게 학교를 그만두게 해줬다는 것으로 아주 우호적인 관계를 다시 맺게 된 것 같았다. 탈학교에 동의해준 것으로 아이는 부모에게 신뢰감을 갖게 된 것이다.

홈스쿨링을 하면서 이유 없는(?) 반항은 거의 사라졌지만 이번엔 점점 더 나태해져서 오랜 기간 아무것도 안 하고 있는 것처럼 보였다. 홈스쿨링을 시작할 때에는 분명 자기 생각이 확실하게 있는 것 같았고, 나름대로 꼼꼼히 계획하고 실천하는 듯 보였다. 그런데 점점 더 자신감도 없어 보이고, 뭐든 귀찮아하면서 운둔 생활을 하려고 들었다. 학교를 그만두게 한 것도 후회스러웠고, 지금이라도 대안학교를 알아봐야 하지 않을까 고민했다.

지금 생각해보면 그 시기가 번데기 시절이었던 것 같다. 나비가 되기 위해 번데기 안에서 에너지를 충전하고 있었던 셈이다. 애벌레 시절엔 시키면 시키는 대로 주면 주는 대로 먹고, 살도 토실토실 잘 찌고 쑥쑥 자라서 키우는 재미가 있었다. 그런데 어느 날부터인가 꼬물꼬물 움직이던 활동을 멈추고 도무지 움직이려고 하지 않으니 너무 답답했다. 답답해서 잔소리를 하면 예전에는 뭐라고 대꾸하고 반항했는데, 이젠 혼자 심하게 자책하거나 좌절하는 바람에 차라리 반항하는 아이가 그리워지곤 했다.

아이를 믿고 기다린다는 것이 바로 이런 것이구나 절실하게 느끼는 시간이었다. 그 동안의 기다림은 기다림도 아니라 할 만큼 앞이 깜깜하고 미칠 것 같았다. 아이가 영원히 번데기 안에서 나오지 않을 것 같은 불안감이 밀려들어 내가 번데기를 열고 날개를 펴주고 나는 연습을 시켜줘야 하는 게 아닌가 마음이 조급해지기도 했다. 번데기에서 나비가 힘들게 나올 때 그걸 기다리지 못하고 도와주면 그 나비는 나와서도 날지 못한다는 이야기를 책에서 읽은 적이 있다. 기다려야 한다는 것을 머리로는 알고 있었지만 뭔지 모를 두려움이 나를 힘들게 했다.

사춘기를 제2의 출산이라고도 했던가? 죽을 만큼, 하늘이 노래질 만큼 아파야 아이가 나온다더니 도대체 이놈의 사춘기는 언제가 끝인지, 점쟁이한테라도 찾아가서 언제쯤 사춘기에서 벗어날지를 물어보고 싶은 심정이었다. 불행 중 다행이었는지 그때 나는 한창 참교육학부모회 지부장으로,

또 기적의 어린이도서관 추진위원으로 바쁘게 활동하던 시기였다. 그 덕분에 솔빛이의 그런 운둔생활(?)은 본의 아니게 방해를 받지 않았고, 그나마 나는 아이와 적당한 거리를 두고 객관적으로 바라볼 수 있었다. 그것이 지금 생각해도 너무나 다행스러운 일이라 여겨진다.

아이와 엄마가
함께 겪는 성장통

이제 돌아보니 사춘기 아이와 나의 싸움은 피할 수 없는 자연스러운 과정이었다는 생각이 든다. 아이와 사춘기 전쟁을 치르면서 감정을 솔직하게 표현하고 소통하며 서로를 더 잘 알 수 있게 되었다. 그래서 요즘 후배 엄마들에게 이런 충고를 해주고 싶다. 사춘기 아이와 갈등을 겪을 때 지나치게 이론의 잣대를 들이대 분석하지 말라고 말이다. 요즘은 멋진 부모가 되는 교육 프로그램도 많고, 각종 부모 교육서도 넘쳐난다. 그런 것을 적절하게 활용하는 것은 좋으나 지나치게 매달려서 좋은 부모 콤플렉스에 시달리진 않았으면 좋겠다. 물론 사춘기 아이를 믿고 기다려주어야 한다는 생각을 잊어서는 안 되지만, 부모라고 해서 억지로 참으며 우아한 척, 고상한 척 하지 않았으면 좋겠다.

무엇보다 아이와의 갈등이 무조건 나쁜 것만이 아니며, 아이가 하고 싶어 하는 대로 해주는 것이 최선은 아니라는 것을 알아야 한다. 또 사춘기 아이와 소통할 때 진정한 신뢰감 없이 공감해주는 척 하며 '구나'를 읊조리는 것은 도리어 걸림돌이 된다는 사실을 미리 말해주고 싶다. 진심이 통한다면 때론 말 없이 그냥 안아주기만 해도, 그냥 바라봐주기만 해도 된다. 자신을 정말 믿고 지지하는지 그렇지 않은지 아이들은 본능적으로 알아차린다.

언젠가 들었던 부모교육 내용 중에 마음에 크게 와 닿았던 이야기가 있다. 일생에는 몇 차례의 위기가 있는데, 사춘기와 사춘기의 자녀를 둔 부모들이 겪는 인생의 위기도 그중 하나라고 했다. 아이의 사춘기를 부모인 내가 혹독하게 겪으면서 그 이야기가 정말 실감나게 다가왔다. 특히 나 자신이 겉모습만 어른이었지 진정한 어른으로서 성숙하지 못한 상황에서 사춘기 아이를 바라보는 일은 참으로 견디기 어려운 순간이었다. 애를 낳았다고 저절로 부모가 되는 것은 아니구나, 나는 이 시기에 그 동안 자만했던 나의 교육관을 반성하면서 아이의 이야기를 더 많이 들어주려고 노력했다. 부모도 완벽한 존재가 아니며, 실수하고 배워가는 중이라고 솔직하게 이야기했고, 내가 잘못한 것에 대해 사과하기도 했다. 비슷한 고민을 하는 처지의 다른 엄마들과 함께 이야기를 나누면서 우리들의 지난 사춘기를 돌아보기도 했다. 서로 위로하고 격려하면서 이론이 아닌 마음으로 사춘기를 차츰 이해하게 되었다.

그러면서도 반복되는 솔빛이의 사춘기 증상 앞에서 나는 종종 시험에 들었다. 엎어지고 깨지면서 속상해했다. 그때는 몰랐는데 지나고 보니 그것도 모두 필요한 과정이었고, 그 폭풍우를 거치면서 내가 많이 성장했구나 하는 생각이 든다. 솔빛이의 사춘기 때문에 힘들었던 것이 아니라, 내가 성장하느라 겪는 성장통이었다는 걸 이제는 알겠다. 솔빛아 고맙다. 엄마를 키워줘서!

지지고 볶다 보니 시간은 흘렀고 나도 아이도 사춘기의 폭풍에서 벗어나고 있다는 것이 느껴졌다. 가끔은 후폭풍의 힘이 느껴지기도 했지만 기다린 보람이 있어 아이는 껍질 속에서 나와 날개를 서서히 말리고 날개짓을 해보기도 했다. 이제 솔빛이는 더 이상 애벌레도, 번데기도 아닌 나비가 된 것이다. 영원히 애벌레로 살 것 같아서 걱정스러웠고, 번데기에서 굳어져 버릴까봐 애를 태웠던 시간이었다. 그리 화려하고 특별한 나비는 아니지만 그냥 한 마리의 건강한 나비로 자라나 날개짓을 하기 시작했을 때 그 기쁨은 이루 말할 수 없었다. 그래, 이게 바로 자식 키우는 맛 아니겠는가.

아이와 함께 배우며 성장하다

 　학교에 다니면서 교육현실에 불만이 많았던 나는
아이를 키우면서도 『민들레』, 『우리교육』 같은 교육 잡지나 대안교육 관련
책을 찾아서 읽었다. 또 강의나 모임이 있으면 달려가 나름대로 위안을 얻
고 희망을 품기도 했다. 그러면서도 내가 처한 현실과 너무 멀리 떨어져 있
는 것 같아 실망하기도 했다.

　솔빛이가 어릴 때는 공동육아를 하고 싶은 마음도 있었고 대안학교를 꿈
꾸기도 했다. 그렇게 꿈만 꾸다가 시간은 흘러가버렸고 아이는 초등학교에
들어갔다. 엄마를 닮았는지 솔빛이는 초등 1학년에 입학해서부터 적응을
잘 못해 학교 다니는 것을 싫어하고 힘들어했다. 학부모가 된 나도 학교의
비민주적인 상황들을 보면서 솔직히 학교 보내기가 싫었다.

　그렇지만 대안학교에 보낼 형편이 아니었고, 더 많은 아이들이 다니는
학교가 달라지기를 바라면서 나도 힘을 보태야겠다고 생각했다. 아이들을

줄 세우고 절망으로 몰아넣는 교육이 아니라 아이들 하나하나의 개성을 살려주는 교육이 되었으면 하는 마음으로 학교일에 참여하고 '참교육학부모회' 활동을 했다. 남편 또한 내 아이가 학교에 갈 즈음엔 학교가 달라져야 하지 않겠냐는 신념으로 해직까지 불사하며 교육운동을 했다. 그러나 교육 현실은 갈수록 경쟁이 치열해지고 인성보다 성적을 중요하게 여기며 아이들을 죽음으로 몰아갔다.

그러다 보니 나는 늘 대안학교나 대안교육에 미련을 갖고 살았다. 대안교육에 관심이 있는 사람들의 소모임에도 참여했고, 간디학교에서 여는 '학교 방문의 날'에 가보기도 했다. 솔빛이도 초등학교 4학년 때 간디학교에서 열린 여름방학 캠프에 참여했다. 캠프가 시작되는 날 산청까지 아이를 데려다 주었는데 그곳에 도착하자마자 아이들과 어울리더니 엄마, 아빠와 며칠을 떨어져 지내는 일도 전혀 두려워하지 않았고, 끝나는 날 집에 돌아가기 싫다고 할 정도로 그곳을 마음에 들어했다.

솔빛이 입에서 중학교는 간디학교를 다녀볼까 하는 이야기가 나왔고, 아이가 간다면 나도 보내고 싶었다. 중학교 진학을 앞두고 우리 모녀는 무척 고민했다. 그냥 일반 중학교를 갈까, 아니면 대안학교를 지원해볼까? 간디학교에 지원할까 말까? (내가 알아본 바로는 그 당시엔 대안학교가 별로 없었고 중학교 과정은 간디학교 말고는 없었다.) 원서를 받아 작성까지 해놓고 보니 우리는 집을 떠나 멀리 기숙사 생활을 해야 하는 것이 마음에 걸렸다. 세 식구 모두 헤어져서 지내는 것이 내키지 않았다. 그 학교를 통해 우리가 얻으려는 것이 무엇인지 곰곰이 생각해보니 그것이 가족보다 더 소중한 것 같지는 않았다. 이이도 그 학교가 좋긴 하지만 엄마와 떨어져 지내는 것이 싫다고 했다. 캠프처럼 잠깐이면 괜찮겠는데 그렇게 오래 지내는 것은 싫다고 했다. 무엇보다 대부분의 다른 아이들이 일반 중학교에 진학하는데 자기만 대안학교에 다니면서 남과 다르게 살아가는 것이 왠지 두렵다고 했다. 결국엔 그냥 일반학교에 진학하기로 했다(물론 그 당시에도 간디학교는 경쟁이 치열해서 지원해도 꼭 갈 수 있다는 보장도 없었다).

아무튼 남들은 그냥 당연히 가는 중학교를 온 가족이 열병을 앓듯 고민하고 나서 가게 되었다. 하지만 우리 모녀도 남들처럼 교복도 사고 가방도 새로 준비하면서 나름 즐거웠다. 중학교라는 새로운 공간이 궁금하기도 하고, 초등학교와는 달리 각 과목별로 선생님이 달라지는 것도 신기했는지 솔빛이도 생각보다 쉽게 적응하면서 잘 다녔다. 거기다가 사교육도 받지 않으면서 공부도 곧잘 하니 내가 괜한 걱정을 했던 것은 아닌가 싶었다.

엄마, 학교는 꼭 다녀야 하는 거예요?

일반 중학교에 진학하여 일 년을 잘 지내나 싶더니만 2학년에 올라가서 갈수록 짜증이 심해지고, 학교와 선생님에 대한 불만이 많아졌다. 사춘기라서 그렇겠지 생각하려 해도 그 정도가 지나친 것 같아 걱정스러웠다. 그러던 어느 날 중학교 2학년 여름 방학을 앞두고 동네 공원을 산책하다가 아이가 심각한 표정으로 내뱉었다.

"학교가 너무 싫어요. 선생님도 싫고 아이들도 싫고. 맨날 욕이나 먹고, 내가 배우고 싶은 건 가르쳐주지도 않는 학교를 왜 다녀야 하는지 모르겠어요. 정말 학교에 다니기 싫어요. 엄마! 학교는 꼭 다녀야 해요?"

그렇지 않아도 학교생활을 힘들어해서 걱정하던 차에 아이가 이런 말을 꺼내니 순간 당황스러웠다. 그래도 아이의 마음을 읽어주어야 한다는 생각에 힘들어하는 마음에 공감해주려고 노력했다.

"그래, 학교가 그렇게 힘드니? 학교생활이 많이 힘들구나."

이렇게 공감을 해주면 솔빛이의 기분이 풀릴 줄 알았는데 아무리 받아주어도 투정은 끝이 없었다.

"너무 힘들어요. 고등학교에 가면 날마다 열 시 넘도록 보충수업에다 자율학습을 해야 한다면서요? 좋은 대학에 들어간다고 다 좋은 건가? 지금 하고 싶은 것 참고 어른들이 하라는 대로 하면 정말 나중에 행복해지나요? 학교에 다니지 않으면 어떻게 되는데요?"

'당연히 학교는 다녀야 하지, 뭐 그런 말도 되지 않는 질문을 하니? 너만 힘든 건 아니잖아! 모든 아이들이 다 잘만 다니는데, 좀더 참아봐. 차츰 적응하게 될 거야.' 이렇게 이야기를 끝내고 싶었지만 학교가 휘두르는 비합리적이고 반인권적인 행태를 생각하면 아이의 하소연이 잘못된 게 아니란 걸 누구보다 잘 알고 있기에 그렇게 말할 수는 없었다.

"학교에 다니지 않으면 사회적인 불이익이 있지. 우리나라에서는 그래도 학교를 다녀야 장래가 보장된다고 생각하잖아. 그래서 모두들 학력을 따려고 하지. 그런데 행복이 보장되냐 하면 그건 장담 못하겠다."

"중학교 다니는 것도 이렇게 싫은데 고등학교에 가서는 밤 열 시 넘어서까지 있어야 된다니 생각만 해도 끔찍해요. 대안학교에 갈 걸 잘못했나 봐요. 학교 너무 가기 싫어요."

평소에 학교 민주화, 학생 인권을 주장하고 입시위주 교육을 비판하는 일을 해왔고, 대안학교를 보낼까 생각해보기도 했지만 막상 아이가 학교를 가지 않겠다고 이야기하는 순간 눈앞이 캄캄해졌다. 이제 와서 당장 대안학교에 보낼 수도 없고, 절대 안 된다며 그냥 참고 다니라는 말도 할 수 없었다. 대안학교니 홈스쿨링이니 너무 많은 정보를 아이에게 알려준 것이 아닌지 후회가 밀려왔다. 그리고 그 동안 민주적인 엄마인 척, 잘난 척 해온 것이 후회스럽기도 했다.

아이가 중학교에 가게 되어 부모로서 힘들고 어려운 점도 있었지만 꼭 나쁘기만 한 것은 아니었다. 초등학생보다 아이가 학교에서 늦게 오니 내 시간이 더 많아진 것 같아 은근히 좋았고, 교복을 입고 학교 가는 모습이 대견스럽기도 하고, 교복만 입으니 옷값 걱정도 줄어들어 좋았다. 사교육 없이도 성적이 괜찮으니 아이가 그럭저럭 적응해준다면 부모로서 더 바랄 것이 없다고 생각했는데 그건 엄마 생각일 뿐이었나 보다.

엄마, 고등학교 가면 자율학습과 보충 수업을 꼭 해야 되요?

솔빛 아빠가 근무하는 울산의 한 고등학교에 저녁 9시쯤 아이와 들른 적이 있다. 학교는 대낮처럼 학생들로 북적거렸다. 교실마다 불이 환한 모습을 보면서 참 끔찍하다고 이야기했던 기억이 난다.

"고등학생이 되면 꼭 저렇게 지내야만 할까?"

0교시와 보충수업, 자율학습. 고등학교 3학년 학생들이(지역마다 학교마다 조금씩 차이가 있겠지만 요즘은 1, 2학년도 별로 다르지 않다고들 한다.) 평일에 학교에서 보내는 시간은 하루 평균 14~15시간이다. 집에서 보내는 시간은 잠자는 시간을 제외하고는 한두 시간도 채 되지 않으니 아이들은 선생님께 "집에 다녀오겠습니다."라고 인사를 하기에 이르렀다. 웃고 넘기기엔 참으로 마음 아픈 이야기다. 요즘 가족이 해체되었다는 이야기가 많이 들리는데 여기에 학교가 한몫 단단히 하고 있다는 생각도 든다. 인터넷에 고등학생들의 하루 생활에 대한 글들이 이렇게 올라와 있다.

AM 6:30 엄마의 목소리에 겨우 겨우 눈을 뜬다. 아! 더 자고 싶다.

머리감고 말리지도 못한 채 아침도 먹는 둥 마는 둥 학교로 향한다.

학교가 가까워서 그래도 다행이다.

AM 7:30 등교. 교실에 들어가자마자 EBS 영어듣기가 스피커로 나오는데

꿈인지 생시인지. 늦었다고 야단맞는 아이들이 운동장에 보인다.

AM 8:10 0교시 시작. 아직도 정신이 몽롱하다. 허벅지를 꼬집어본다.

AM 9:10 1교시 시작하여 점심시간까지 쭈욱 수업. 견디자 견뎌내자.

PM 1:00 점심시간. 잠시 햇빛도 보고 친구들과 수다를 떨면서 스트레스를 푼다.

PM 1:50 5교시 시작종이 울리면 또 잠과의 투쟁에 들어간다.

6교시, 7교시가 이어진다.

PM 4:40 청소시간. 음악이 나오고 점심시간 만큼이나 북적거린다.

각자의 청소구역에서 임무를 마친 후 다시 교실로 향한다.

썩 가벼운 발걸음은 아니다.

PM 5:00 다시 보충수업 시작. 50분 후면 저녁식사 시간이다. 힘내서 공부하자.

PM 5:50 저녁식사 시간. 급식이 지겨워 컵라면 사먹는 아이들도 많다.

그래도 밥을 먹어야 한다는 엄마 말을 생각하며

맛없는 급식으로 오늘 저녁도 때워본다.

PM 7:10 이제부터는 자율학습 시간이다. 밖은 벌써 어두워지고 있다.

PM 9:00 매점은 1학년부터 3학년까지 발 디딜 틈도 없다.

얼마나 기다리던 시간이냐. 커피 마시는 친구들도 제법 많지만

나는 커피 유유라도 먹고 잠을 쫓아야겠다.

PM 9:20 쉬는 시간의 기쁨도 잠시 다시 책상 앞에 앉는다.

그러나 끝없이 밀려오는 잠은 어쩔 수 없다. 감독 선생님들의 눈을 피해

단잠을 청하는 아이들. 짝꿍의 "10분 후에 깨워 줘"라는 말에 곤히 잠든 친구를 깨우려니 왜 이렇게 안타까운지. 고3병 중의 하나가 자율학습 시간에 잠을 자도 편히 못 잔다는 것이다.

PM 11:00　야간자율학습이 드디어 끝났다. 학교가 북적인다. 몇몇 아이들은 면학관에 가고, 몇몇은 기숙사로 향한다. 나머지 아이들은 교문에서 기다리는 부모님의 차에 올라타는가 하면 학원 차에 올라타는 아이들도 있고, 많은 차 사이로 걸어가는 친구들도 보인다.

PM 12:00　다시 책상 앞에 앉았다. 집에 돌아와 씻고 엄마가 주신 간단한 간식을 먹고 나니 벌써 12시다. 아빠와 동생은 잠든 모양이다.

AM 1:30　이제 잠자리에 드는 시간. 내일 수업 준비에 숙제를 챙기고 나니 벌써 시간이 이렇게 흘렀다. 별로 한 것도 없는데. 친구들은 아직도 학원에서 공부를 하고 있을지 모르겠다. 불안하다.

인터넷엔 이에 공감하는 댓글도 많이 달렸다. 이렇게 살인적인 하루를 어떻게 견뎌내고 있는지 신기할 따름이다. 이것이 지금 교육의 현실이니 그대로 따라가야만 하는지 고민스러웠다.

"인내는 쓰고 열매는 달단다, 우리 조금만 더 참자, 대학만 가면 신나게 놀아도 된다, 그때까지만 죽었다고 생각하고 참아보자. 고등학교 가면서부터 아이에게 이렇게 이야기하면서 삼 년을 견뎌왔는데 아이는 재수까지 하고도 원하는 대학에 못갔어요. 지난 4년 세월이 너무 마음 아파요. 그럴 줄 알았으면 그냥 잠이라도 실컷 재울 걸… 이제 얼마 지나면 군대에 입대하는데 거기 가서도 제대로 못 잘 것 같아 요즘 휴학하고 마음대로 지내게 해 주고 있어요. 졸업하고 직장 생활하면 또 다람쥐 쳇바퀴 돌듯이 살 텐데,

아이를 생각하면 마음이 너무 아프네요.”

학생인권 토론회에서 만난 한 어머님의 말씀을 듣고 나는 일단 아이에게 무조건 참아보자는 말을 하지 않기로 했다. 그리고 아이가 고등학교에 가지 않겠다면 받아주기로 마음먹었다.

그래, 홈스쿨링으로 결정했어

아이는 자퇴를 하겠다고 하는데 솔직히 어떻게 시작해야 할지 갑자기 길을 잃은 느낌이었다. 나름대로 대안교육에 대해 잘 안다고 생각했는데… 역시 교육문제는 이론과 현실이 다르다는 것을 피부로 느꼈다. 시간을 두고 생각해보자는 말로 달래면서, 아이가 탈학교를 했을 때 부모로서 무엇이 두려운지 생각해보고 또 생각해보았다. 참교육을 들먹거리며 아이 의견을 존중하자고 잘난 척 하더니만 꼴좋다고 주변에서 손가락질할까봐 겁이 났고, 내가 책임져야 하는 몫이 많아지는 것도 두려웠다.

그래도 두려움의 뿌리를 들여다보니 길이 좀 보이는 듯했다. “그래 남의 이목이 중요하냐? 내 자식이 더 중요하지.” 이왕에 이렇게 되었으니 획일적인 학교교육에 대한 대안을 찾는 일 또한 이 나라 교육을 변화시키는 데 보탬이 될 거라고 생각을 달리했다. 학교를 그만두었을 때 주변으로부터 받을 눈총이나 사회적인 불이익에 대해서도 이야기했고, 학교를 그만둔 다음 어떻게 생활할 것인지 아이와 많은 대화를 나눴다.

학교에 가지 않을 경우 공부와 아이의 생활을 온전히 내가 책임져야 한다는 생각에 다시 대안학교를 고려해보지 않을 수가 없었다. 그래서 조금 더 참고 중학교를 일단 졸업하고 기숙사가 있는 대안 고등학교로 진학해보는 게 어떻겠냐고 했더니 아이는 싫다 했다. 대안학교도 학교이고 기숙사 생활에서 또 다른 통제를 받는 게 싫다면서 최대한 자유롭고 싶은 모양이었다. 그래서 '하자센터'처럼 원하는 만큼만 활동하는 곳을 이용하는 것을 생각해보았다. 한동안 잊고 있었던 대안교육에 관한 자료를 다시 모으고 정보를 찾고, 메일이나 게시판을 통해 먼저 길을 가신 분들의 조언을 구하기도 했다. 막연하게 멀리서 바라보기만 했던 태도를 바꿔 직접 가까이 접하고 느껴보는 것이 좋을 것 같아 대안교육 현장을 탐방하기로 했다.

이곳저곳을 알아보다가 서울에 외할머니 댁이 있으니 일단은 서울의 하자센터에 가보기로 하고, 2학년 여름방학을 앞두고 솔빛이는 홈페이지를 통해 하자센터의 교육 프로그램을 살펴보았다. 마음에 드는 프로그램이 있어 아직 방학 전이었지만 기말고사도 끝난 뒤라 학교에 이야기를 해놓고 서울로 떠났다. 짐을 싸들고 친정엄마 집에 도착하니 어머니는 학교를 그만두고 아이를 서울로 보낸다는 것을 못마땅해하셨다. 죄송했지만 대안이 없어 일단 방학 때까지만 신세를 지겠다고 사정하고 짐을 풀었다.

다음날 하자센터를 방문해 시설도 살펴보고 선생님들과 이야기도 나눠본 뒤 아이가 원하는 프로그램에 등록시키고 수업을 받아보게 했다. 솔빛이는 하자센터를 처음 방문하는 터라 어색해하면서도 기대감과 호기심을 보였다. 그러나 솔빛이는 처음 계획을 다 채우지 못하고 울산으로 내려왔다. 가족과 떨어져서 지내기엔 아직 어린 아이였다. 가족을 떠나야 할 만큼 절실한 일을 서울에서 찾은 것도 아니고 울산에 살고 있는 우리에게 서울은 대안이 아니라는 것을 깨닫는 시간이기도 했다.

다시 개학을 하고 솔빛이를 학교에 보낸 뒤 나는 무척 많이 고민했다.(아이는 곧 학교를 그만둔다는 희망으로 학교에 군소리 없이 다녔다. 아이는 나만큼 고민하는 것 같지는 않았다.) 주변 사람들은 솔빛이가 영어를 잘하니 외국으로 조기유학을 보내라고도 하는데, 솔빛이는 외국의 학교든 대안학교든 학교는 무조건 싫다고 했고, 국내든 국외든 15세 아이를 혼자 보낼수는 없다고 생각했다. 무엇보다 경제적으로 꿈도 꾸기 힘든 상황이었다. 어쩌다가 아이를 이 지경으로 키워놨을까 후회가 되기도 했지만 그래도 내자식이니 어쩌겠냐며 스스로를 달래면서 결국엔 집에서 홈스쿨링을 하는쪽으로 마음을 굳혀갔다.

솔빛이에게도 무조건 학교를 가지 않겠다는 것은 어린아이의 떼쓰기와다를 바 없으니 나름의 계획을 세우라고 조언했다. 먼저 아이에게 그와 관련된 책을 읽어보라고 했다. 『자퇴일기』, 『네 멋대로 해라』 같은 책을 나도함께 읽었다. 그리고 대안교육, 검정고시. 자퇴와 관련한 인터넷 사이트를함께 찾아보고, 서로 알아낸 정보를 가지고 틈틈이 이야기를 나눴다. 아이와 이야기를 나누면서 뜻밖에 아이의 새로운 면을 많이 발견하기도 했다.자퇴를 하면 사회적인 불이익을 받게 된다고 하는데도 아이는 학교를 그만두겠다는 마음을 돌리지 않았다.

아이가 자퇴를 결심한 것 같다고 남편에게 말하니 현실도피가 아니냐며걱정했다. 대부분의 아이들이 참고 살아가고 있고, 어려움도 극복할 줄 알아야 한다며, 아이의 의견을 존중하는 것도 좋지만 지나치게 과잉보호하려는 것은 아닌지 생각해보라고 했다. 아이의 교육 문제만큼은 늘 내 의견을지지해주던 남편이었지만 아이의 장래가 달려 있는 문제이다 보니 자퇴를쉽게 찬성할 수는 없는 것이 당연했다. 엄마가 중간 역할을 하기보다는 아이가 직접 아빠를 설득하는 것이 좋을 것 같아 아빠에게 만족할 만한 계획을 제시하고 자퇴 동의를 받으라고 솔빛이에게 말했다. 아이를 감싸고 돌면서 모든 문제를 해결해주려고 하는 건 아닌지 나 자신을 돌아볼 필요도 느꼈고, 자퇴 후 아이를 온전히 책임질 자신도 없었기에 아빠를 설득하는 과정에서 아이가 자퇴를 포기하기를 기대하는 마음도 있었다.

선배들의 조언으로 용기를 얻다

여기서 우리가 탈학교를 결정하고 용기를 내게 도와준 분들의 이야기를 빼놓을 수가 없다. 직접 탈학교를 경험하신 분들의 이야기는 하나하나 피가 되고 살이 되었다.

솔빛이가 하자센터에서 수업을 받는 동안 나는 하자센터의 학부모 게시판을 통해 알게 된 분들을 직접 만나보기로 했다. 너무나 고맙게도 한 부부가 흔쾌히 응해주셨는데, 처음 만난 것 같지 않게 그분들이 친근하게 느껴졌다. 그분들의 아이들은 탈학교를 하여 자기 나름대로 학습도 하고 세상 경험을 하며 잘 지낸다면서 탈학교에 대해 두려워하는 우리에게 많은 용기와 희망을 주셨다. 그분들이 우리 모녀에게 준 큰 도움말은 멀리서 대안을 찾지 말라는 것이었다. 대안학교를 보내는 걸로 부모 역할을 다했다고 생각하는 것은 위험하고, 대안학교나 대안교육센터에 대한 환상을 갖지 말라고 충고해주셨다. 아마도 하자센터에 보내기 위해 서울까지 상경한 우리 모녀의 모습이 걱정스럽게 보였던 모양이다.

경험에서 우러나오는 여러 조언들은 내 생각을 정리하고, 대안교육에 대한 막연한 환상을 깨는 데 많은 도움이 되었다. 가능하면 우리가 살고 있는 울산을 중심으로 대안을 찾는 것이 우선이라는 생각을 하게 되었다. 그분들과 뜻있는 시간을 보내고 돌아오는 길에서 솔빛이와 나는 큰 희망에 부풀어 많은 이야기를 나누면서 우리의 미래를 꿈꿔보기도 했다. 솔빛이도 자신감을 얻은 것 같았다(이후에 '빠짱아저씨'라는 별칭이 있는 그분의 배려로 솔빛이는 홈스쿨링 초기에 강화도 캠프와 일본 자전거 여행을 할 수 있었다).

그러나 또 시간이 좀 지나고 나니 불안한 마음이 다시 올라왔다. 진짜 탈학교를 해도 괜찮을까? 내 아이만 세상에 낙오자가 되는 것 아닐까? 별별 생각을 다하면서 속앓이를 했다. 그때 결정적으로 용기를 주신 분이 바로 부산의 유진이 어머님이다. 민들레를 통해 알게 된 유진이 어머님을 평생 잊지 못할 것 같다. 솔빛이보다 한 살 아래인 유진이는 벌써 몇 년 전부터 홈스쿨링을 하고 있었고, 격월간 민들레에 유진이와 어머님 글이 실리기도 했다. 낯선 이의 전화를 너무도 반갑게 받아주신 게 고마웠고 잊혀지지 않는다. 긴 시간을 전혀 싫은 내색 없이 이야기를 들어주시고 자신의 경험을 들려주셨는데, 아주 오랜 세월을 알고 지내온 분처럼 이야기를 들을수록 공감이 되고 마음이 놓였다. 목소리만으로도 신뢰감을 느낄 수 있었다. 유진어머님과 통화하면서 우리 모녀에게는 대안학교보다 홈스쿨링이 더 잘 맞겠다는 확신이 생겼다.

얼굴도 본 적이 없는 그분의 말씀을 그토록 신뢰했다는 게 지금 생각해도 신기하다. 그 후 직접 만나 뵈었는데, 늘 좋은 이야기를 많이 해주셔서 그 뒤로도 언니처럼 편하게 찾아뵙곤 했다. 유진어머님께 많은 것을 배웠지만 그 중 하나를 꼽으라면 아이를 믿는 마음이 아닐까 싶다. 초등학교 5학년이란 어린 나이에 학교를 그만두겠다는 아이를 믿고 인정해주신 유진어머님은 용기를 넘어 마음이 아주 크신 분이라는 생각을 했다.(이 자리를 통해 감사의 마음을 전하고 싶다. 유진어머님, 정말 고맙습니다.)

새로운 세상을 만나게 해준 홈스쿨링

    솔빛이는 자퇴한 후의 활동에 대한
나름의 계획서를 만들어 아빠에게 자퇴를 허락받고는, 아빠와 함께 학교에
가서 자퇴서를 제출했다. 그날 기분이 얼마나 요상하던지 뭐라 표현해야
할지 모르겠다. 그리고 이튿날부터 솔빛이는 학교에 가지 않았다.

우리 모녀는 아침에 늦잠을 자기도 하고 자유로운 시간 속에 빠져들었
다. 시작하기 전에 가졌던 긴장감이나 비장함이 좀 사라지고 일요일이나
방학을 보내는 것처럼 편안하게 느껴졌다. 나도 여전히 참교육학부모회 활
동을 하고 학부모 강연도 다니고 인터넷 게시판에 올라온 영어 관련 질문
에 답변을 달기도 하는 등 일상이 크게 달라진 것이 없었다. 솔빛이는 학교
다닐 때와 마찬가지로 독서와 교육방송을 이용해 공부하면서 검정고시를
준비했다.

그렇게 혼자 공부해서 학교를 그만둔 지 약 여섯 달 만에 중졸 검정고시

에 합격했다. 솔빛이는 내친 김에 고졸 검정고시도 보겠다고 했다. 혹시라도 다시 학교로 돌아가는 불상사를 막기 위해 고등학교를 빨리 졸업해 버려야겠다는 것이다. 그렇게 해놓으면 주변 사람들이 "너 어쩌려고 학교도 안 다니니?" 하는 말도 없어질 것이고 정말 마음 편하게 하고 싶은 것을 할 수 있을 것 같다고 했다.

일단 해보고 떨어지면 다시 하면 되고, 합격하면 정말 마음 편안하게 시간을 보낼 수도 있겠다 싶었다. 고시생답게 제법 시간을 정해놓고 열심히 하는 아이의 모습을 보니 대견하고 자랑스러웠다. 학교를 다니지 않으면 나태해지고 시간 관리가 잘 될까 걱정스러웠는데 어른인 나보다 훨씬 더 강한 의지로 자기를 관리하려고 애쓰는 아이를 보니 부모가 너무 아이를 과소평가하고 있었다는 생각이 들었다. 사람들은 아이들이 스스로 할 수 있는 능력을 이미 가지고 있다는 것을 믿으려고 하지 않고, 누군가에게 가르침을 받아야만 배울 수 있다고 생각한다. 나 또한 그렇게 생각했던 적이 많았고, 순간순간 아이를 믿지 못하고 불안해했으니, 홈스쿨링을 하지 않았다면 아이가 스스로 해내는 모습을 지켜보며 느꼈던 경이로움을 결코 경험하지 못했을 것이다.

기쁘게도 솔빛이는 고졸 검정고시도 한번에 합격했다. 우수한 성적은 아니었지만 전과목 합격선을 넘었고, 이젠 고등학교로 다시 돌아가는 일이 없게 고졸 자격을 취득한 것이다. 홈스쿨링을 하는 목적이 검정고시 합격은 아니지만, 학교에 다니지 않아서 인생의 낙오자가 될 것 같은 막연한 염려와 두려움에서 벗어나고자 검정고시 통과를 중간목표로 잡았던 것이다. 합격 통보를 받은 것이 2003년 10월이니 학교를 그만두고 일 년이 되는 시점이었다. 결과만 보더라도 대단한 성과였다. 고등학교 졸업 검성고시를 통과하고 나니 날아갈 듯 홀가분했고, 자신감도 생기고 편안해졌다. 주변으로부터 부러움도 많이 샀고 오해도 많이 받았다. 그래서 조심스러웠다. 우리가 주변 사람들과 공교육에 부정적인 영향을 미칠까봐 마음이 무거웠다. 실제로 내신에 불이익이 있다고 특목고 학생들이 단체로 자퇴해 학원을 다닌다는 이야기도 들려오고, 기숙학원에 자퇴생들이 점점 늘어난다는 기사도 있었다. 그렇지 않아도 뭐든 빨리빨리, 눈에 보이는 성과를 좋아하는 풍토에서 나 또한 그런 분위기에 일조한 게 아닌가 염려되기도 했다.

홈스쿨링으로
새로운 세상을 보다

그 당시 울산에서 중졸, 고졸 검정고시를 보는 사람이 천 명이 넘는다는 기사를 읽었는데 시험장에 와보니 검정고시를 보는 사람들이 의외로 많다는 데 놀랐다. 솔빛이가 학교를 그만두고 난 뒤 나는 세상의 다른 면들을 보게 될 기회가 많았는데, 그날 역시 중졸 검정고시를 보는 사람들이 그렇게 많다는 새로운 사실을 알게 되었다.

많은 사람들은 중고등학교를 거쳐 대학에 진학하는 것이 당연하다고 생각한다. 그러다 보니 중학교를 다니지 않는 솔빛이를 굉장히 특이한 아이로 여기거나, 보통처럼 살지 않으면 큰일이라도 당할 것처럼 두려운 눈빛으로 본다. 솔빛이가 늘 외롭고 사회에서 소수로 살아가게 되는 것은 아닐까, 사실 많이 불안했는데 시험장에 많은 사람들이 북적거리는 걸 보니 그런 걱정이 사라지고 기쁘기까지 했다. 이유야 어찌 되었든 중고등학교를 제 때 졸업하지 못하고 검정고시를 치르는 많은 사람들을 보는 순간, 세상을 좁게만 바라보고 있었다는 것을 새삼 깨닫게 되면서 새로운 세계를 만나는 기분이었다.

그러고 보면 우리 사회에서는 여러 가지 이유로 학교를 못 다닌 사람도 적지 않았을 것이다. 학교가 싫어서 다니지 않는 경우는 그렇다 치더라도 다니고 싶어도 다닐 수가 없었던 사람들 입장에서는 우리나라의 학벌, 학력 위주의 분위기가 얼마나 불편했을까 헤아려보게 되었다.

사실 우리가 생각하는 것보다 학벌이나 졸업장은 세상을 사는 데 그다지 중요하지 않다. 솔빛이 고모가 그런 경우이다. 가정 형편이 어려워 남동생들을 공부시키기 위해 일찍 취업을 했던 고모는 초등학교 졸업이 최종 학력이다. 그러나 대학 나온 주변의 학부모들보다 더 당당하게 주관과 소신을 갖고 아이들도 키우며 살아가고 계시다. 그 모습을 보면서 학교 많이 다닌 것과 인생을 사는 것은 다른 것이라는 생각을 하곤 했다. 이런 생각을 하다 보니 학교에 다니지 않으면 낙오자가 되거나 폐인이 된다고 믿는 것은 도대체 무엇을 근거로 한 믿음인지 갑자기 의문이 들었다. 학교를 다니지 않으면 사회성이 부족한 인간으로 자라고, 지적 수준에도 문제가 있고, 친구도 추억도 없는 인간이 된다는 그 신화는 도대체 어떻게 생겨난 것일까.

그러나 막상 자기 아이가 학교를 그만둔다고 한다면 부모는 두려움에 떨고, 자기 아이가 탈학교 청소년을 친구로 사귄다면 그리 마음이 편치 않을 것이 분명하다. 이미 우리 안에는 편견이 자리잡고 있기 때문이다. 이런저런 이유로 학교에 다니지 못하는 아이들에겐 사회적인 도움이 더 필요하다는 것을 솔빛이가 학교를 그만둔 후 새삼스럽게 느끼게 되었다. 그 동안 학벌 없는 사회를 만들자고 입으로만 외쳤던 것을 이젠 가슴으로 외칠 수 있게 되었다. 학교에 다니지 못하는 어려움을 겪는 이들에게 도움이 되게 힘을 보태야겠다는 의지가 불끈 솟았다. 솔빛이가 탈학교를 한 덕분에 내가 크게 배우게 된 것이 확실하다. 나는 최소한 학력, 학벌에 덜 연연하면서 자유롭게 사람들을 대할 수 있게 되었다.

 검정고시로 고졸 자격까지 갖게 되니 이제야말로 진짜 배우고 싶은 것을 배우고, 공부하고 싶은 것을 공부할 수 있게 되었다. 체험학습 삼아 울산과 전국에 있는 시민단체의 행사나 강연을 들으러 다니기도 하고. 가끔 또래 친구들이 그리워질 때면 그에 맞는 행사를 찾아 참여하거나 직접 행사를 기획하기도 했다.

그러나 무엇보다 이 시기에 했던 진짜 공부는 백수생활이 아니었나 싶다. 솔빛이가 홈스쿨링을 했던 시기가 자기정체성을 찾아가는 사춘기 때였다. 그래서인지 검정고시를 끝내고 특별한 목표 없이 생활한 것이 자기 삶에 대해 진지하게 고민하는 진짜 공부가 되었다. 물론 그때 그 순간엔 정체가 된 듯 몹시 불안했다. 나태하게 하루하루를 보내는 아이가 걱정되어 잔소리를 하고, 목소리를 높여 싸우기도 했다. 그러다 내 잔소리가 별로 효과가 없다는 것을 깨닫고 포기하게 되면서 우리 모녀는 마음도 같이 컸다. 스스로 위기를 느끼고 자기의 정체성을 찾아가는 아이를 지켜보면서 나야말로 많은 것을 배웠다. 이 시기가 되면 자연스럽게 이렇게 크는 것인지, 학교를 그만두었기에 이런 과정을 겪는 것인지는 정확히 알 수 없지만 학교에서 범생이(?)로만 살아온 나로서는 정말 상상해보지 못한 결과였다. 몇 점, 몇 등, 최연소 합격, 수석 입학 따위의 거창한 기록은 없지만 정말 신기한 '성장의 과정'을 지켜보았다. 아이가 스스로 많은 것을 배워가는 게 참으로 놀라웠다.

고치에서 벗어나듯이 백수생활에서 벗어난 솔빛이는 코스프레(컴퓨터 게임이나 만화 속의 등장인물로 분장하여 즐기는 일)를 준비하고, 애니메이션을 만들고, 여기저기 기고할 원고도 쓰고, 여전히 풍물을 배우고, 기타도 배우고, 방송대 공부도 하고, 엄마 따라서 이런저런 자원봉사 활동도 하고, 홈페이지에 일지를 쓰기도 하고, 홈스쿨링에 대해 궁금해하는 사람들에게 답변을 해주기도 했다. 단순히 외워서 시험을 보고 마는 것이 아니라 배운 것을 활용하여 다음 과정에 응용하면서 발전해나갔다. 예를 들면 행사에 참여하기 위해 재봉틀을 배우고 직접 옷을 만들면서 배운 것을 확실하게 자기 것으로 익혔다. 또 풍물을 배워 직접 공연에 참여하기도 하고 해외에 나가 문화교류도 하며 배운 것을 활용하면서 다시 한 걸음 더 앞으로 나아갔다.

홈스쿨링 하는 중간에 잠깐 한국방송통신대학교 학생이 된 적도 있었다. 여행할 때 신분증이 없어 방송대 학생증을 사용하려는 목적 외에도 저렴한 공부 방법이라 생각하여 일 년 정도 학생 신분으로 공부했다. 대학생활 그 자체는 경험하지 못했지만 대학의 기본교과 과정과 수업 방식을 경험해본 것이 나중에 진로를 결정하고 대학에 진학할 때 많은 보탬이 되었다.

또 솔빛이는 홈스쿨링을 하면서 집에 머무는 시간이 많다 보니 요리나 집안일을 많이 했다. 이 또한 살아 있는 교육이고 정말 공부다운 공부이다. 물론 나도 그런 솔빛이 덕분에 시민단체와 학부모 교육 활동을 더 많이 할 수 있어서 너무 좋았다. 사람들은 홈스쿨링을 하면 아이에게 많은 시간을 내어 무엇을 가르쳐줘야 한다고 생각하는데 사실 그렇지 않다. 아이는 아이대로 나는 나대로 자기가 원하는 것을 하면서 지내는 시간이 더 많았다.

솔빛이는 내 보살핌 없이도 스스로 잘 해나갔다. 아이들을 학원으로 데리고 다니느라 바쁜 주변의 엄마들을 보면 내가 너무 팔자가 늘어진 것 같아 미안한 생각이 들 정도였다.

홈스쿨링 덕분에 이사를 한 뒤 텃밭을 가꾸면서도 많이 배웠다. 한 번은 텃밭에서 기른 고추를 태양초로 만들어보겠다고 도전했는데 태풍과 우중충한 날씨 탓에 모두 다 썩어버렸다. 아무리 씨가 좋아도 밭에 거름이 좋지 않고 잘 돌봐주지 않으면 제대로 자라지 못하고, 씨가 나빠도 잘 돌봐주면 잘 자라는 것을 제대로 알게 되었다.

몇 년 전에 윤구병 선생님의 강연에서 '철들기'에 관한 이야기를 들었었는데, 제대로 철이 드는 가장 좋은 방법은 바로 농사를 짓는 것이라고 하셨다. 도시에서는 철을 제대로 경험하지 못하니까 철없는 사람이 많다고 하셨다. 아무튼 나와 솔빛이는 그렇게 철이 들어갔다. 그전엔 모르는 것이 너무 많고 언제 다 배울지 걱정되고 남들보다 못할까봐 두려웠다면 이젠 내가 모르는 것이 있어 이렇게 날마다 새롭게 배워간다는 것이 행복했다.

홈스쿨링을 스스로
졸업하고 대학에 진학하다

여행도 하고, 하고 싶은 활동도 하면서 아이는 어느덧 성장해서 어떻게 자기 삶을 꾸려가야 할지, 적합한 일이 무엇인지 고민을 하기 시작했다. 그리고 고민 끝에 결국엔 대학에 가야겠다는 결정을 내렸다. 그러나 막상 공부를 시작하니 쉽지 않은 듯 그리 열심히 하는 것 같지도 않았다. 그래도 나는 이제 제법 강심장이 되어 그냥 아이에게 맡겨두었다.

홈스쿨링을 하기 전부터도 일본 애니메이션에 빠져 지내서 내심 걱정했는데 홈스쿨링을 하면서 코스프레에도 참여하고 컴퓨터를 가지고 직접 애니메이션을 만드는 작업도 했다. 스스로 인터넷을 뒤지더니 울산에 있는 미디어센터에서 미디어 제작기법을 배웠고 서울의 한겨레교육문화센터에서 여는 애니메이션 콘텐츠 캠프에도 참여했다. 준비된 자에겐 기회가 온다고 했던가? 그린피스 활동 경험과 외국어 실력을 인정받아 솔빛이는 '2005년 7월; 고래야 돌아와! –2005 IWC 보고서' (연출 복진오) 제작작업에서 글과 번역을 담당하면서 영상작업에 참여하게 되었다. 그리고 그 영상물은 KBS1 TV '열린 채널' 을 통해 방송되는 성과를 얻었다.

2004년 겨울 한국예술종합학교에는 수능점수 없이 지원이 가능하다는 것을 발견하고 환호성을 질렀다. 스스로 입시에 필요한 정보를 모으고 시험을 준비하고 2005년 여름 한국종합예술대학 입학시험을 쳤다. 여러 번 도전하다 보면 언젠가 입학할 수 있을 것이라 생각했던 솔빛이는 자신이 좋아하는 영상 관련 학과에 단번에 합격했다. 나는 아이가 눈에 보이는 성과를 보였다는 것 이전에 어떻게 삼 년 만에 자기 삶에 대해서 저렇게 진지하게 많은 것을 배워나갈 수 있는지 놀라고 또 놀랐다. 혼자서 서울과 부산을 왔다갔다하는 것은 물론이고, 하루 스물네 시간을 누구의 개입 없이도 스스로 꾸려나가는 아이를 보면서 이젠 정말 독립시켜도 되겠다는 믿음이 생겼다. 더 기뻤던 것은 이제 사람을 신뢰하게 되었고 마음도 느긋해진 것이다. 학교에 다니지 않아서 사회성이 없으면 어쩌나 걱정을 많이 했는데 다양한 사람들을 많이 만나고 많은 경험을 해서인지 학교에 다닐 때보다 사회성이 더 좋아진 것이 무엇보다 기뻤다.

솔빛이는 홈스쿨링을 통해 자기 자신에 대해 많은 시간을 고민할 수 있어서 제일 좋았다고 한다. 나 역시도 홈스쿨링 삼 년은 그 어느 때보다 스스로를 깊이 있게 성찰하고 성장하는 시간이었다. 나는 이제 아이를 서울로 떠나보내고 울산에서 텃밭도 가꾸고, 글도 쓰고, 학부모들에게 내가 살아온 이야기를 들려주면서 지낸다. 틈틈이 도서관 자원봉사도 하고 교육 프로그램을 새로 기획하고 새로운 생활을 꿈꾸기도 한다. 아이가 어렸을 때는 함께 지내서 좋았다면 이제는 따로 같이하는 기쁨을 느끼고 있다. 앞으로 나와 솔빛이가 어떻게 성장하고 살아갈지 설렌다. 세상엔 우리가 아는 것보다 모르는 것이 많고 새롭게 배울 것이 너무나 많이 남아 있다는 사실을 아이도 나도 이젠 안다. 그래서 행복하고 기쁘다. 배움의 길은 이렇게 마음 설레고 기쁜 것이어야 하지 않을까?

홈스쿨링을 하는 동안 우리 가족들은 행복했다. 그리고 이렇게 결과가 좋았다고 자랑스럽게 이야기하기도 한다. 사람들은 신기해하면서 우리를 부러워한다. 그러나 마음 한켠에서는 솔직히 교육운동을 한다는 우리 부부가 침몰하는 타이타닉호에서 내 아이만 구명보트에 태운 것 같아 마음이 무거워질 때가 많다. 부모가 중심을 잘 잡아주지 못하는 상태에서 학교 밖으로 내몰린 청소년들, 그리고 아직은 학교에 남아 있지만 학교에서 자신을 억지로 맞추다 자아를 상실하는 많은 아이들의 고통을 덜어줄 수 없기 때문에 무력감을 느끼고 왠지 죄를 지은 듯한 느낌마저 들기도 한다. 우리 부부는 나름대로 공교육 현장에서 아이들의 개성과 인성을 존중하는 교육이 이루어지기를 바라며 열심히 노력했지만 교육 현실이 나아지기는커녕 더 심각해지고 있으니 안타깝기 그지없다. 특목고, 국제중학교 따위가 점점 더 많이 생기면서 입시지옥은 초등학교 때부터 시작되고 있고, 그 바람에 요즘 아이들은 사교육을 더 많이 받아야 한다. 왜 공부를 해야 하는지 생각할 시간이 없고, 내가 잘하는 것은 무엇인지, 하고 싶은 것은 무엇인지 질문할 겨를도 없이 그냥 무조건 학교와 사교육 기관에서 시간을 보내고 있다.

참으로 안타까운 일이다. 나는 아이의 홈스쿨링을 통해 배움의 길이 아주 다양하다는 사실을 경험했다. 우리 모두 얼굴이 다 다르듯 배우는 방식도 살아가는 방식도 다르며, 누가 맞고 누구는 틀린 것이 아님을 인정하고 믿어주는 것을 배웠다. 서로 다른 이들이 모여 조화를 이루는 사회가 건강한 사회가 아닐까 생각한다. 건강한 사회를 만들고 그 안에서 살아갈 미래의 구성원들을 위해 누구나 자기 재능을 찾고 인정받고 키울 수 있는 다양한 배움의 기회가 공교육 안에서 우리 아이들 앞에 펼쳐지길 진심으로 바란다. 그렇게 되기 위해 우리 모두 힘을 모았으면 좋겠다.

내 그릇을 키워야 아이 그릇도 커진다

시간이 지나고 마음의 여유가 생기면서 알 수 없는 무엇인가가 내 안에서 꿈틀거리는 것을 느꼈다. 아이들과 미술작업 하는 일도 좋아했지만, 오래 전부터 그림책 작가나 대안학교 교사가 되고 싶은 꿈을 갖고 있었다. 답답한 미술학원에서 하루 종일 아이들과 지내는 일에 지쳤고, 미술학원이 가진 한계 때문에 스트레스를 많이 받다 보니 이 상황에서 자꾸만 더 벗어나고 싶었다. 나는 세상과 좀더 소통하고 싶었다. 그래서 관심 있는 분야의 강연이나 세미나에 참석하기 위해 남편과 이웃에 아이를 맡기고는 많은 비용을 들여 다녀오기도 했다.

강연에서 만난 사람들은 너무도 대단해 보였다. 지방에 사는 아이 딸린 아줌마, 작은 미술학원 원장이라는 내 모습이 초라하게 느껴졌다. 그런 곳을 기웃거릴수록 내 처지가 원망스러웠다. 더군다나 가끔 들려오는 동창들의 소식들, 누구는 유학을 갔다 왔다더라, 교수가 되었다더라, 누구는 개인전을 몇 번이나 했다더라, 잘 나가는 친구들의 이야기를 들으면서 내가 세상에서 도태되는 것은 아닌지 두려웠다. 이렇게 살다가는 아무것도 할 수 없을 것 같은 두려움에 의욕이 떨어지고 매사에 자신이 없어졌다. 그 동안 주변을 정리하고 여유를 찾아 평화로웠던 마음이 내 성장욕구와 부딪치면서 나는 다시 몹시 불행해졌다.

돌이켜보면 이것저것 해보고 싶은 마음만 앞섰지 어느 것 하나도 꾸준하게 해내지 못했고, 자신이 넘치다가도 아무것도 할 수 없다는 무기력감에 빠져 짜증내는 사춘기 아이 같은 모습을 하고 있었던 것 같다. 밤이 새도록 이걸 해볼까 저걸 해볼까, 이렇게 하면 되겠구나 희망에 부풀었다가, 이래서 곤란하고 저래서 안 된다는 결론을 내리며 한숨 쉬는 일을 반복했다. 이런 고민을 떨쳐버리려 아무리 애를 써도 다시 빠져들곤 했다. 아무것도 하지 못하는 스스로를 비난하고 내가 처한 현실에 좌절하기를 반복하면서 끝이 없는 고민과 갈등에서 빠져나오지 못할까봐 두려운 마음마저 들었다.

뭔가를 하고 싶다는 열망이 크게 자리 잡고 있는 건 알겠는데 내가 정말 하고 싶은 것이 뭔지 정확하게 알 수가 없었다. 미술학원 원장이라는 직함도 있겠다, 보통 아줌마들보다 벌이도 괜찮겠다, 이만하면 괜찮은 인생인데 무엇에 이토록 목말라하는 걸까 자신에게 묻고 또 물어보았다. 그러는 동안 나는 나 자신을 참 모르고 있었다는 놀라운 사실을 깨달았다. 스스로의 욕구도 잘 알지 못하면서 아이를 비롯한 주변 사람들을 잘 파악하고 있다고 잘난 척 하고 있었다. 대학까지 나와 아이들을 가르치고, 학부모들을 만나면 이것저것 아는 척도 많이 했는데 제대로 아는 건 없었다. 부끄러웠다. 그러나 한편 기쁘기도 했다. 아는 것이 없다는 건 배울 것이 많이 남았다는 것이니까 말이다.

어디서 주는 자격증에 목숨 걸지 말고, 누군가에게 인정받으려고 애쓰지 말고, 그냥 내가 선 자리에서 할 수 있는 만큼 하고 싶은 것을 해보자. 그리고 배워보자. 모르는 것을 알아가자. 그 결과보다는 배우는 과정을 그냥 즐기자. 그것이 바로 내가 원하는 것임을 깨달았다. 그 뒤에는 세상의 잣대가 아닌 내 안의 잣대에 나를 맡겨 보았다. 여러 가지 시행착오도 겪고 어려운 문제를 만나 갈등하기도 했지만 뜻밖에 고마운 인연이나 행운을 만나기도 했다. 그렇게 흘러가다 보니 지금 여기에 이렇게 와 있다.

그림책 작가의 꿈도, 대안학교 교사를 하고 싶다는 꿈도 아직 버리지 않았다. 도리어 세월이 흐르면서 하고 싶은 일이 더 많아졌고, 내가 해낼 수 있는 것들 역시 더 많아진 듯하다. 더 나아가 나 자신과 주변 사람들, 그리고 세상을 위해 할 일이 많이 있다는 사실을 기쁨으로 받아들이게 되었다. 지금은 성과를 많이 내려 하기보다는 새로운 나를 만나는 재미에 푹 빠져 지내고 있다. 새로운 사람들을 만나고 새로운 일을 배우는 것이 좋다. 지나치게 애를 쓰며 하기보다는 즐겁게 하려고 마음먹는다. 왜냐하면 지치지 않고 오래 하고 싶기 때문이다.

아이에게 물질적인 것을 많이 해주는 것보다 아이를 사랑하고 믿고 존중하는 마음을 듬뿍 전해주는 것이 관계를 훨씬 좋게 만들어주었다. 내가 아이에게 많은 것을 해주어야 한다는 부담감에 힘들었는데 그런 생각을 덜어내니 마음이 편안해지고 행복해졌다. 아이에게 많은 것을 해주지 않아도 평화로운 엄마 곁에서 아이도 평안해졌다. 엄마가 책을 보니 아이도 책을 좋아하게 되었고, 내가 그림을 그리니 아이도 따라 그렸다. 아이를 위해 나를 희생하지 않아도 큰일 나지 않았다. 아이가 원할 때 원하는 만큼만 도움을 주고, 혹 내가 해줄 수 없는 것은 주변의 도움을 받기도 했다. 능력에서 벗어나는 일을 요구하면 아이를 설득하면서 적당히 포기하고 지내는 것으로 만족했다. 아이에게 온통 신경을 쓰거나 집착하지 않은 대신, 스스로를 돌보고 나를 알아가는 데 더 많은 에너지와 시간을 투자했다. 그런 내 옆에서 아이는 잘 자라주었다. 내가 행복한 만큼 아이도 행복했고, 내가 자란 크기만큼 아이도 자란 것 같다. 그리고 지금은 내 곁을 떠나 나보다 더 크게 자라고 있다. 나보다 더 커진 아이의 마음과 꿈을 보면서 참 뿌듯하다.

이젠 친정엄마와 시어머니, 주변의 어른들을 보며 나의 노년을 꿈꿔본다. 삶의 지혜를 나눠줄 수 있는 스승은 못되더라도, 아이가 힘들 때 언제나 달려와 마음껏 하소연하고 푸근하게 안길 수 있는 그런 편안한 친구가 되고 싶다. 혹시나 새로운 세대들에게 걸림돌이 되지는 않는지 자주자주 성찰하면서 말이다.